ASTROLOGIE FÜR DEN ALLTAG

Individuelle Sterndeutung für jeden Lebensbereich

Carole Taylor

DK

DK Penguin Random House

DK London

Lektorat
Mary-Clare Jerram, Alice Kewellhampton, Bob Bridle, Emma Hill, Dawn Henderson

Gestaltung und Bildredaktion
Maxine Pedliham, Marianne Markham, Alison Gardner

Umschlaggestaltung
Nicola Powling, Lucy Philpott

Herstellung
Ché Creasey, Luca Frassinetti

Illustrationen
Keith Hagan

Für die deutsche Ausgabe:
Programmleitung Monika Schlitzer
Redaktionsleitung Anne Heinel
Projektbetreuung Doreen Wolff
Herstellungsleitung Dorothee Whittaker
Herstellungskoordination Bettina Baehnsch
Herstellung Inga Reinke

Titel der englischen Originalausgabe:
Astrology. Using the wisdom of the stars in your everyday life

Übersetzung Susanne Schmidt-Wussow
Lektorat Cornelia Rüping

ISBN 978-3-8310-3799-5

Druck und Bindung Leo Paper Products, China

MIX
Papier aus verantwortungsvollen Quellen
FSC www.fsc.org FSC® C020056

www.dorlingkindersley.de

INHALT

DIE **TIERKREISZEICHEN** 24

DIE **PLANETEN** 58

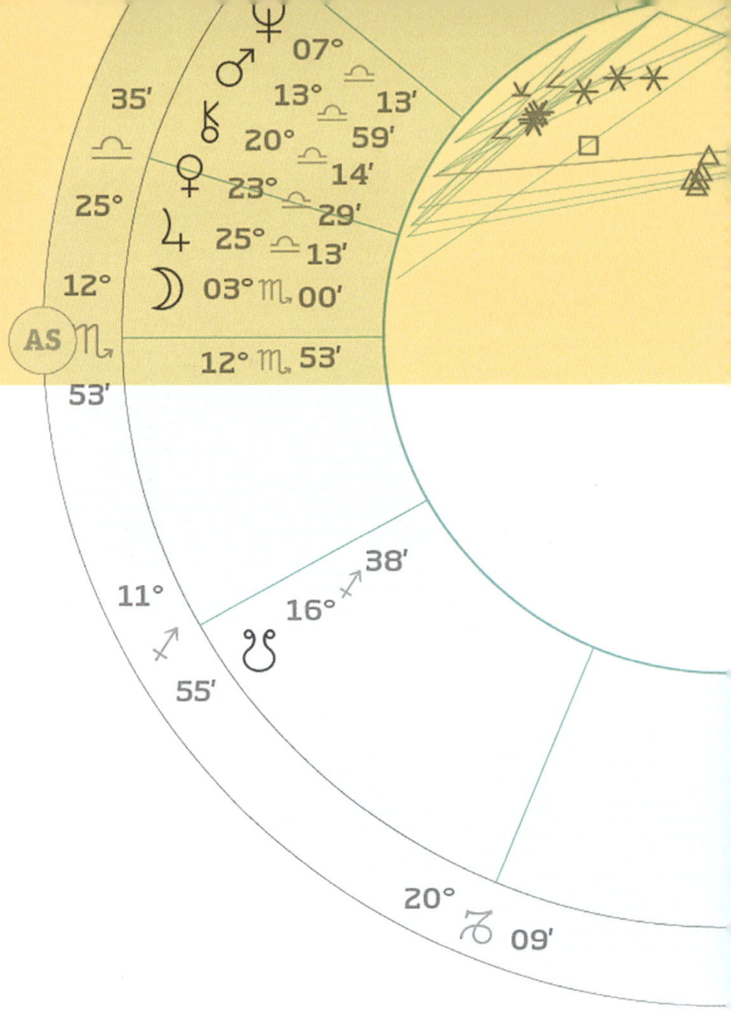

DIE **HÄUSER** 86

IHR **HOROSKOP** 116

VORWORT

EINE KUNST, DIE SICH NACH INNEN RICHTET

Viele Jahrhunderte lang wurde die Astrologie als Quelle der Weisheit und Selbsterkenntnis geschätzt, sie galt als Verbindung zu einer magischen Welt jenseits oder hinter der alltäglichen materiellen Lebenssphäre. Schon früh kam die Astrologie auf, zu einer Zeit, als die Menschen sich eher als Teil des lebendigen Ganzen verstanden, nicht als Beobachter des himmlischen Dramas.

Über Jahrhunderte ging die Astrologie auch in den großen menschlichen Gedankenaustausch ein, sie prägte zusammen mit Alchemie, Kabbala und Magie die westliche esoterische bzw. mystische Tradition. Ihre Basis ist eine Philosophie, die uns in einem beseelten Kosmos sieht, in dem alles miteinander verbunden ist und Bedeutung hat. Insofern steht die Astrologie im Widerspruch zur heute häufig vertretenen Ansicht, die uns als isoliert im Universum betrachtet und das Leben als einen biologischen Zufall ohne weitere Bedeutung begreift.

Esoterik bedeutet nicht mehr und nicht weniger als »innerlich« oder »verborgen«. Astrologie ist also im Grunde eine Kunst, die sich auf die Erkundung persönlicher Erfahrungen und verborgener Muster konzentriert, auf denen das Leben jedes Menschen beruht, ja sogar das Leben an sich. Mit der gewonnenen Selbsterkenntnis können wir die Welt um uns herum, unsere Beziehungen zu anderen Menschen und die Erfahrungen, die wir machen, besser verstehen.

»Das **persönliche Horoskop** unfasst alle erdenklichen Lebensbereiche – von der **Geburt bis zum Tod**. Es offenbart Ihre **Motive und Bedürfnisse,** warum Sie gehen, wohin Sie gehen und warum Sie suchen, was Sie suchen.«

Ihr Geburtshoroskop ist wie eine individuelle Landkarte, die Charakter und Bestimmung zeigt, aber auch Größeres spiegelt, nämlich Ihren einzigartigen Platz in dem sich beständig drehenden Rad des Lebens.

Das persönliche Horoskop umfasst alle erdenklichen Lebensbereiche – von der Geburt bis zum Tod. Es offenbart Ihre Motive und Bedürfnisse, eröffnet, warum Sie gehen, wohin Sie gehen und warum Sie suchen, was Sie suchen. Es beschreibt das Tatsächliche und das Psychologische, es verbindet Vergangenheit, Gegenwart und Zukunft zu einem ganzheitlichen Modell.

Man könnte also sagen, dass Ihr Horoskop eine Landkarte darstellt, wie Ihre Seele gedacht ist und wie Sie dies durch Ihr Sein in dieser Welt umsetzen können.

Gleichzeitig gibt die Astrologie praktisches Wissen an die Hand. Sie ermöglicht psychologische Erkenntnisse, zeigt Ihnen Ihre Talente und Fähigkeiten auf und vermittelt Ihnen, wie Sie die bestmögliche Version Ihrer selbst werden können. Zudem hilft sie dabei, in schwierigen Zeiten hilfreiche Strategien und Auswege zu finden, um Krisen und Zweifel zu meistern.

In diesem Buch werden Sie all diese Ebenen finden – es ist ein Reiseführer, der Ihnen den Weg in die Tiefen Ihrer inneren Welt aufzeigt, aber auch ein praktischer Lebensleitfaden.

Carole Taylor

KAPITEL

1

ASTROLOGIE IM ÜBERBLICK

WAS IST ASTROLOGIE?

ALTE KUNST FÜR DIE HEUTIGE ZEIT

Die Astrologie lässt sich als Methode definieren, die die Bewegungen und Muster der Planeten und anderer Himmelskörper liest und mit dem Leben in Beziehung setzt. Sie basiert auf einer ganzheitlichen Sicht des Kosmos, in der alles miteinander verbunden ist.

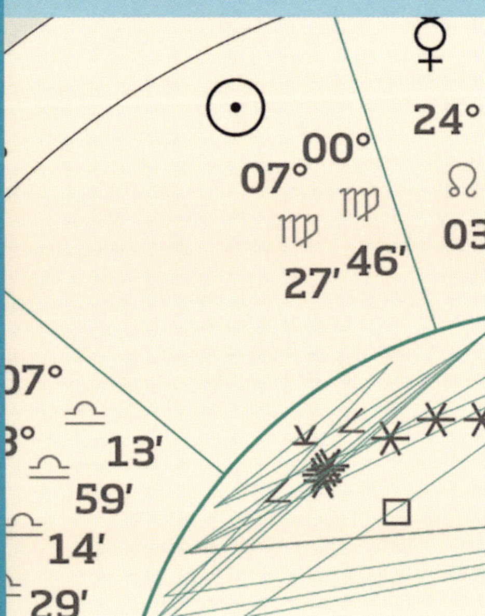

Astrologie früher und heute
Viele Menschen empfinden Astrologie als altmodisch und unwichtig. Dennoch besteht die Astrologie fort und hat im 20. und 21. Jahrhundert sogar wieder an Bedeutung gewonnen. In unserer wissenschaftlich geprägten Zeit besteht vielleicht mehr denn je der Wunsch nach einer anderen Sicht, die das menschliche Bedürfnis nach Bedeutung und spiritueller Verbindung erfüllt.

Die heutige astrologische Praxis, die auf dem Konzept des »Geburtsdiagramms« oder »Horoskops« basiert, stammt aus dem antiken Babylon und dem alten Griechenland. Die Babylonier erfanden den Tierkreis und sahen die Planeten mit ihren Bewegungen als Zeichen des göttlichen Willens an. Nach der Eroberung Babylons durch Alexander den Großen im 4. Jh. v. Chr. übernahmen die Griechen diese Ideen, die fortan ihre Kosmologie und ihren Glauben prägten. Daraus entstand schließlich die heutige Form des Horoskops.

Was ist ein Horoskop?
Ein Horoskop ist ein stilisiertes Bild des Himmels zu einem bestimmten Zeitpunkt an einem bestimmten Ort. Dabei handelt es sich um ein geozentrisches, also auf die Erde bezogenes Himmels-

»Das **Geburtsdiagramm** stellt ein **ganzheitliches Bild** dar, das sowohl die **inneren als auch die äußeren Gegebenheiten** sowie alle Ebenen Ihrer persönlichen Geschichte und Erfahrungen zeigt.«

bild, das den Betrachter in die Mitte stellt, umgeben von den Konstellationen über und unter dem Horizont. Diese Sicht des Kosmos stellt den Menschen in den Mittelpunkt und würdigt die bedeutungsvolle Verbindung zwischen beiden.

Das Bild zeigt die zwölf Tierkreiszeichen als äußeren Kreis des Horoskops sowie mindestens Sonne und Mond, die Planeten Merkur bis Saturn, häufig auch Uranus, Neptun und Pluto sowie andere Himmelskörper, die der Astrologe, der das Horoskop erstellt, einbeziehen will. Sie werden nach ihrer Stellung am Himmel auf dem Kreis eingetragen.

Das Wort »Horoskop«, wörtlich übersetzt »Stundenbeobachter«, bezeichnete ursprünglich einen bestimmten Punkt im Geburtsdiagramm, nämlich den Aszendenten (das Tierkreiszeichen, das zum Zeitpunkt der Geburt am Osthorizont aufsteigt). Später wurde es zur Bezeichnung des gesamten Kosmogramms, das auch Geburtsdiagramm genannt wird.

Was Ihr Horoskop Ihnen verrät

Das Geburtsdiagramm stellt ein ganzheitliches Bild dar, das sowohl die inneren als auch die äußeren Gegebenheiten Ihres Wesens sowie alle Ebenen Ihrer persönlichen Geschichte und Erfahrung zeigt. Dabei kommen sowohl körperliche als auch seelische Aspekte zum Tragen. Dieses dynamische Bild enthält alles, was Sie sind und tun.

Ihr Geburtsdiagramm ist also ein Abbild Ihres einmaligen Charakters. Es würdigt Ihre tiefsten Gefühle, Befürchtungen und Wünsche, zeigt, was für Sie von Bedeutung ist und wie Sie Wege finden können hell zu strahlen.

ASTROLOGIE **IM WANDEL DER ZEIT**

EIN KURZER GESCHICHTLICHER ABRISS

Die Astrologie entstand in Mesopotamien. Von diesem Schmelztiegel der Antike aus fand sie durch islamische Gelehrte ihren Weg nach Europa. Dort erlebte sie im Mittelalter und in der Renaissance eine Blütezeit. Während der Aufklärung aus der Mode gekommen, erfreut sie sich heute wieder wachsender Beliebtheit.

Die Ursprünge der Astrologie
In den meisten Kulturen haben die Menschen den Himmel beobachtet. Ihr Wissen über die Bewegungen der Planeten nutzten sie unter anderem für religiöse Rituale und beim Bauen und anhand ihrer Beobachtungen berechneten sie die Zeit und den Wechsel der Jahreszeiten. Historische Funde belegen, dass Mondzyklen bereits vor 25 000 Jahren aufgezeichnet wurden. Es scheint ein menschliches Bedürfnis zu sein, am Himmel nach Bedeutung zu suchen. Die Babylonier waren hervorragende Astronomen, sie zeichneten die Zyklen der Erde genau auf. Ihnen haben wir den Tierkreis zu verdanken, der auf den Sternbildern basiert, die die Sonne im Lauf des Jahres durchwandert. Mit ihm schufen sie ein System für einen funktionierenden Kalender und zur Kartierung zukünftiger Planetenbewegungen, was astronomische Vorhersagen ermöglichte. Nach und nach lösten sich die Tierkreissternzeichen von den gleichnamigen Sternbildern und wurden zu den gleichmäßig verteilten Tierkreiszeichen, wie wir sie heute kennen.

Antike: Griechenland und Rom
Von Babylon breitete sich die Astrologie nach Griechenland und Ägypten aus. Alexandria wurde zum intellektuellen Zentrum der antiken Welt, dort ent-

»Funde belegen, dass **Mondzyklen** bereits **vor 25 000 Jahren** aufgezeichnet wurden. Es scheint ein menschliches Bedürfnis zu sein, **am Himmel nach Bedeutung zu suchen.**«

stand auch das Konzept des Horoskops. Es verband den babylonischen Tierkreis mit der Vorstellung von den vier Elementen und der Himmelssphäre sowie mit dem ägyptischen Symbolismus. Aus der neoplatonischen Philosophie übernahm die Astrologie den Glauben an die magische Übereinstimmung zwischen Himmel und Erde.

Ab dem 2. Jh. n. Chr. stand dann die Horoskop-Astrologie in voller Blüte. Im antiken Rom war sie bei den Kaisern und beim Volk gleichermaßen beliebt.

Mittelalter und Renaissance

Nach dem Zusammenbruch des Römischen Reichs und dem Niedergang Alexandrias hielten islamische Gelehrte die Astrologie lebendig, indem sie die Schriften ins Arabische übersetzten. In ihrer lateinischen Übersetzung fanden sie im 12. Jh. ihren Weg nach Europa.

Im Mittelalter und in der Renaissance erlebte die Astrologie eine Hochzeit. Als eine der sieben freien Künste wurde sie an diversen Universitäten gelehrt und galt als Basis vieler Heilverfahren. Jeder Hof hatte einen Astrologen und Astronomen, sogar Päpste zogen die Astrologie zurate.

Die Renaissance prägte aber auch der Gedanke des Humanismus und die Suche nach wissenschaftlichen Fakten. Astronomen wie Johannes Kepler praktizierten zwar Astrologie, doch sie suchten nach einer wissenschaftlicheren Herangehensweise. Philosophen wie Francis Bacon, René Descartes und Immanuel Kant verkündeten Rationalität und Wissenschaft als den Weg zur Wahrheit.

Während der Zeit der Aufklärung kam die Astrologie in Europa dann völlig aus der Mode.

19. und 20. Jahrhundert

Gegen Ende des 19. Jahrhunderts erfuhr die Astrologie durch ein gestiegenes Interesse an Spiritualität sowie fernöstlicher Religion und Philosophie eine deutliche Wiederbelebung. Auch den Psychiater Carl Jung faszinierte diese Wissenschaft. Basierend auf seinen Theorien der Archetypen und des Unbewussten entwickelte sich im 20. Jh. die »psychologische Astrologie«.

Astrologie im 21. Jahrhundert

Während Astronomen sprichwörtlich nach den Sternen greifen, begreifen Astrologen den Kosmos als inneres und äußeres Phänomen, dessen Teile untrennbar miteinander verbunden sind. Wie in der Antike hebt die heutige Astrologie darauf ab, wie wir unser Leben im Einklang mit den himmlischen Mustern führen können.

ASTROLOGIE **HEUTE**

WIEDERBELEBUNG IN DER GEGENWART

Die meisten Menschen kommen mit Astrologie in Kontakt, wenn sie Zeitungshoroskope lesen. Solche kommerziellen Angebote täuschen allerdings über die Komplexität eines vollen Horoskops hinweg.

Zeitungshoroskope

Der Astrologe R. H. Naylor veröffentlichte im Jahr 1930 in einer Sonntagszeitung einen Artikel über das Horoskop der neugeborenen britischen Prinzessin Margaret. Der Artikel kam gut an und so bat man ihn, mehr Horoskope zu liefern. In seinem nächsten Beitrag sagte er ein Flugzeugunglück für das Jahr voraus. Er behielt recht: Als dann eine britische Maschine in Frankreich abstürzte, bat man Naylor, eine wöchentliche Kolumne zu schreiben. Bald schon waren in vielen britischen Zeitungen regelmäßig Texte über Horoskope zu finden.

Naylor erfand ein System, das auf den zwölf Tierkreiszeichen basiert. Er setzte diese jeweils an die Position des ersten astrologischen Hauses und schaute, wo die Planeten auf der Ekliptik (das ist die scheinbare Bahn der Sonne vor dem Hintergrund der Fixsterne im Lauf des Jahres von der Erde aus gesehen) standen. Bei jedem Menschen mit Sonnenzeichen Widder steht also Widder im 1. Haus, bei jedem Stier steht Stier im 1. Haus usw. Dies erlaubte Naylor zwölf kurze Vorhersagen auf Grundlage einer Information, die jeder kennt: das eigene Geburtsdatum.

»Traditionellere Formen der Astrologie haben sich im Lauf der Zeit weiterwentwickelt, das Interesse daran ist beim **modernen Menschen** neu erwacht.«

Die Beliebtheit von Zeitungshoroskopen schwankt stark. Viele professionelle Astrologen lehnen sie als zu vereinfachend ab, erkennen aber an, dass die meisten Menschen ohne sie gar nichts über Astrologie wüssten.

Die psychologische Astrologie

Traditionellere Formen der Astrologie haben sich im Lauf der Zeit weiterentwickelt, das Interesse daran ist beim modernen Menschen neu erwacht. Die vielleicht bedeutendste Veränderung ist die Einbeziehung der Tiefenpsychologie, auf der die seit einigen Jahren florierende »psychologische Astrologie« beruht. Die Psychologie steuert bei, was der Astrologie von Haus aus fehlt, nämlich die Theorie zum Verhalten und zur Entwicklung des Menschen. Carl Jungs Konzepte des Unterbewussten, der Archetypen und des Selbst als Produkt eines Individuationsprozesses haben sich erfolgreich mit der Astrologie verbunden.

Astrologie heute

Heute ist die Astrologie besonders bei den Millennials wieder sehr beliebt. Angesichts der Fülle an Informationen im Internet interessieren sich viele nicht mehr nur für ihr Sonnenzeichen, sondern möchten ihr vollständiges Geburtshoroskop kennen. Sie wollen keine Unterhaltung, sondern finden ihr Horoskop bedeutsam und suchen in Krisenzeiten darin nach Antworten.

Sicherlich bringen Zukunftsängste viele Menschen dazu, auf der Suche nach mehr Lebensweisheit alternative Wege einzuschlagen und auch unkonventionelle Glaubenssysteme und spirituelle Traditionen zu erkunden, die ihnen mehr bieten als der Zeitgeist. Ein neu erwachtes Interesse an Magie und Mystizismus durchdringt Literatur, Mode, Film und andere Lebensbereiche, dabei spielt die Astrologie eine wichtige Rolle. Sie kann die Sehnsucht nach echter Bedeutung und tieferem Sinn auffangen, erlaubt aber jedem, selbst zu entscheiden, welche kosmische Kraft, welcher Mechanismus am Werk ist. Sie ist ein praktisches Hilfsmittel, das erlernt und auf alle Lebensbereiche angewendet werden kann. Als Kontrapunkt zum Rationalismus der modernen Wissenschaft kann sie unser Bedürfnis nach spiritueller Verbundenheit stillen.

ASTROLOGIE UND **PSYCHOLOGIE**

MIT EINEM DIAGRAMM ZUR SELBSTERKENNTNIS

Die Astrologie ist eine fantasiereiche und dennoch in allen Lebensbereichen praktisch anwendbare Kunst. Die Symbole des Horoskops verbinden innere Zustände mit äußeren Gegebenheiten. Je besser wir uns kennen, desto harmonischer und produktiver können wir leben.

Astrologie als Leitlinie

Wir alle benötigen gelegentlich Anleitung und Unterstützung in unserem Alltag. Meistens mag das Leben ja reibungslos verlaufen, doch in Krisenzeiten ist ein Werkzeug hilfreich, das uns einen Blick unter die Oberfläche gewährt. Denn so können wir erkennen, was sich auf den tieferen Ebenen abspielt, und dieses Wissen nutzen.

Mit genau dieser Ebene der inneren Bedeutung dessen, was geschieht, beschäftigt sich die Psychologie. Und hier setzt auch die Astrologie mit ihrer einzigartigen Symbolsprache an.

Astrologie ermutigt zur Selbsterkenntnis und Selbstreflektion, sie ermöglicht ein tieferes Verständnis dessen, wer wir sind und warum wir tun, was wir tun. Sie kann uns auch dabei unterstützen, unsere Mitmenschen besser zu verstehen, unsere Beziehungen zu ihnen zu verbessern oder zumindest aufzuzeigen, was der Sinn einer Beziehung innerhalb der eigenen Geschichte sein könnte.

Außerdem lässt sich die Astrologie auch im alltäglichen Leben praktisch anwenden. Ist beispielsweise aktuell Saturn in Ihrem Horoskop aktiv, weist dies darauf hin, dass neue Unterneh-

»**Astrologie** ermutigt zur **Selbsterkenntnis** und **Selbstreflektion, sie ermöglicht** ein tieferes **Verständnis** dessen, wer wir sind und warum wir tun, was wir tun.«

mungen nicht ratsam sind. Vielmehr sollten Sie Ihre Energien bündeln. Ist Uranus aktiv, kann es wichtig sein, seine Meinung deutlich zu vertreten, auch wenn man dadurch mit anderen aneinandergerät.

Den Gezeiten folgen

Die Astrologie ermöglicht es uns, den Gezeitenstrom zu spüren. Sie zeigt uns, wann es Zeit zum Handeln ist und wie wir aus den jeweiligen Umständen das Beste machen.

Unsere Handlungen finden nicht im luftleeren Raum statt, sie haben immer einen Bezug zu unserem Leben und sind durch unsere Bedürfnisse und Wünsche geprägt. Ob wir nun an die Entwicklung der Seele oder an die Seele als solche glauben oder nicht, das Leben hat nun einmal verschiedene Phasen. Und es ist insgesamt von Wachstum und Entwicklung geprägt.

Die einzige Konstante im Universum ist der Wandel, dem auch wir alle unterliegen. Die Astrologie bildet ihn in Form der Planetenzyklen ab: Die Planeten auf dem Diagramm zeigen die Kapitel unseres Lebens an und setzen unsere Erfahrungen und die Phasen in einen Zusammenhang.

Astrologie und Psychologie

Das Geburtsdiagramm zeigt die inneren und die äußeren Umstände auf, stellt die Verbindung zwischen ihnen her und macht deutlich, wie Sie Ihre äußeren Umstände durch ein besseres Verständnis Ihrer inneren Motivation und psychischer Faktoren verändern können. Bei der Astrologie geht es um das Verständnis der eigenen Person und um persönliches Wachstum. Es geht darum, dass Sie nicht nur reagieren, sondern Ihr Leben aktiv gestalten und der Mensch werden können, der Sie sein sollten.

Wie lässt sich Astrologie nutzen?

Die wichtigsten praktischen Anwendungen sind die Charakterbeschreibung sowie das Identifizieren von Fähigkeiten, Potenzialen und der psychologischen Motivation. Prognosen erlauben darüber hinaus einen Blick in die Zukunft. Allerdings sagen sie nichts darüber aus, was genau passieren wird, sondern zeigen Ihnen, wie die Gezeiten strömen. Sie empfehlen auf symbolhafte Weise den Weg, der für Sie günstig sein könnte.

ASTROLOGIE ALS PHILOSOPHIE

WIE DENKEN ASTROLOGEN?

Im philosophischen Sinn geht die Astrologie von dem gedanklichen Ansatz aus, die Erde als Spiegel des Himmels zu sehen. Man muss kein Philosoph sein, um die Astrologie zu nutzen, es ist aber hilfreich, die Geisteshaltung dahinter zu verstehen.

Wie oben, so auch unten

Der Astrologie liegt eine alte Philosophie zugrunde, die auf der Maxime »Wie oben, so auch unten« beruht. Es ist ihre Grundprämisse, dass das Leben auf der Erde ein Spiegel des Himmelsbildes ist.

Die Vorstellung »Wie oben, so auch unten« ist in der antiken Idee der Entsprechung verankert, in der jeder Planet alles reguliert, was mit seiner Energie schwingt. So beherrscht die Sonne alles Solare (Monarchen, Staatsoberhäupter, Gold, Sonnenblumen, das Herz) und der Mond alles Lunare (Mütter und Pflegende, Essen und Ernährung, Werden und Vergehen). Jeder Planet hat seine eigene Domäne, in der er alle Ebenen der Existenz und Erfahrung vom Physischen bis zum Konzeptuellen durchdringt.

Makrokosmos und Mikrokosmos

Diesen Ansatz spiegelt auch die antike Vorstellung des »Menschen als Mikrokosmos« wider. Danach ist jeder von uns ein kleiner Kosmos in sich. Das Geburtshoroskop mit seinem Tierkreis (den Sternen), das sämtliche Planeten enthält und die Verbindung zwischen Erde und Himmel aufzeigt, ist in der Tat ein Mikrokosmos und Sie sind ein Abbild davon im Augenblick Ihrer Geburt.

»Um die **Astrologie wirklich schätzen** und nutzen zu können, müssen wir **unser konventionelles Denken außer Acht lassen.**«

Als Produkt der Antike aus babylonischem Sternenglauben, griechischer Philosophie und einem Schuss ägyptischer Magie lässt sich die Astrologie nur in einem voraufklärerischen, geozentrischen Kontext (mit der Erde als Mittelpunkt) verstehen. Viele Menschen lehnen die Astrologie heute ab, da sie mit einem modernen, wissenschaftlichen Gedankenansatz nicht vereinbar zu sein scheint. Dies führt dazu, dass die Astrologie wie eine poetische Version der Welt betrachtet wird, ausgestattet mit dem Geburtshoroskop als einer Art magischem Raum, in dem unser gewöhnliches »rationales« Denken einer symbolhafteren Herangehensweise Platz macht.

Man könnte es auch so formulieren: Um die Astrologie wirklich schätzen und nutzen zu können, müssen wir unser konventionelles Denken außer Acht lassen. Die althergebrachte Vorstellung des Kosmos, in dem alles verbunden ist und Dinge ähnlicher Natur in Harmonie schwingen, können wir auf andere Weise nicht erfassen.

Das Wesen der Symbole

Wer sich mit der Astrologie auseinandersetzen möchte, muss außerdem lernen Symbole zu interpretieren. Ein Symbol ist keine eindeutige Beschreibung oder Benennung von etwas. So steht Venus beispielsweise für unseren Drang, Beziehungen einzugehen, aber auch für unseren Sinn für Ästhetik, unser künstlerisches Potenzial, unseren persönlichen Stil, die Fruchtbarkeit der Natur. Darüber hinaus versinnbildlicht sie physische oder banale Dinge, zum Beispiel Kosmetik und Zucker.

Beim Lesen von Horoskopen müssen wir also in Symbolen denken und unsere Vorstellungskraft dazu nutzen, sie zu interpretieren. Es geht zum einen darum zu verstehen, dass sich jedes Symbol auf viele unterschiedliche Ebenen beziehen kann, aber auch darum zu würdigen, dass Symbole eben nur sinnbildliche Informationen liefern. Daher kann uns kein Geburtshoroskop verraten, was ein Mensch konkret tun sollte. Wären solche konkreten Vorhersagen möglich, würde das ein vorbestimmtes, mechanisches Leben nahelegen. Ganz im Gegenteil eröffnet uns das Horoskop aber die herrlichen Muster unseres individuellen Lebens, wenn wir nur lernen, die Symbole zu deuten.

ES GEHT UM MEHR ALS DAS SONNENZEICHEN

IHRE PLANETEN UND TIERKREISZEICHEN

Das Zeitungshoroskop ist eine recht junge Erfindung, die für den Massenmarkt erdacht wurde. Die Astrologie ist jedoch wesentlich komplexer und basiert auf dem Geburtshoroskop. Mit allen Planeten, Sternzeichen und weiteren Elementen zeigt es ein ganzheitliches Abbild des Individuums.

DAS GEBURTSHOROSKOP ALS LANDKARTE

Die meisten Menschen kennen ihr »Sonnenzeichen«, das Sternzeichen, in dem die Sonne zur Zeit ihrer Geburt stand. Das ist aber nur eine Komponente des Geburtshoroskops, nur ein Teil des Charakters einer Person. Astrologisch gesehen ist eine Person viel mehr als nur ihr Sonnenzeichen.

Wenn Sie einen Astrologen konsultieren oder einen Kurs belegen (oder dieses Buch lesen!), lernen Sie das Konzept des Geburtshoroskops kennen, der grafischen Abbildung des Himmels zum exakten Zeitpunkt am Ort Ihrer Geburt von der Erde aus gesehen. Das Bild ist ein Spiegel Ihres Charakters und Ihrer Motivation, sagt etwas über die Umstände Ihres Lebens aus und darüber, was Sie erreichen wollen. Hier kommen frühe Erfahrungen und familiäre Fäden, Gegenwärtiges und Wünsche, Möglichkeiten und Potenziale zusammen.

Geburtshoroskop, siehe S. 116–151

IHR SONNENZEICHEN

Wir sagen »Sie ist Skorpion« oder »Er ist Zwilling«, wenn wir über das Sternzeichen sprechen, in dem die Sonne zur Geburt einer Person stand. Das ist eine eher allgemeine Aussage. Die Sonne bildet das Zentrum eines Geburtshoroskops, sie steht für die kreative Begabung und das Identitätsgefühl, das sich nach und nach im Lauf des Lebens entwickelt wie das Gold des Alchemisten.

Die Sonne, siehe S. 62–63

IHR MONDZEICHEN

Der Mond ist ebenso bedeutsam wie die Sonne und steht für die Grundbedürfnisse, wesenseigene Reaktionen und das emotionale Innenleben. Sonne und Mond sind die »großen Lichter«, denn sie sind die größten und hellsten Himmelskörper, die wir sehen können. Im Geburtshoroskop stehen sie daher für die beiden zentralsten Kräfte.

Der Mond, siehe S. 64–65

»**Die Sonne** bildet das **Zentrum** eines Geburtshoroskops, sie steht für die **kreative Begabung** und das **Identitätsgefühl.**«

IHRE PLANETEN

Genau wie im Sonnensystem umkreisen die Planeten und anderen Himmelskörper von Merkur bis Pluto die Sonne. Jeder spielt eine eigene, wichtige Rolle bei der Ausbildung des festen Gewebes aus Charakter und Lebenserfahrung.

Jeder Planet steht für einen archetypischen oder psychologischen Antrieb, einen zutiefst menschlichen Impuls. So symbolisiert Merkur unser Bedürfnis zu kommunizieren, zu lernen und uns zu verbinden, Venus unser Bedürfnis, Beziehungen zu formen, zu kooperieren und Gemeinsamkeiten zu finden. Mars steht für Kampfbereitschaft, Wettbewerb, Anstrengung und Selbstbehauptung.

Die Planeten, siehe S. 58–85

IHRE HÄUSER

Jeder Planet steht in einem »Haus«. Ein Geburtshoroskop ist in zwölf Häuser unterteilt, die verschiedene Lebensbereiche repräsentieren. Gemeinsam decken die zwölf Häuser alle wichtigen Bereiche des Lebens ab, etwa Heim und Familie oder Beruf und Berufung.

Ein Planet zeigt sich durch das Sternzeichen, in dem er steht, und den Lebensbereich, in dessen Haus er steht.

Die Häuser, siehe S. 86–115

IHRE TIERKREISZEICHEN

In einem Geburtshoroskop steht jeder Planet in einem Tierkreiszeichen. So steht bei einer Person vielleicht die Sonne in Skorpion, der Mond gegenüber in Stier, Merkur in Schütze, Venus in Waage usw. Durch die Position »Ihrer« Planeten entsteht das einzigartige Bild Ihres Geburtshoroskops.

Die Tierkreiszeichen, siehe S. 24–57

IHR ASZENDENT

Ihr Aszendent ist das Tierkreiszeichen, das zum Zeitpunkt Ihrer Geburt am Osthorizont aufging. Er ist einer der vier »Eckpunkte«, die das Geburtsdiagramm in Quadranten teilen, und gibt Auskunft über Identität, Beziehung, heimisches Leben und Beruf. Genauer gesagt: Der Aszendent ist der Ekliptikgrad des entsprechenden Zeichens und hängt daher mit dem genauen Zeitpunkt Ihrer Geburt zusammen.

Der Aszendent, siehe S. 120–121

IHRE ECK- ODER KARDINALPUNKTE

Jedes Geburtsdiagramm hat zwei Hauptachsen. Die Horizontalachse (AS-DS) verläuft zwischen Aszendent und Deszendent, sie verbindet Osten und Westen. Der Aszendent steht für Geburt und Neuanfang. Der Deszendent liegt gegenüber und zeigt an, wie Sie in Beziehungen gezogen werden, um ein Stück Ihrer »anderen Hälfte« zu finden. Die zweite Achse ist die Vertikalachse (IC-MC). Hier bedeutet IC »Imum coeli« (Latein für »Himmelstiefe«) und MC »Medium coeli« (»Himmelsmitte«). Anders ausgedrückt: Diese Punkte stehen für einen Höchststand über dem Horizont (MC) und einen Tiefststand unter dem Horizont (IC). Ihre Verbindung teilt das Diagramm vertikal von Norden nach Süden. Das MC liefert wichtige Informationen über Ihre Ziele, Ihre berufliche Laufbahn, Ihren Status im Leben und Ihre Leistungen, dagegen symolisiert das IC das Zuhause, die Familie und den inneren Rückzugsort.

Die Eckpunkte, siehe S. 120–23

KAPITEL

2

DIE TIERKREISZEICHEN

DIE TIERKREISZEICHEN ÜBERBLICK

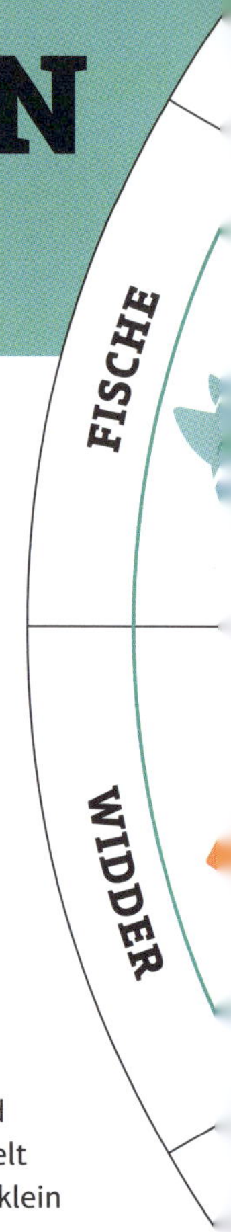

DAS LEBENSRAD

Der Tierkreis ist das älteste und beständigste Konzept in der Astrologie. Er teilt sich in zwölf Tierkreiszeichen und bildet den Rahmen für das Geburtsdiagramm. In seinen mythischen Bildern spiegelt er das Jahr im Lauf der Jahreszeiten wider.

Der Lebenszyklus

Wir können den Tierkreis als einen Entwicklungszyklus betrachten, der einen vollständigen Umlauf um die Sonne umfasst: vom Beginn des Jahres zur Tagundnachtgleiche im Frühling, wenn die Sonne das energiereiche und initiatorische Zeichen Widder betritt, bis zum Abschluss der Reise in Fische, die ihrem Wesen nach auflösen und zerstreuen. Jedes Zeichen ist einzigartig und führt die vorangegangene Geschichte weiter, bis ein vollständiger Erfahrungszyklus durchlaufen ist.

Die Zeichen in Ihrem Horoskop

Ein Planet steht für einen bestimmten menschlichen Drang – der Mond zum Beispiel für unser Grundbedürfnis nach Nahrung und Sicherheit, der Merkur für unseren Drang zu kommunizieren usw. Ein Zeichen dagegen stellt dar, wie ein bestimmtes Element im Horoskop zum Ausdruck kommt. Es bestimmt also, wie sich Ihre Planeten und andere Diagrammelemente gemäß dem Zeichen, in dem sie stehen, zeigen.

Die meisten von uns kennen ihr »Sonnenzeichen« (das Tierkreiszeichen, in dem die Sonne am Tag ihrer Geburt stand) und finden sich instinktiv in seinem Wesen und seiner Geschichte wieder. Wie wir im Abschnitt über die Sonne (siehe S. 62–63) noch sehen werden, bildet dieses Zeichen den Kern Ihrer Lebenserfahrung, ein Set an Eigenschaften und Talenten in stetiger Entwicklung. Ihr Sonnenzeichen symbolisiert Ihre wesentlichste kreative Gabe und zeigt, wo Ihr Platz im magischen Rund des Tierkreises ist.

Denken Sie jedoch daran, dass all Ihre anderen Planeten auch in einem Tierkreiszeichen stehen. Der Tierkreis ist der Rahmen Ihres Geburtsdiagramms und jedes Diagramm enthält alle zwölf Zeichen. Daher spielt jedes Zeichen irgendwo in Ihrem Leben eine Rolle, so klein sie auch sein mag.

» Ihr **Sonnenzeichen** symbolisiert Ihre **wesentlichste kreative Gabe** und zeigt, wo Ihr Platz im magischen Rund des Tierkreises ist. «

STEINBOCK
22. DEZEMBER – 19. JANUAR
SCHÜTZE
22. NOVEMBER – 21. DEZEMBER
SKORPION
23. OKTOBER – 21. NOVEMBER
WAAGE
23. SEPTEMBER – 22. OKTOBER
JUNGFRAU
23. AUGUST – 22. SEPTEMBER
LÖWE
23. JULI – 22. AUGUST
KREBS
22. JUNI – 22. JULI
ZWILLINGE
22. MAI – 21. JUNI
STIER
21. APRIL – 21. MAI
21. MÄRZ – 20. APRIL
19. FEBRUAR – 20. MÄRZ
WASSERMANN
20. JANUAR – 18. FEBRUAR

POLARITÄT, ELEMENTE UND QUALITÄTEN

DAS GLEICHGEWICHT IN IHREM HOROSKOP

Die zwölf Zeichen teilen sich in zwei Polaritäten, vier Elemente und drei Qualitäten. Jedes Zeichen stellt eine einzigartige Kombination dieser Aspekte dar. Das Gesamtgleichgewicht zwischen Polaritäten, Elementen und Qualitäten in Ihrem Horoskop liefert wertvolle Informationen über Ihre Persönlichkeit und Ihre Motivation.

Zwei Polaritäten: positiv und negativ

+ **Positive Zeichen** sind extrovertiert und beschwingt, nach außen orientiert und brauchen Impulse durch äußere Aktivitäten und Interaktionen.

– **Negative Zeichen** sind introvertierter und zurückhaltender. Sie konzentrieren sich auf innere Erfahrungen. Diese Zuweisungen enthalten keine Wertung. Wir können sie uns eher wie die chinesische Philosophie von Yin und Yang vorstellen: gleichwertig und sich gegenseitig ergänzend.

Vier Elemente: Feuer, Erde, Luft und Wasser

Feuer ist kühn und dramatisch, erzeugt Hitze und Energie. Wenn Feuerzeichen wollen, versetzen sie Berge und reißen mit Begeisterung, Visionen und Zuversicht alle mit. Planeten in diesen Zeichen handeln mit Mut und Sendungsbewusstsein.

Erde ist solide und wahrhaftig. Planeten in Erdzeichen sind vernünftig, lieben praktische Methoden und konkrete Ergebnisse, Theorien und Bedenken liegen ihnen nicht, sie neigen nicht zur Sentimentalität.

Luft ist das Reich der Ideen und Gedanken. Planeten in Luftzeichen äußern sich oft rational und wortreich, aber emotional zurückhaltend, denn dieses Element ist mit höflicher Interaktion und zivilisierten zwischenmenschlichen Beziehungen verbunden.

Wasser kommt als reinigender Fluss, schäumender Sturzbach, stiller, dunkler See oder unergründlicher Ozean vor. Planeten in Wasserzeichen äußern sich auf der Basis von Gefühlen mit feiner Intuition.

Drei Qualitäten: kardinal, fix und veränderlich

Die Kardinalzeichen läuten die Jahreszeiten ein. Planeten in diesen Zeichen handeln daher initiativ so, wie es zu ihrem Element passt. Kardinalzeichen machen den ersten Zug und brauchen Impulse durch neue Projekte.

Die fixen Zeichen spiegeln die Mitte der Jahreszeiten, wenn sich das Wetter stabilisiert hat. Ihre Energie ist beständig und widersteht Veränderungen. Planeten in diesen Zeichen sind standhaft und können das halten und verstärken, wofür ihr Element steht.

Die veränderlichen Zeichen stehen für das Ende der Jahreszeit. Planeten in diesen Zeichen neigen zu Bewegung und Wandel, jedoch ohne Richtung. Die veränderlichen Zeichen sorgen für den ungehinderten Fluss der Elemente.

STEINBOCK
ERDE
KARDINAL
NEGATIV
−
SCHÜTZE
FEUER
VERÄNDERLICH
POSITIV
+
SKORPION
WASSER
FIX
NEGATIV
−
WAAGE
LUFT
KARDINAL
POSITIV
+
JUNGFRAU
ERDE
VERÄNDERLICH
NEGATIV
−
LÖWE
FEUER
FIX
POSITIV
+
KREBS
WASSER
KARDINAL
NEGATIV
−
ZWILLINGE
LUFT
VERÄNDERLICH
POSITIV
+
STIER
ERDE
FIX
NEGATIV
−
FEUER
KARDINAL
POSITIV
+
WASSER
VERÄNDERLICH
NEGATIV
−
WASSERMANN
LUFT
FIX
POSITIV
+

Auswertung Ihres Horoskops

Wenn Sie sich ansehen, in welchen Zeichen Sonne, Mond, Merkur, Venus, Mars, Jupiter und Saturn stehen, können Sie das Gleichgewicht in Ihrem Horoskop beurteilen (die Zeichen der äußeren Planeten bilden eher kollektive als persönliche Themen ab, daher können wir sie ignorieren). Interessant ist auch das Zeichen, in dem Ihr Aszendent steht, da dieser Eckpunkt sowohl Ihre körperliche Konstitution als auch Ihre Lebenseinstellung beschreibt und damit etwas über Ihr Temperament aussagt.

Ist eine Polarität, ein Element oder eine Qualität stark vertreten (für Elemente und Qualitäten heißt das mindestens durch zwei Planeten), fühlen Sie sich wahrscheinlich damit wohl und bringen diesen Aspekt mühelos zum Ausdruck. Ist ein Aspekt durch keinen Planeten vertreten, kann es Ihnen schwerfallen, seine Eigenschaften auszudrücken – er wird zu einer Art »Schatten«, verbunden mit der lebenslangen Aufgabe, eine selbstbewusstere Beziehung zu ihm aufzubauen.

Weist nur ein Planet eine bestimmte Polarität, ein Element oder eine Qualität auf, drücken Sie diesen Aspekt nur durch diesen Planeten aus, oftmals sehr energisch.

DIE ELEMENTE IN IHREM HOROSKOP

ELEMENT	STARK
 FEUER	Sie sind sehr selbstmotiviert und eher auf Ihre eigenen Wünsche und Triebe fixiert. Möglicherweise brauchen Sie das Gefühl, etwas Besonderes zu sein und im Mittelpunkt zu stehen.
 ERDE	Sie sind pragmatisch und bodenständig, können gut Dinge managen und erledigen. Das Leben könnte Sie vor die Herausforderung stellen, sich über das materielle Leben hinaus zu entwickeln.
 LUFT	Sie leben eher in Ihrem Kopf – Gedanken und Vorstellungen sind Ihre Realität, vielleicht sind Sie ein begnadeter Redner. Ihre Aufgabe könnte darin bestehen, Ihre Ideen konkret umzusetzen.
 WASSER	Sie denken mit dem Herzen und finden es schwierig, die Dinge leidenschaftslos zu betrachten. Ihre Gabe ist die Fähigkeit, emotional Verbindung aufzunehmen und die Gefühle anderer zu verstehen.

DIE POLARITÄTEN IN IHREM HOROSKOP

Sehr positiv/kaum negativ
Sie sind gern mitten im geschäftigen Fluss der Dinge und brauchen Stimulation aus der Welt da draußen. Mit sich allein zu sein und nachzudenken fällt Ihnen wesentlich schwerer.

Sehr negativ/ kaum positiv
Sie sind eher der introvertierte Typ. Die innere Welt körperlicher Empfindungen und emotionaler Erlebnisse liegt Ihnen näher als das hektische Treiben der äußeren Welt.

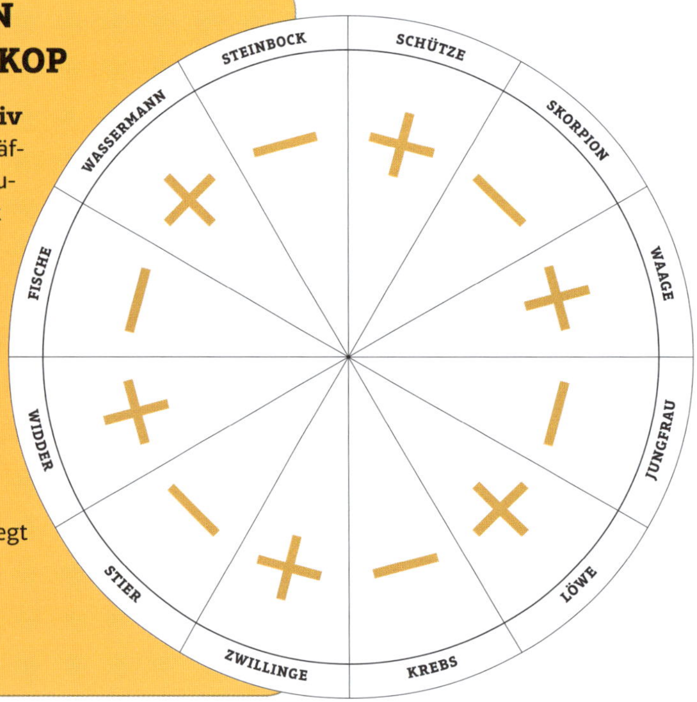

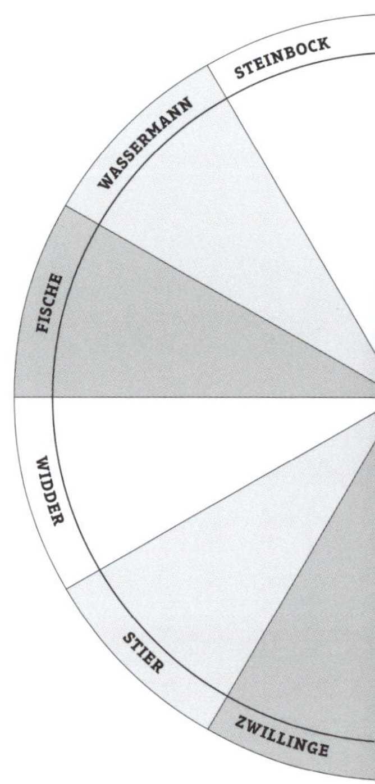

SCHWACH

Sie haben Probleme mit Selbstbehauptung und Selbstbewusstsein. Trotzdem finden Sie sich oft in Positionen wieder, in denen Sie Führungsqualitäten, Zuversicht und eigene Visionen entwickeln müssen.

Es könnte Ihnen schwerfallen, auf Ihre körperlichen Bedürfnisse Rücksicht zu nehmen und nicht über diese und monetäre Grenzen zu gehen. Eventuell ist hier ein unbewusster Materialismus am Werk.

Sie achten darauf, nicht zu viel zu reden und zu theoretisieren, vielleicht fällt es Ihnen schwer, die Dinge rational und objektiv zu betrachten. Ihre Reise könnte so aussehen, allmählich Wissen aufzubauen.

Es ist nicht Ihre Art, Emotionen offen zu zeigen. Subtile Zeichen von Körpersprache und Gefühlsausdrücken entgehen Ihnen oft. In Ihrem Inneren jedoch sind Ihre Gefühle mit großer Kraft am Werk.

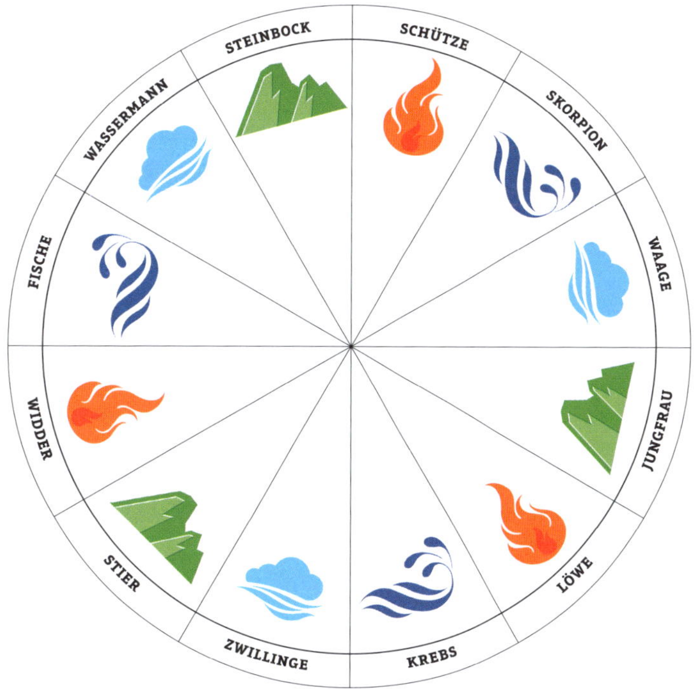

DIE QUALITÄTEN IN IHREM HOROSKOP

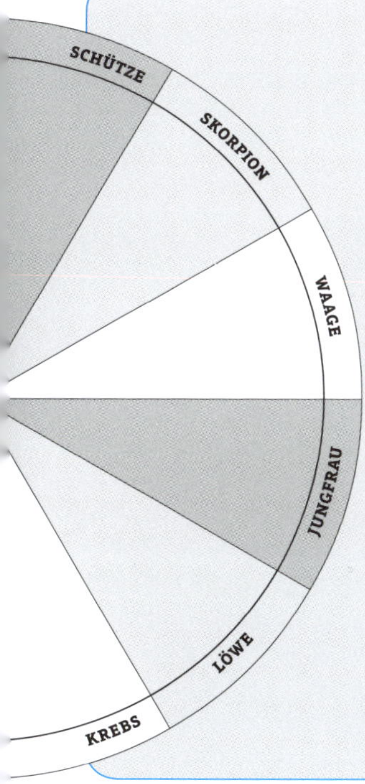

QUALITÄT	STARK	SCHWACH
kardinal	Sie ergreifen gern die Initiative und sind äußerst ungern von den Plänen anderer abhängig. Ihnen ist es wichtig, sich selbst hohe Ziele zu stecken und dann Wege zu finden, um sie zu erreichen.	Sie suchen sich unbewusst Situationen, in denen Sie die Rolle des Anführers, Pioniers oder Unternehmers spielen müssen. Um diese Eigenschaften zu entwickeln, müssen Sie sich anstrengen.
fix	Ihre Stärke liegt darin, für Kontinuität und Stabilität zu sorgen, manchmal bleiben Sie dabei aus Angst vor Weiterentwicklung stecken. Es könnte wichtig sein zu lernen, mit Veränderungen umgehen.	Es fällt Ihnen schwer, beständig zu sein, vor allem angesichts starker veränderlicher Energien. Ihre Aufgabe könnte es sein, Dinge zu Ende zu führen und den Lohn für Ihren Einsatz zu genießen.
veränderlich	Sie sind sehr anpassungsfähig – manchmal geben Sie sogar lieber nach, als Ihren Standpunkt zu verteidigen. Ihre Gabe ist es, mit dem Strom zu schwimmen und sich an nichts zu klammern.	Ihre Reaktionen sind meist klar und eindeutig – Ihre Aufgabe könnte darin bestehen, sich mit Situationen anzufreunden, die Sie nicht vollkommen unter Kontrolle haben.

DAS **1.** ZEICHEN DES TIERKREISES

WIDDER

21. MÄRZ BIS 20. APRIL

Das erste Zeichen des Tierkreises steckt voller Energie. Als positives, kardinales Feuerzeichen ist Widder extrovertiert, initiatorisch und leidenschaftlich. Er konzentriert seine Energien darauf, die Dinge in Gang zu bringen. Der Widder braucht Action.

Symbol ♈
Polarität **positiv**
Qualität **kardinal**
Element **Feuer**
Herrscherplanet **Mars**
Körperteile **Kopf und Nebennieren**

Sonne in Widder
Ihr Lebenszweck besteht darin, als Pionier voranzugehen, für andere das Unbekannte zu erschließen. Als mutige und siegreiche Heldengestalt sind Sie stets auf der Suche nach Herausforderungen, durch die Sie sich beweisen können.

Planeten in Widder
Planeten in diesem Zeichen handeln spontan und wagemutig – Sie ergreifen gern die Initiative in den Lebensbereichen, für die diese Planeten stehen.

Widder in den Häusern
In diesen Lebensbereichen sind Sie wettbewerbsorientiert und selbstmotiviert, gehen Risiken ein und wagen sich auf unbekanntes Terrain.

AUFBRUCH

Widder kündigt auf der Nordhalbkugel den Frühling an. Ihre Planeten in diesem Zeichen bringen seine jugendliche Begeisterung und Energie zum Ausdruck.

DER KRIEGER

Widders Herrscher ist der Kriegsgott Mars. Für Widder ist es sehr wichtig, sich zu messen – und zu gewinnen.

Nur die Mutigen

Widder liebt das Risiko. Planeten in Widder suchen die Gefahr, um ihre Stärke zu prüfen und zu beweisen.

UNTERNEHMUNGEN UND INITIATIVE

Wenn Ihre Sonne oder Ihr Mond in Widder steht, geben Sie wahrscheinlich gern den Ton an.

Wettbewerb und Kampf

Wo Widder in Ihrem Horoskop auftaucht, zeigen Sie Kampfgeist und sträuben sich gegen Kompromisse und Nachgeben.

IMPULSIV

Planeten in Widder profitieren von selbsterzeugter Energie, handeln manchmal aber, ohne nachzudenken.

BESTIMMT

Widdermenschen behalten im Notfall einen klaren Kopf und denken schnell.

EINZELKÄMPFER

Wer Planeten in Widder hat, arbeitet meist lieber allein.

DRINGLICHKEIT

Sie wissen, was Sie wollen, und Sie wollen es jetzt – am besten schon gestern.

SCHNELL UND WILD

Menschen mit Planeten in Widder packen das Leben bei den Hörnern.

KINDLICH

Dieses Zeichen ist aufrichtig und manchmal naiv. Intrigen und Politik können einen Widder ernsthaft verwirren; ebenso hilflos kann er sein, wenn nicht alles nach seinem Plan läuft.

Negative Eigenschaften

Teilweise neigt der Widder zum Kräftemessen oder zu Rammbock-Verhalten – er erledigt Dinge, kann aber Konflikte heraufbeschwören.

DAS **2.** ZEICHEN DES TIERKREISES

STIER

21. APRIL BIS 21. MAI

Der ruhige, bedächtige Stier gerät nur schwer in Wut und in Bewegung. Das negative, fixe Erdzeichen ist zurückhaltend, bodenständig und beständig gegen Veränderungen. Stiere sind in der Realität verwurzelt und folgen den Rhythmen der Natur und des Körpers.

Symbol ♉
Polarität **negativ**
Qualität **fix**
Element **Erde**
Herrscherplanet **Venus**
Körperteile **Hals und Nacken**

Sonne in Stier

Ihr Lebenszweck besteht darin, etwas mit bleibendem Wert zu schaffen. Das macht Sie mit der Zeit immer ausdauernder und belastbarer. Wie ein Garten entwickelt sich Ihr Lebenswerk langsam unter Ihrer sorgfältigen Pflege.

Planeten in Stier

Planeten in diesem Zeichen kommen gleichzeitig vernünftig und sinnlich zum Ausdruck, geleitet von ihrem physischen Körper. Dieser Teil von Ihnen braucht Zeit, um Erfahrungen wahrzunehmen und zu verarbeiten.

Stier in den Häusern

In diesen Lebensbereichen sind Sie oft pragmatisch, engagiert und beharrlich. Hier können Sie den Dingen Zeit geben und sind eher geduldig und ausdauernd.

LANGSAM UND STETIG

Nach dem stürmischen Frühlingserwachen des Widders kommt der Stier ruhig und bedächtig, langsam und wohlüberlegt daher.

DIE PHYSISCHE WELT

Stiere fühlen sich in ihrem Körper und in der Natur zu Hause und schätzen einfache Sinnesfreuden wie gutes Essen, Musik und die Künste.

DIE GABE DER GEDULD

Eine der wertvollsten Gaben ist die Fähigkeit, abwarten zu können. Ihnen gelingt es, sich in ruhiger Akzeptanz geduldig zurückzulehnen.

Ausdauernd und beharrlich

Wenn Sie sich einmal zu einer Vorgehensweise entschlossen haben, bleiben Sie dabei – selbst dann, wenn es gut für Sie wäre, davon abzuweichen.

SCHWER ZU ERZÜRNEN

Stiere sind für ihre Ruhe und Gelassenheit bekannt – meistens! Aber wenn man Sie reizt oder drängt, können Sie auch furchtbar wütend werden.

SINNLICHKEIT

Stier wird von Venus beherrscht, der Göttin, der Fruchtbarkeit und Sexualität. Ihre Planeten im Stier reagieren auf die Freuden sinnlicher Erfahrungen und suchen solche Genüsse.

Negative Eigenschaften

Stiere können enorm stur sein, manchmal zum eigenen Schaden. Als fixes Erdzeichen kann der Stier zu Gier oder Maßlosigkeit neigen.

SICHERHEITSBEDÜRFNIS

Stiere schätzen Stabilität und hassen Veränderung und Umbruch.

Geld und materieller Erfolg

Mit Planeten in Stier sind Sie geschickt in der Anhäufung von Gütern und haben Sinn für Finanzen.

BESITZERGREIFEND

Planeten in Stier können habgierig sein und nach Besitztum streben – dieses Zeichen kann sich oft schwer von Gegenständen, Situationen oder Menschen trennen.

DAS **3.** ZEICHEN DES TIERKREISES

ZWILLINGE

22. MAI BIS 21. JUNI

Zwillinge stehen für Dualität und das Wandern zwischen Gegenpolen, können aber Brücken bauen. Das positive, veränderliche Luftzeichen ist gesellig, kontaktfreudig, unbeschwert und verspielt, aber schnell gelangweilt. Der neugierige, bewegliche Geist will stets stimuliert sein.

Symbol ♊
Polarität **positiv**
Qualität **veränderlich**
Element **Luft**
Herrscherplanet **Merkur**
Körperteile **Arme, Hände und Lunge**

Sonne in Zwillinge

Ihr Lebenszweck besteht darin, den »inneren Zwilling« zu finden. Jeder Zwilling hat helle und dunkle Seiten und Ihre Aufgabe ist es, beides in sich zu erkennen. Kommunikation, Lernen und Konzepte sind von großer Bedeutung.

Planeten in Zwillinge

Planeten in Zwillinge passen sich meist leicht an neue Umgebungen und Situationen an. Hier haben Sie das Bedürfnis, sich mit Leichtigkeit und Vielfalt auszudrücken.

Zwillinge in den Häusern

In diesen Lebensbereichen gehen Sie eher logisch als emotional vor. Hier sind Sie neugierig oder brauchen ständige Veränderung und geistige Stimulation.

KOMMUNIKATION

Schon das Bild der Zwillinge legt ein Bedürfnis nach Kommunikation und sozialer Interaktion nahe.

NETZWERKEN

Ein Zwilling muss ständig Verbindungen knüpfen, ohne dabei irgendwo stehenzubleiben.

Verspielt und charmant

Zwillinge sind oft kokett und erlangen durch Witz und Humor Aufmerksamkeit.

ZWEI IN EINEM

Man sagt ihnen oft nach, sie hätten zwei Gesichter. Doch häufig können Zwillinge auch besonders gut zwischen zwei Seiten vermitteln.

Geselligkeit

Mit Planeten in Zwillinge gewinnen Sie leicht Freunde und Ihr soziales Netzwerk ist vermutlich groß und facettenreich.

NEUGIER UND LERNEN

Zwillinge erhalten sich ihre Neugier und lernen gern dazu. Ohne immer neue Gesichter und Orte geht es dem Zwilling nicht gut.

HEUTE HÜ ...

Da der Zwilling die Abwechslung liebt, fällt es ihm oft schwer, länger bei einer Sache (Arbeit, Haus, Meinung etc.) zu bleiben.

HELL UND DUNKEL

Zwillinge sind sich ihrer Dualität oft bewusst. Der helle himmlische und der düstere irdische Zwilling leben Seite an Seite in ihnen. Sind sie gerade nicht »obenauf«, ergreift schnell die Depression von ihnen Besitz.

BEDÜRFNIS NACH VERÄNDERUNG

Das veränderliche Luftzeichen verspürt ein ruheloses Verlangen nach Bewegung, Vielfalt und Stimulation. Das Schlimmste für einen Zwilling sind Langeweile und Routine.

Negative Eigenschaften

Im schlimmsten Fall bleibt der Zwilling an der Oberfläche und meidet tiefere Gefühle und Konsequenzen. Er kann zwei Seiten gegeneinander ausspielen.

DAS **4.** ZEICHEN DES TIERKREISES

KREBS

22. JUNI BIS 22. JULI

Der Krebs ist feinsinnig und sensibel, aber auch umsichtig und hartnäckig. Eine harte Schale schützt sein verletzliches Innenleben. Das negative, kardinale Wasserzeichen hat ein aufgeschlossenes Wesen und handelt von Natur aus gefühlsbetont.

Symbol ♋
Polarität **negativ**
Qualität **kardinal**
Element **Wasser**
Herrscherplanet **Mond**
Körperteile **Brust und Magen**

Sonne in Krebs
Ihr Lebenszweck besteht darin, Ihre Sippe zu finden und eine zentrale Rolle als Bezugsperson darin einzunehmen. In Ihrem (persönlichen oder beruflichen) Leben dreht sich alles um die Familie.

Planeten in Krebs
Planeten in diesem Zeichen neigen zum Selbstschutz, ihr Handeln wird von Stimmungen und Gefühlslagen bestimmt. Intuition und Emotion sind die beherrschenden Kräfte.

Krebs in den Häusern
Dieser Bereich Ihres Lebens kann ein Rückzugsort sein, ein sicherer Hafen fernab der Welt. Was in diesem Haus ist, wollen Sie beschützen und verteidigen.

ZEICHEN DER MUTTER

Krebse haben das Bedürfnis zu nähren, können aber Schwierigkeiten mit dem Loslassen haben.

ENGE BINDUNGEN

Die Gefühle, die Krebse für Menschen, Orte und Besitztümer entwickeln, können die Trennung für sie schmerzhaft machen.

Heim und Familie

Krebse bewegen sich gern auf vertrautem Terrain, verankert durch Sippe, Familie und Heim.

SICHERHEITSBEDÜRFNIS

Krebse müssen sich sicher fühlen. Planeten in Krebs gehen keine Risiken ein.

BEHARRLICHKEIT

Haben sie ein Ziel fest ins Auge gefasst, geben Krebse nicht auf.

Rückzug unter Druck

Krebse handeln aus dem Bauch heraus und ziehen sich in ihren Panzer zurück, wenn sie Gefahr spüren.

GUTE INTUITION

Menschen mit diesem Zeichen erfassen rasch Atmosphäre und Gefühlslagen.

AUF UMWEGEN

Als Kardinalzeichen sind Krebse oft durchsetzungsfähig, gehen aber selten direkt aufs Ziel los.

GEFÜHLE HABEN VORRANG

Die Haltung des Krebses ist subjektiv und basiert auf der persönlichen Gefühlslage.

SCHNELL VERLETZT

Krebse können um sich schlagen oder emotional manipulativ sein; oft ist das ihre Verteidigungsstrategie bei Stress oder Angst.

Negative Eigenschaften

Emotionen haben oft Vorrang vor Rationalität. Krebse können stark parteiisch sein und sich in unvertrauten Situationen anderen anschließen.

MEERWESEN

Gemäß seinem Herrscher, dem Mond, hat dieses Zeichen eine Gezeitenqualität: Seine Energien und Gefühle sind mal stärker, mal schwächer.

FÜRSORGLICH

Die empfindsamen und empathischen Krebse fühlen sich oft in Heil- und Pflegeberufen wohl.

DAS **5.** ZEICHEN DES TIERKREISES

LÖWE

23. JULI BIS 22. AUGUST

Der warmherzige, heitere, charismatische Löwe ist ein majestätisches Zeichen, kann aber auch ausgelassen sein. Das positive, fixe Feuerzeichen ist extrovertiert, standhaft und visionär. Löwen haben Würde, Selbstvertrauen und Stilgefühl sowie ein großzügiges, motivierendes Wesen.

Symbol ♌
Polarität **positiv**
Qualität **fix**
Element **Feuer**
Herrscherplanet **Sonne**
Körperteile **Herz und Wirbelsäule**

Sonne in Löwe
Ihr Lebenszweck besteht darin, Ihre kreative Strahlkraft zu entwickeln und im Mittelpunkt zu stehen oder Anführer zu sein. Weil Sie inspirieren, unterstützen und stark sind, gewinnen Sie die Loyalität der anderen.

Planeten in Löwe
Planeten in diesem Zeichen handeln mit Mut, Stolz und einer gewissen Selbstdarstellung. Sie strahlen Starqualitäten aus und ziehen Lob an.

Löwe in den Häusern
Dieser Bereich Ihres Lebens liegt Ihnen am Herzen, hier können Sie glänzen und Ihre Kreativität entfalten. Sie investieren Persönlichkeitsenergie in diese Bereiche und möchten dafür geliebt werden.

SINN FÜR SPASS

Löwe ist ein verspieltes Zeichen und Planeten in Löwe sind spontan. Löwen haben einen guten Draht zur unschuldigen, unkomplizierten Welt der Kinder.

Der Schauspieler

Löwen lieben das Rampenlicht und große Auftritte – Aufmerksamkeit, Bewunderung und Respekt tun ihnen gut.

KÜHN UND MUTIG

Löwen sind oft wagemutig, selbstsicher und selbstbeherrscht. Planeten in Löwe sind mutig und schwungvoll.

GLAMOUR UND GLITZER

Planeten in Löwe strahlen oft Autorität und Größe aus. Löwen machen sich nicht gern die Hände schmutzig und delegieren lieber.

EHRE

In einer Vertrauensposition sind Löwen ehrenhaft und anständig. Integrität ist diesem Zeichen wichtig.

KREATIVITÄT

Menschen mit Planeten in Löwe müssen regelmäßig ihrer Kreativität freien Lauf lassen und ihren Hobbys nachgehen. So fühlen sie sich als etwas Besonderes.

Negative Eigenschaften

Sie können arrogant und selbstzentriert wirken oder schnell gekränkt sein. Als Gegenmittel sollten sie Vertrauen in ihre kreative Kraft entwickeln.

SEHT MICH AN!

Löwen sind oft herausragende Persönlichkeiten und brauchen das Gefühl, etwas Besonderes zu sein.

ZUKUNFTS-ORIENTIERT

Löwen sind positiv und zukunftsorientiert – optimistisch, zuversichtlich und voller Hoffnung.

WARMHERZIG UND GROSSZÜGIG

Menschen mit Planeten in Löwe teilen großzügig Zeit und Energie. Andere zu motivieren fällt ihnen leicht.

Ich, ich, ich

Dank der Sonne als Herrscherin haben Löwen einen starken Willen und streben nach Erfolgen. Ihr Ego kann recht ausgeprägt sein.

DAS **6.** ZEICHEN DES TIERKREISES

JUNGFRAU

23. AUGUST BIS 22. SEPTEMBER

Jungfrau nimmt das Gute und macht etwas Nützliches daraus. Sie schafft Ordnung und ist effizient. Als negatives, veränderliches Erdzeichen hat sie die Fähigkeit, ohne großes Aufheben zu tun, was nötig ist. Handwerkskunst und Geschick sind für dieses Zeichen von großer Bedeutung.

Symbol ♍
Polarität **negativ**
Qualität **veränderlich**
Element **Erde**
Herrscherplanet **Merkur**
Körperteil **Verdauungssystem**

Sonne in Jungfrau
Ihr Lebenszweck ist es, Ihr gewähltes Handwerk zu verfeinern. Am glücklichsten sind Sie als nützlicher Teil eines Teams oder in einer konstruktiven Rolle. Ihre Jungfrau-Sonne liebt praktische Kommunikationssysteme.

Planeten in Jungfrau
Planeten in diesem Zeichen handeln differenziert. Dieses Zeichen neigt nicht zu Dramatik oder Selbstdarstellung, sondern konzentriert sich auf nützliche Effizienz und darauf, praktische Fähigkeiten zu entwickeln.

Jungfrau in den Häusern
Dieser Lebensbereich läuft wahrscheinlich wie eine gut geölte Maschine – oder wenigstens wünschen Sie sich das! In diesen Bereich versuchen Sie Ordnung und Methode hineinzubringen.

DIE UNBERÜHRTE

In der Antike lebten Jungfrauen im Tempel und weihten ihr Leben einer Gottheit. Auch das Sternzeichen strebt instinktiv nach Genügsamkeit und Hingabe an Praktisches.

Gesundheit und Wohlbefinden

Für Jungfrauen sind Geist und Körper verbunden. Regelmäßige Bewegung und gesunde Ernährung sorgen für ein gutes Gleichgewicht.

NÜTZLICHES TUN

Die Jungfrau wird meist mit einer Weizengarbe dargestellt. Sie wacht über die Ernte, trennt die Spreu vom Weizen und nutzt ihre Fähigkeiten, um etwas Nützliches zu schaffen.

Ordnungssinn

Die Jungfrau baut ein System auf und lebt danach. Planeten in diesem Zeichen mögen kein Chaos.

PERFEKTIONISMUS

Mit ihrem Fokus auf Können, Geschick und Technik streben Jungfrauen meist nach Perfektion.

FREIRAUM

Wenn Jungfrauen keine Möglichkeit haben, etwas in Ruhe zu verarbeiten, sind sie schnell gestresst.

INFORMATIONS-MANAGEMENT

Jungfrauen haben ein Händchen dafür, Informationen zu verwalten, zu ordnen und zu nutzen.

DETAILORIENTIERT

Jungfrauen sind analytisch und kritisch.

HILFSBEREITSCHAFT

Dieses bescheidene Zeichen erdet uns nach dem Löwe-Glamour. Der Löwe liebt die Party, die Jungfrau organisiert sie – und räumt danach auf.

Negative Eigenschaften

Jungfrauen verlieren sich manchmal in Details und sehen nicht mehr das Ganze. Manche haben ein obsessives Bedürfnis nach Ordnung und Kontrolle.

BESCHEIDEN UND ZURÜCKHALTEND

Das Selbstwertgefühl der Jungfrau speist sich aus ihrer Nützlichkeit und Produktivität. Oft spielt sie aber ihre Talente herunter.

»WIR **TAUMELN**
AUS DEM NICHTS
HERBEI UND
VERSTREUEN
STERNE WIE
STAUB.«

Dschalāl ad-Dīn Muhammad ar-Rūmī

DAS **7.** ZEICHEN DES TIERKREISES

WAAGE

23. SEPTEMBER BIS 22. OKTOBER

Die Waage sieht ihre Aufgabe darin, Symmetrie und Gleichgewicht herzustellen und zu erhalten. Das positive, kardinale Luftzeichen ist kontaktfreudig, gesellig und knüpft aktiv Beziehungen. Diplomatie, Stil und Anmut sind typisch für Waage.

Symbol ♎
Polarität **positiv**
Qualität **kardinal**
Element **Luft**
Herrscherplanet **Venus**
Körperteil **Nieren**

Sonne in Waage

Ihr Lebenszweck besteht darin, das zivilisierte Leben zu verkörpern und zu verbreiten. Sie finden Ihr inneres Gleichgewicht durch innere Haltung und Anstand.

Planeten in Waage

Die Planeten in diesem Zeichen kommen mit höflicher Vornehmheit zum Ausdruck und wollen eine Atmosphäre von Harmonie schaffen und die Rücksicht gegenüber anderen fördern.

Waage in den Häusern

In diesem Lebensbereich gehen Sie mit Eleganz und Taktgefühl vor. Hier können Sie gut teilen oder mit jemandem zusammenarbeiten.

GLEICHGEWICHT

Die Waagschalen der Justitia spiegeln die Funktion der Waage, ein friedliches Gleichgewicht und perfekte Balance zu schaffen.

TAKT UND DIPLOMATIE

Sie möchten niemanden verärgern und keine Unruhe stiften. Mit Anstand und Charme nehmen sie andere für sich ein.

Recht und Gesetz

Diesem Zeichen sind Gerechtigkeit und Gleichheit wichtig. Waagen fühlen sich oft zu Berufen in der Rechtspflege oder zum Kampf gegen soziale Ungerechtigkeit hingezogen.

AUSGLEICHEND

Waagen werden auch die „höflichen Widder" genannt. Sie halten sich an die Regeln des Fairplay und bekriegen diejenigen, die Grenzen übertreten.

UNENTSCHLOSSEN

Der Waage-Geist betrachtet mit der Luft-Gabe der Objektivität stets alle Seiten. Aus dem Wunsch nach unbedingter Fairness kann Unentschlossenheit entstehen.

BEZIEHUNGSBEDÜRFTIG

Waagen brauchen die motivierende Anwesenheit eines Partners. Fühlen sie sich einsam oder isoliert, macht sich Niedergeschlagenheit breit.

IDEALER SCHIEDSRICHTER

Berufe in der Eheberatung, PR oder Mediation locken die Waage – das Kardinalzeichen ist fair und höflich, muss aber dynamische Bewegung schaffen.

KUNST

Dank ihrer Herrscherin Venus ist die Waage den Künsten eng verbunden – Waagen sind oft begabte Designer, Künstler, Musiker und Modefans.

SCHÖNHEIT UND ERSCHEINUNGSBILD

Sie schätzen die eleganten Seiten des Lebens – für sie ist die äußere Schönheit ein Spiegel der inneren Harmonie.

DIE KUNST DES KOMPROMISSES

Waagen sind oft bereit, eigenes Territorium aufzugeben, wenn das zu allgemeinem Frieden und Glück führt.

Negative Eigenschaften

Ihr unattraktivster Zug könnte Unaufrichtigkeit sein – obwohl die Waagen damit meist nur etwas erleichtern und gut aussehen lassen wollen.

DAS **8.** ZEICHEN DES TIERKREISES

SKORPION

23. OKTOBER BIS 21. NOVEMBER

Der Skorpion führt uns in die Tiefe. Dieses komplexe, intensive Zeichen beschäftigt sich mit dem Wandel. Als negatives, fixes Wasserzeichen ist er in sich gekehrt – das typische stille, tiefe Wasser. Skorpione sind Meister der kontrollierten Leidenschaft.

Symbol ♏
Polarität **negativ**
Qualität **fix**
Element **Wasser**
Herrscherplaneten **Mars und Pluto**
Körperteile **Geschlechtsorgane und Ausscheidungssystem**

Sonne in Skorpion

Ihr Lebenszweck besteht darin, Widerstandsfähigkeit zu entwickeln. Häufig geht es ums Überleben gegen alle Widrigkeiten, Ihr „Sonnengold" ist die innere Stärke, die daraus entsteht.

Planeten in Skorpion

Planeten in diesem Zeichen handeln mit Leidenschaft, Intensität und stoischem Mut. Manchmal gehen sie ins Feuer, nur um reiner und stärker wiedergeboren zu werden.

Skorpion in den Häusern

Dieser Lebensbereich ist zyklischen Vorgängen aus Krise, Vergehen und Erneuerung unterworfen. Hier gehen Sie in die Tiefe und machen ungern Kompromisse.

WILLENSKRAFT UND STÄRKE

Der Skorpion kann sich in sich selbst zurückziehen, um die extremsten Bedingungen zu überleben.

BIS AN DIE GRENZEN

Dieses Zeichen bewundert emotionalen Mut und die Fähigkeit, sich durchzuschlagen.

INNERE KONTROLLE

Ein Skorpion wird niemals zugeben, dass er sich machtlos fühlt. Selbstkontrolle ist unabdingbar.

Verschlossen und eigen

Der Skorpion ist oft stark und ruhig, will nicht sagen, wie es ihm wirklich geht. Nachbohren auf eigene Gefahr: Der Skorpion tut alles, um seine Gefühle zu verbergen.

DER DETEKTIV

Mit seinem scharfen sechsten Sinn gibt der Skorpion einen guten Undercover-Schnüffler ab.

In dunklen Tiefen

Der Skorpion fühlt sich wohl, wo geforscht und gegraben wird: Archäologie, Psychotherapie – er mag alles, was Tiefen auslotet.

BESITZERGREIFEND

Als fixes Wasserzeichen neigt der Skorpion zu emotionalem Besitzstreben. Das kann sich als unerschütterliche Loyalität zeigen, aber auch als ausgeprägte Eifersucht.

LEIDENSCHAFT HINTER KÜHLEM ÄUSSEREN

Skorpione haben starke Gefühle, die meist hinter einem scheinbar unbeteiligten Äußeren verborgen bleiben.

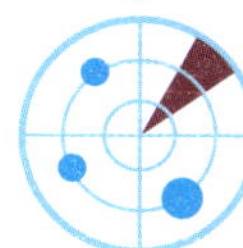

EMOTIONALE EHRLICHKEIT

Eine tiefe Intuition zeichnet dieses Zeichen aus. Wie mit einem Radar kann der Skorpion den Dingen auf den Grund gehen.

ACHTUNG, STACHEL!

Lieber sterben, als eine Niederlage zugeben – das macht den Skorpion zu einem gefährlichen Gegenspieler.

REGENERATIONSFÄHIG

Dank Mars und Pluto als Herrscher überstehen Skorpione mit Willenskraft und Entschlossenheit die widrigsten Umstände.

Negative Eigenschaften

Wenn er verletzt wird, kann er nur schwer vergeben und vergessen. Verrat trifft ihn tief und er sinnt dann auf Rache. Skorpione können auch zu Dominanz und Kontrollsucht neigen.

DAS **9.** ZEICHEN DES TIERKREISES

SCHÜTZE

22. NOVEMBER BIS 21. DEZEMBER

Der Schütze-Geist ist optimistisch und zukunftsorientiert. Schütze ist das Zeichen der Reisenden und Nomaden, die auf der ganzen Welt zu Hause sind. Das positive, veränderliche Feuerzeichen ist gesellig und ruhelos, es braucht Bewegung und viel Raum.

Symbol ♐
Polarität **positiv**
Qualität **veränderlich**
Element **Feuer**
Herrscherplanet **Jupiter**
Körperteile **Hüften und Oberschenkel**

Sonne in Schütze

Ihr Lebenszweck ist es, zu erforschen, zu entdecken und in Abenteuern Freiheit zu finden. Mit der Sonne im philosophischen Schützen sind Sie stets auf der Suche nach der tieferen Bedeutung der Dinge.

Planeten in Schütze

Planeten in diesem Zeichen strahlen feurige Zuversicht aus, gehen Themen weiträumig an und brauchen Raum und Freiheit. Jede Form von Einschränkung wäre hier kontraproduktiv.

Schütze in den Häusern

In diesem Lebensbereich hören Sie den Ruf des Abenteuers. Dieser Teil von Ihnen will erforscht werden, hier spüren Sie, dass eine aufregendere Welt auf Sie wartet.

DER BOGENSCHÜTZE

In der Darstellung schießt der Schütze oft einen Pfeil in die Ferne. Potenziale und Möglichkeiten zu spüren ist für Schützen reizvoll.

DER ZENTAUR

Oft wird Schütze als Zentaur dargestellt, halb Pferd und halb Mensch. Das weist darauf hin, dass er sowohl die wilde Natur liebt als auch in philosophischen Betrachtungen zu Hause ist.

Den Horizont erweitern

Fernreisen, Weiterbildung, Religion und Philosophie locken Schützen.

AN DIE FRISCHE LUFT

Menschen, in deren Geburtshoroskop der Schütze stark vertreten ist, lieben häufig Sport und sind gern draußen.

SINNSUCHE

Das Leben dieses Zeichens steht ganz im Zeichen der Suche nach dem Sinn, geprägt vom Drang, über die großen Fragen der Menschheit nachzudenken und Antworten zu finden.

Ehrlichkeit

Der Schütze wirkt oft ehrlich und unverblümt. Die Kommunikation läuft wie vieles bei ihm eher ungehemmt ab.

ERWEITERUNG

Dieses Zeichen hat die Tendenz sich auszudehnen und ein gutes Gespür für neue Gelegenheiten.

OPTIMISTISCHER BLICK

Als Feuerzeichen hat Schütze genug Weitsicht und Zuversicht, um daran zu glauben, dass letztendlich alles gut wird.

SPERR MICH NICHT EIN!

Das Bedürfnis nach Freiheit und Abenteuer kann zu einer Abneigung gegen Verpflichtungen führen.

GESPALTENES WESEN

Ihr heiterer Herrscher Jupiter sorgt für sonnigen Optimismus bei Schütze-Geborenen. Aber auch eine dunklere Seite kann sich zeigen, die unter tiefen Depressionen leidet, wenn der Sinn fehlt.

Negative Eigenschaften

Für Gründlichkeit und Genauigkeit ist Schütze nicht bekannt. Sein Ansatz gleicht eher dem Gießkannenprinzip.

DAS **10.** ZEICHEN DES TIERKREISES

STEINBOCK

22. DEZEMBER BIS 19. JANUAR

Der Steinbock ist konzentriert und fleißig, handelt strategisch, er strebt nach praxisnaher Erkenntnis und beruflichem Erfolg. Als negatives, kardinales Erdzeichen ist er introvertiert. Er arbeitet geduldig und mit stiller Ausdauer auf ein klares Ziel hin, bevor er sich umgehend an die nächste Aufgabe macht.

Symbol ♑
Polarität **negativ**
Qualität **kardinal**
Element **Erde**
Herrscherplanet **Saturn**
Körperteile **Knie, Zähne, Knochen und Haut**

Sonne in Steinbock
Ihr Lebenszweck ist es, Eigenständigkeit zu entwicklen und Verantwortung für sich und andere zu übernehmen. Ihr Weg mag manchmal einsam sein, aber Sie behalten jederzeit Ihr Ziel im Auge.

Planeten in Steinbock
Planeten in diesem Zeichen handeln reif und würdevoll im Bewusstsein für Traditionen und dem, was gesellschaftlich akzeptabel ist. Sie entwickeln diese Gaben langsam im Lauf der Zeit.

Steinbock in den Häusern
In diesen Bereichen zeigen Sie Reife und wollen von anderen respektiert werden. Sie handeln pragmatisch, den materiellen Gewinn stets vor Augen. Hier gehen Sie gezielt und strukturiert vor.

Der Gipfelstürmer

Das Tier Steinbock ist ein Symbol für den Ehrgeiz, Gipfel zu erklimmen, und es steht für die ruhige Ausdauer dieses Zeichens.

DER ZIEGENFISCH

Er gilt als altes Symbol für den mesopotamischen Gott der Zivilisation und der fruchtbaren Fülle.

NACH DEN REGELN

Steinbock ist ein konservatives Zeichen. Sie kennen die Regeln – vermutlich haben Sie sie selbst aufgestellt!

PRAKTISCHE LEISTUNGEN

Ihre Fähigkeiten nutzen Steinböcke, um messbare Leistungen zu erbringen.

VERANTWORTUNG ÜBERNEHMEN

Steinböcke sind meist organisiert und zuverlässig. Berufe in Beratung und Management passen gut zu ihnen, Status und Rang sind ihnen sehr wichtig.

Fleißiger Arbeiter

Dieses Zeichen erwartet Herausforderungen und packt sie mit Freuden an. Es braucht das Gefühl, sich seine Position verdient zu haben.

AUTARKIE

Der Steinbock geht seinen eigenen Weg und verlässt sich lieber nicht auf andere. Er ist unabhängig und wahrt Grenzen.

WELTLICH UND PRAGMATISCH

Den Wert eines ausgeglichenen Bankkontos oder von Grundbesitz kennt der Steinbock. Als Erdzeichen glaubt er an das Greifbare und Reale.

PLANER

Menschen mit Planeten in Steinbock denken die Dinge stets im Voraus durch.

ZIELSTREBIGKEIT

Ohne klares Ziel, Struktur oder das Gefühl praktischer Erfolge können sie in Depressionen verfallen. Zielgerichtetes Arbeiten ist für Steinböcke von zentraler Bedeutung.

Negative Eigenschaften

Dieses Zeichen kann übermäßig ernst sein und sich von einem strengen System oder Pflichtbewusstsein einengen lassen. Es kann strategisch sein, aber auch rücksichtslos und berechnend.

DAS **11.** ZEICHEN DES TIERKREISES

WASSERMANN

20. JANUAR BIS 18. FEBRUAR

Der unabhängige Wassermann ist paradoxerweise auch ein sehr geselliges Zeichen. Das positive, fixe Luftzeichen ist kontaktfreudig, liebt Gruppenarbeit und den Ideenaustausch. Wassermänner haben häufig ein starkes soziales Bewusstsein und eine menschenfreundliche Vision der idealen Zukunft – und gleichzeitig die Entschlossenheit, ihre Vorstellungen zu verwirklichen.

Symbol ♒
Polarität **positiv**
Qualität **fix**
Element **Luft**
Herrscherplaneten **Saturn und Uranus**
Körperteile **Schienbeine und Knöchel**

Sonne in Wassermann
Ihr Lebenszweck besteht darin, Ihren Platz in der Gruppe zu finden und gleichzeitig Ihre eigene, einzigartige Vision zu behaupten. Das Ideal sozialer Gleichheit kann ein wichtiges Fundament sein.

Planeten in Wassermann
Menschen mit Planeten in Wassermann spielen meist nach ihren eigenen Regeln. Die Planeten in diesem Zeichen manifestieren sich oft mit kühler Distanziertheit.

Wassermann in den Häusern
Die betreffenden Lebensbereiche betrachten Sie wahrscheinlich aus einer alternativen oder höchst individuellen Perspektive. Hier haben Sie ganz eigene Vorstellungen und setzen sich über Konventionen hinweg.

GESELLSCHAFT
Wassermann repräsentiert das Ideal einer gerechten und erleuchteten Gesellschaft. Die symbolhafte Darstellung zeigt, wie er das Wasser des Wissens zum Nutzen der gesamten Menschheit ausgießt.

GEMEINSCHAFT
Sie fühlen sich eher in Gruppen und Gemeinschaften wohl, die von einem gemeinsamen Ideal zusammengehalten werden.

Idealistisch
Als das Zeichen der Revolution ist Wassermann Vorreiter des Wandels und sieht die Welt idealistisch so, wie sie sein sollte.

UNKONVENTIONELL
Planeten in Wassermann schwimmen oft gegen den Strom und bevorzugen avantgardistische Ausdrucksformen.

GRUPPENDYNAMIK
Sie sind oft hin- und hergerissen zwischen dem Ausleben ihrer Kreativität und der Wahrung des Gruppenzusammenhalts.

Distanziertheit und Klarheit
Wassermänner meinen oft zu ersticken, wenn es zu emotional wird. Sie bevorzugen rationale Gespräche mit Gleichgesinnten.

KREATIVE IDEEN
Die Redefreiheit ist eine wesentliche Grundlage ihrer kreativen Originalität.

RATIONALER INTELLEKT
Ihre rationale Distanziertheit zeigt sich oft als Interesse an Wissenschaft oder Technologien.

REGELBRECHER?
Die Herrschaft von Saturn und Uranus führt dazu, dass Wassermann die Regeln anerkennt, sie aber nicht immer befolgt.

NEGATIVE EIGENSCHAFTEN
Ein Gefühl der intellektuellen Überlegenheit steht einer echten demokratischen Haltung manchmal im Weg.

Freundschaft
Auch der Liebespartner muss ein Freund sein und das Bedürfnis dieses Zeichens nach Raum und Freiheit respektieren.

DAS **12.** ZEICHEN DES TIERKREISES

FISCHE

19. FEBRUAR BIS 20. MÄRZ

Das letzte Zeichen im Tierkreis strebt danach, frei von materiellen Zwängen zu sein, und sucht die Verbindung mit dem Magischen, der göttlichen Quelle des Lebens. Als negatives, veränderliches Wasserzeichen konzentrieren sich Fische auf die innere Welt der Gefühlsströme.

Symbol ♓
Polarität **negativ**
Qualität **veränderlich**
Element **Wasser**
Herrscherplaneten **Jupiter und Neptun**
Körperteile **Füße**

Sonne in Fische

Ihr Lebenszweck ist es, einem höheren Prinzip zu dienen, wofür Sie möglicherweise Ihre persönlichen Wünsche opfern müssen. Künstlerische Fantasie zu entwickeln hat eine zentrale Bedeutung für Ihr Leben.

Planeten in Fische

Planeten in diesem Zeichen kommen meist verschwommen zum Ausdruck, eher angeregt durch subtile Gefühle als durch praktische Überlegungen. Häufig fehlen klare Grenzen.

Fische in den Häusern

Fische bringt Fantasie in diese Lebensbereiche. Hier neigen Sie zur Hingabe oder erkennen, dass die beste Strategie darin besteht, Ihrer Intuition zu folgen.

MAGIE UND VERZAUBERUNG
Dieses Zeichen lässt sich durch das Tor der Fantasie gern in verzauberte Welten hineinziehen.

Träume sind wichtig

Für Fische kann sich die „virtuelle Realität" von Träumen, Mythen, Fantasien und Geschichten echter anfühlen als das wahre Leben.

FLUCHTGEDANKEN
Das Symbol dieses Zeichens sind zwei verbundene Fische. Einer schwimmt die Sonnenbahn entlang, der andere blickt nach oben und verweist auf den Wunsch der gewöhnlichen Welt zu entkommen.

DAS BEDÜRFNIS NACH RÜCKZUG
Weil sie sensibel sind und keinen Druck mögen, müssen sich Fische von Zeit zu Zeit zurückziehen, um ihre körperlichen und seelischen Batterien wieder aufzuladen.

Weltretter

Fische sind Retter voller Mitgefühl und Hingabe.

FANTASIEVOLL UND KÜNSTLERISCH
Wenn Fische ihre kreativen Begabungen nicht nutzen, fühlen sie sich manchmal wie auf dem Trockenen.

Romantik in Beziehungen

In Beziehungen sind Fische meist romantisch und idealistisch – sie müssen die Magie bewahren.

SCHWER ZU FASSEN
Fischen fällt es schwer, sich langfristig auf eine Partnerschaft oder ein Projekt einzulassen, wenn Verträge und Verpflichtungen dazugehören.

WOHLTÄTIG UND GROSSZÜGIG
Fische engagieren sich gern selbstlos in gemeinnützigen Projekten.

SENSIBEL UND EMPFÄNGLICH
Fische sind empfänglich für Stimmungen und oft überfordert mit den Emotionen um sie herum.

Negative Eigenschaften

Dieses Zeichen neigt manchmal dazu, sich treiben oder übervorteilen zu lassen. Desillusionierung, Ernüchterung oder der Wunsch, gerettet zu werden, kann seine Bemühungen zunichtemachen.

KAPITEL

3

DIE **PLANETEN**

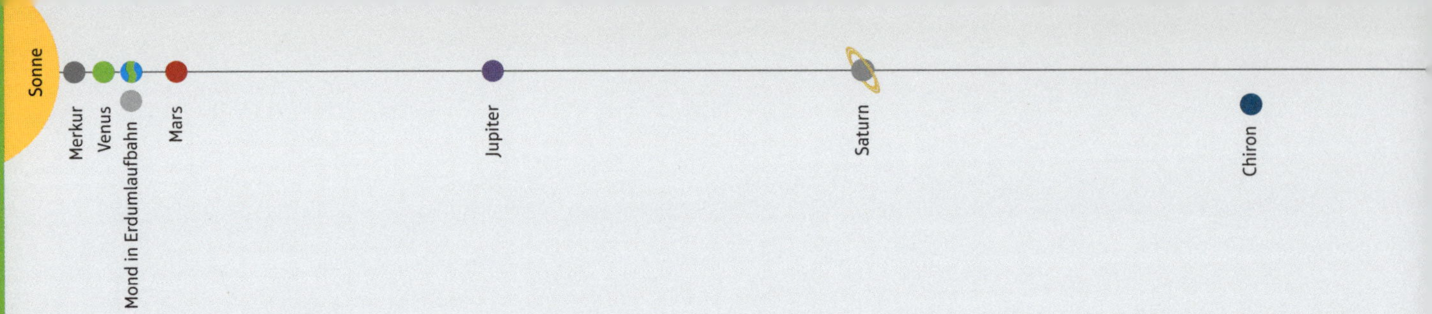

DIE PLANETEN ÜBERBLICK

DAS GLEICHGEWICHT IN IHREM HOROSKOP

Die Planeten können wir uns als Akteure im Horoskop vorstellen. Psychologisch betrachtet, sind sie archetypische Triebkräfte. Jeder steht für ein universelles Prinzip, das in Ihnen und auch in der Welt um Sie herum existiert. Die dynamischen Beziehungen zwischen den Planeten in Ihrem Geburtsdiagramm bilden den Kern Ihrer Persönlichkeit.

STRAHLEN | NÄHREN | KOMMUNIZIEREN | VERKNÜPFEN | DURCHSETZEN

PERSÖNLICHE PLANETEN

☉ **Sonne**
Der innerste Kern unseres Wesens

☽ **Mond**
Unsere instinktiven Reaktionen und das nährende Prinzip

☿ **Merkur**
Wie wir denken, lernen und kommunizieren

♀ **Venus**
Das Prinzip von Genuss und Verbindung

♂ **Mars**
Wie wir uns behaupten und unsere Energie steuern

GESELLSCHAFTLICHE PLANETEN

♃ **Jupiter**
Das Prinzip von Ausdehnung, Glaube und Optimismus

Die Planeten im Horoskop

In Ihrem Geburtsdiagramm steht jeder Planet für eine Grundmotivation in Ihnen. Alle können auf unterschiedliche Arten zum Ausdruck kommen, die jeweils auf ein zentrales Konzept zurückgehen. Venus beispielsweise repräsentiert die Kraft von Schönheit, Zusammenhalt und Kooperation im Kosmos. Daran erkennen wir ihre astrologische Rolle als Botin unserer Fähigkeit, Verbindung zu anderen aufzunehmen und Gemeinsamkeiten zu finden, der romantischen Liebe sowie unseres ästhetischen und künstlerischen Potenzials.

Das Horoskop jedes Menschen enthält alle Planeten, aber in jedem Diagramm stehen sie in anderen Tierkreiszeichen und Häusern und in unterschiedlichen Beziehungen zueinander auf dem äußeren Rand des Diagramms (haben verschiedene „Aspekte"). Jedes Horoskop liefert daher ein absolut einzigartiges Bild, in dem sich die Planeten nach dem individuellen Muster des Betreffenden zeigen.

Planetenordnung

Die Astrologie unterteilt die Planeten nach ihrer Entfernung von der Sonne in drei große Gruppen.

Sonne, Mond, Merkur, Venus und Mars (in der Astrologie gelten auch Sonne und Mond als Planeten) sind die »persönlichen Planeten«. Sie stehen für die individuellsten Planetendynamiken und für den Kern unseres Charakters. Sonne und Mond werden auch als die »großen Lichter« bezeichnet. Die Sonne beherrscht die Tagwelt, der Mond den Nachthimmel. Diese beiden Himmelskörper spielen die zentralste Rolle in einem Horoskop.

Jupiter und Saturn sind die »gesellschaftlichen Planeten«, sie repräsentieren die Vorgänge rund um Sozialisierung und Anpassung im Kontext von Familie und Gesellschaft. Jupiter als Prinzip der Ausdehnung verbindet uns über Bildung, Reisen, Philosophie und religiöse Überzeugungen mit der großen, weiten Welt. Saturn als Prinzip der Verschmelzung fordert uns auf, uns den Regeln anzupassen, die untrennbar zum menschlichen Leben gehören.

Uranus, Neptun und Pluto sind die »kollektiven«, »transpersonalen« oder »Generationsplaneten«. Sie haben sehr lange Umlaufbahnen und halten sich daher viel länger in einem Tierkreiszeichen auf. Das Zeichen, in dem sie stehen, beschreibt meist die vorherrschenden kollektiven politischen und gesellschaftlichen Ideale und Sorgen der jeweiligen Zeit.

Chiron ist ein Einzelgänger und passt mit seiner Umlaufbahn zwischen Saturn und Uranus nicht so recht in das Schema. Er symbolisiert sowohl persönliche als auch gesellschaftliche und kollektive Themen, zudem solche, die unsere Vorfahren betreffen.

GESELLSCHAFTLICH UND KOLLEKTIV

KOLLEKTIVE PLANETEN

♄ **Saturn** Das Prinzip von Verschmelzung, Struktur und Grenzen

⚷ **Chiron** Der verwundete Heiler

♅ **Uranus** Die Kraft von Erleuchtung und plötzlicher Veränderung

♆ **Neptun** Unsere Vision und das, was uns zur Hingabe inspiriert

♇ **Pluto** Die Kraft, die der Wandel mit sich bringt

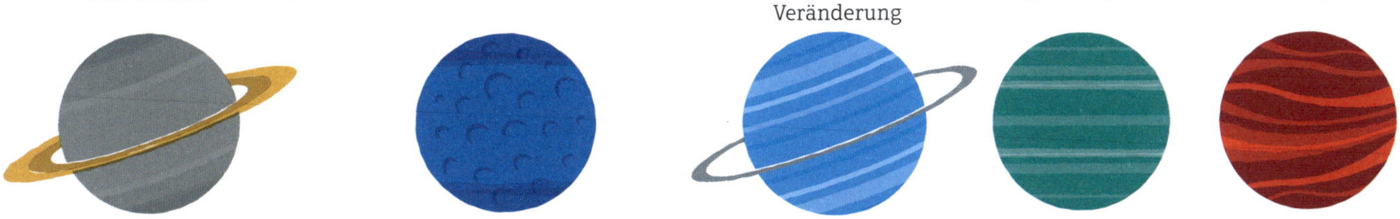

DIE SONNE

IDENTITÄT UND **LEBENSZWECK**

Wie die Sonne das Zentrum des Sonnensystems bildet, so leuchtet die astrologische Sonne im Zentrum des Geburtsdiagramms. Die anderen Planeten dienen dem Prozess der Selbstentfaltung und kreativen Erfüllung, das das Diagramm symbolisiert.

Symbol ☉
Herrscht über **Löwe**
Wochentag **Sonntag**
Metall **Gold**
Farben **Gold, Orange, Gelb**

ZIEL | LEBENSKRAFT | KREATIVE KRAFT | WESENSKERN
INNERE AUTORITÄT | HELLES LICHT | SELBSTENTFALTUNG

Die Sonne am Himmel

In unserer materiellen Welt bringt die Sonne Licht und Wärme, steuert den Tag mit ihrem Auf- und Untergang und das Jahr mit dem Lauf der Jahreszeiten. Sie ist unsere Lebens- und Energiequelle, um die sich alles dreht.

Die Sonne in den Mythen

Sonnengottheiten spenden Licht und Lebenskraft, Shamash (Babylonier) steht zudem für Gerechtigkeit, Helios (Grieche) steuert den Sonnenwagen. Auch Ra (Ägypter), Lugh (Kelten) und Surya (Hindu) verkörpern diesen Geist.

Die Sonne in unserer Welt

Leuchtend gelbe und orange Blüten unterstehen der Sonne, ebenso das Johanniskraut, das gegen Depressionen eingesetzt wird. Dieser Planet symbolisiert Monarchen, Präsidenten und Staatsoberhäupter, kann aber auch für den Vater stehen. Als Sonnenorte gelten Paläste und Theater.

SONNE **IN DEN ZEICHEN**

Prüfen Sie, wie dieser Planet durch das Zeichen zum Ausdruck kommt, in dem er steht.

♈ **Widder** Sie sind vielleicht zum Pionier berufen und schreiten beherzt voran. Durch Mutproben schärfen Sie Ihren kriegerischen Geist.

♉ **Stier** Ihre kreative Gabe liegt in der Beziehung, die Sie zur materiellen und natürlichen Welt aufbauen. Es ist Ihnen wichtig, Dauerhaftes zu schaffen.

♊ **Zwillinge** Ihre Sprach- und Kommunikationsfähigkeiten zu entwickeln macht das Wesen Ihrer Identität aus. Wissen ist Ihr Ziel.

♋ **Krebs** Ihre Gabe könnte darin bestehen, eine Familie oder ein Netzwerk von Menschen zu nähren und so Ihre Fähigkeiten als beschützender Versorger auszuspielen.

♌ **Löwe** Sie wollen Ihr Licht hell strahlen sehen und sind in der Lage eine Führungsrolle zu übernehmen. Ihnen ist es wichtig, bewundert zu werden.

♍ **Jungfrau** Ihr Leben dreht sich möglicherweise um die Entfaltung einer Kunstfertigkeit. Besonders wichtig: qualifizierte und praktische Arbeit.

♎ **Waage** Der Ausdruck von Harmonie und Gleichgewicht ist vielleicht ein Schlüsselthema für Sie, entweder in künstlerischen Projekten oder in Beziehungen.

♏ **Skorpion** Auf Ihrer Reise müssen Sie eventuell in die Tiefe gehen, durch schwierige Umstände innere Stärke erlangen und gewandelt daraus hervorgehen.

♐ **Schütze** Zentral ist für Sie das Wachstum durch Reisen, Lernen oder Lebenserfahrung, vielleicht auch durch andere Kulturen oder Glaubenssysteme.

♑ **Steinbock** Eventuell verlangt das Leben von Ihnen, dass Sie eine verantwortungsvolle Führungsrolle annehmen. Ihr Lebensweg könnte die Entwicklung von Autarkie und Zuverlässigkeit fördern.

♒ **Wassermann** Ihre Lebensaufgabe könnte es sein, das Prinzip der Gleichheit hochzuhalten oder eine spezielle Funktion in einer Gemeinschaft zu erfüllen.

♓ **Fische** Ihre Fantasie kann Ihnen Sinn in Form von Stolz und Erfolg bringen – oder Sie widmen Ihr Leben selbstlos dem Dienst an anderen.

WICHTIGE ZIELE | STOLZ | SELBSTVERTRAUEN

DIE SONNE **IN IHREM HOROSKOP**

Der Einfluss dieses Planeten wird je nach seinem Platz und den Beziehungen zu anderen Planeten spürbar.

Zentrale Aufgabe Die Sonne beschreibt unser Identitätsgefühl und die Reise, die wir in unserem Leben unternehmen, um die schlummernde Kreativität in uns zu erwecken. Sie symbolisiert unser inneres Leitbild, unsere wesentliche Lebenskraft und unsere zentrale Aufgabe.

Unser wahrer Weg Die Sonne ist ein inszenierendes Prinzip, zu dem uns die anderen Planeten auf irgendeine Weise hinführen. Sie ist vergleichbar mit C. Jungs Konzept des Selbst, in dem das Ich einer ganzheitlicheren Version unseres Seins Platz machen kann, sobald wir ein gewisses Maß an Selbsterkenntnis erreicht und unseren wahren Weg erkannt haben.

Stolz Hier möchten wir anerkannt und bewundert werden. Im Raum des Stolzes können wir Talente entwickeln, die uns besonders wichtig sind. Der Stolz steht für unseren kleinen Anteil am göttlichen Licht, den wir durch unsere Leistungen in die Welt bringen und durch den wir definiert und in Erinnerung bleiben können.

Suche Die Sonne zeigt uns nicht nur, wer wir sind, sondern auch, zu was wir werden. Sie steht also für die Suche, an deren Ende wir zu uns selbst zurückkehren.

Sonnenpotenzial Wo die Sonne in unserem Horoskop steht, sind wir oft strahlend und großmütig, eine Inspiration für andere mit der Fähigkeit, ein Anführer auf unserem Gebiet zu sein. Oder aber uns fehlt es an Selbstvertrauen oder wir sind arrogant und selbstherrlich. Den Unterschied macht hier, ob unsere Sonnenpotenziale durch Hintergrund, Erziehung und Lebenserfahrungen unterstützt und gefördert wurden.

DER MOND

INSTINKT UND **SCHUTZ**

Das Symbol für den Mond zeigt die zunehmende Sichel und erinnert uns daran, dass der Mond das Licht der Sonne reflektiert. Im Horoskop nimmt er eine weniger bedeutende Rolle in unserem Bewusstsein ein als unsere Sonnenziele.

Symbol ☽
Herrscht über **Krebs**
Wochentag **Montag**
Metall **Silber**
Farben **Weiß, Silber**

Der Mond am Himmel

Es liegt etwas Magisches darin, den Mondzyklus am Himmel zu beobachten. Kurz nach dem Neumond erscheint er als schmale Sichel und nimmt immer weiter zu, bis wir bei Vollmond die ganze leuchtende Scheibe sehen und er Stück für Stück wieder verschwindet.

Der Mond in den Mythen

Der Mondzyklus wurde in drei Bildern – Jungfrau, Mutter und altes Weib – und in griechischen und nordischen Mythen als die drei Schicksalsgöttinnen dargestellt. Astrologisch ist er mit Menstruationszyklus, Empfängnis und Geburt verknüpft sowie mit Bemuttern, Füttern und Nähren.

Der Mond in unserer Welt

Der Mond ist verbunden mit Meer und Wasser. Seine Anziehungskraft erzeugt die Gezeiten und steht im Einklang mit natürlichen und biologischen Rhythmen. Im menschlichen Körper steuert der Mond zum Beispiel vegetative Vorgänge.

DER MOND **IN DEN ZEICHEN**

Prüfen Sie, wie dieser Planet durch das Zeichen zum Ausdruck kommt, in dem er steht.

♈ **Widder** Sie lassen sich nicht gern zurückhalten und mögen es nicht, zu warten. Sie sorgen für andere, indem Sie ihnen helfen unabhängig zu werden.

♉ **Stier** Sie müssen alles langsam und ruhig angehen und Ihre Grundbedürfnisse angemessen berücksichtigen. Berührungen sind wichtig für Ihr Wohlbefinden.

♊ **Zwillinge** Was Sie nährt, ist der Kontakt mit anderen übers Sprechen sowie Lernen, Lesen und den Informationsaustausch als Teil Ihres täglichen Lebens.

♋ **Krebs** Ihre Hauptsorge gilt der Sicherheit. Der Instinkt, sich und andere zu nähren und zu schützen, ist tief in Ihnen verwurzelt. Ihre Gefühle nehmen ab und zu, sind aber mächtig.

♌ **Löwe** Sie suchen aktiv nach Lob und Liebe von anderen. Mit kreativen Talenten können Sie natürlich verbunden sein oder sie fördern diese bei anderen.

♍ **Jungfrau** Ihre Art von Kümmern ist eher praktischer Natur, Sie erfüllen still einfache Aufgaben. Selbstfürsorge bei Ernährung und Bewegung kann wesentlich für Ihr Wohlbefinden sein.

♎ **Waage** Sie knüpfen instinktiv Beziehungen und fühlen sich in einer Partnerschaft oft wohler als allein. Sie brauchen Ruhe und Frieden für Ihr Wohlbefinden.

♏ **Skorpion** Ihre Gefühle sind tief, manchmal halten Sie zu sehr an Verletzungen fest. Starke körperliche Bewegung kann Ihnen helfen Emotionen zu lösen.

♐ **Schütze** Sie brauchen Raum zum Bewegen und Reisen, sowohl körperlich als auch seelisch. Am besten nährt Sie ein Gefühl der inneren Freiheit.

♑ **Steinbock** Sie brauchen möglicherweise eine strukturierte Routine. Ihre Zeit und Ihre Ressourcen nutzen Sie meist effizient. Das Gefühl, Kontrolle zu haben, gibt Ihnen Sicherheit.

♒ **Wassermann** Da Sie von Natur aus gesellig und an unterschiedlichen Optionen interessiert sind, könnte Ihnen das Leben in einer Gemeinschaft sehr zusagen.

♓ **Fische** Es fällt Ihnen manchmal schwer, eigene Gefühle zu erkennen, Sensibilität für die Gefühle anderer kann das noch verstärken. Sie brauchen den Rückzug und Zeit, um Ihre Batterien aufzuladen.

WEIBLICH | NATUR | RHYTHMEN UND RITUALE | SICHERHEIT

DER MOND **IN IHREM HOROSKOP**

Der Einfluss dieses Planeten wird je nach seinem Platz und den Beziehungen zu anderen Planeten spürbar.

Bestimmender Einfluss In der frühen Kindheit ist der Mond oft der bestimmende Einfluss, bevor das Bewusstsein für die eigene Sonnen-Individualität und den eigenen Willen sich durchzusetzen beginnt.

Instinkt Der Mond spiegelt unsere instinktiven Reaktionen wider, die tief verwurzelten Gewohnheiten und Verhaltensmuster, die wir entwickeln, um zu überleben.

Intuition Hier handeln Sie gemäß Ihren Gefühlen und Ihrer Intuition – die Sonne symbolisiert die lebenslange Reise der Selbsterfahrung, aber der Mond sagt uns, was wir von Natur aus und aus unseren Instinkten heraus sind. Das Gleichgewicht von Mond- und Sonnendynamiken ist daher für die meisten ein wichtiges Thema.

Nähren Der Mond kann die Beziehung zu unserer Mutter beschreiben oder zu jedem, der die Mutterrolle übernimmt. Im Kern zeigt er, was uns nährt. Die damit verbundenen komplexen Gefühle durchdringen die Beziehungen, die wir zu denen aufbauen, die für uns sorgen. Er verdeutlicht auch, wie wir andere nähren.

Selbstfürsorge Nahrung untersteht dem Mond. Er beschreibt, wovon wir uns wörtlich und metaphorisch ernähren, was uns »satt« und zufrieden macht. Essgewohnheiten sind oft ein Barometer für tiefere Gefühle.

Beziehungen Enger Kontakt zu einem Partner spricht unsere Mondseite an. Der Mond zeigt, was sich »richtig« anfühlt. Ein Konflikt der Monde kann darüber entscheiden, ob eine Beziehung fortbesteht. Der Mond verbindet Sie mit Ihrer Sippe und führt sie zu Menschen und an Orte, die Ihnen ein Zuhause geben.

MERKUR

KOMMUNIKATION UND **LERNEN**

Merkur beschreibt als unser persönlicher »Bote«, wie wir lernen und wahrnehmen und wie wir unser Wissen und unsere Wahrnehmung der Umwelt an andere weitergeben.

Symbol ☿
Herrscht über **Zwillinge und Jungfrau**
Wochentag **Mittwoch**
Metall **Quecksilber**
Farben **Grau, vielfarbig**

SPRACHE | KOMMUNIKATION | LERNEN | IDEEN | HANDWERK UND HANDEL
GESCHWISTER | AUSTAUSCH | JUGEND | BILDUNG

Merkur am Himmel

Da Merkur nie weiter als 28° von der Sonne entfernt steht, kann er nur im selben oder angrenzenden Tierkreiszeichen stehen. Dreimal im Jahr ist er rückläufig und scheint in den Sonnenstrahlen zu verschwinden. Darauf beruht sein Ruf als Schwindler und Führer in die Unterwelt.

Merkur in den Mythen

Der schnellfüßige Merkur ist in der römischen Mythologie ein Gott der Sprache, des Schreibens und der Erfindungen. Sein griechisches Gegenstück ist Hermes, der Bote des Zeus und ein schlauer Opportunist. Der handwerklich begabte Hermes baute das erste Musikinstrument.

Merkur in unserer Welt

Alles, was mit Kommunikation zu tun hat, untersteht Merkur, darunter Bücher und Telekommunikation. Transportmittel gehören ebenfalls dazu: Bahnen, Busse und sonstige Nahverkehrsmittel. Als Merkur-Orte gelten Schulen, Läden und Märkte.

MERKUR **IN DEN ZEICHEN**

Prüfen Sie, wie dieser Planet durch das Zeichen zum Ausdruck kommt, in dem er steht.

Widder Sie können klar denken und sind entscheidungsfreudig, kommunizieren direkt und unverblümt und kommen gut auf den Punkt.

Stier Ihr Denken gestaltet sich eher gemächlich und bedächtig. Sie bevorzugen methodisches Lernen, bei dem Sie Ihr eigenes Tempo wählen können.

Zwillinge Sie haben stets eine geistreiche Antwort parat. Dank Ihrer Neugier haben Sie verschiedenste Interessen und ein breites Wissen.

Krebs Sie haben wahrscheinlich ein gutes Gedächtnis und nehmen Informationen intuitiv auf. Möglicherweise sind Sie an Geschichte interessiert.

Löwe Dieses Zeichen fördert extrovertiertes und selbstsicheres Sprechen. Sie schlagen Ihre Zuhörerinnen und Zuhörer allein mit der Macht Ihrer Stimme in den Bann.

Jungfrau Sie fühlen sich von Systemen angezogen, mit denen sich Daten klassifizieren und ordnen lassen. Vielleicht sind Sie handwerklich begabt und gut im Handarbeiten oder Heimwerken.

Waage Mit Diplomatie und Takt bezaubern und überzeugen Sie andere. Sie sorgen dafür, dass jeder gleich viel Zeit bekommt, um seine Meinung zu äußern.

Skorpion Mit dem Geist des Detektivs forschen Sie bis in die Tiefe und ergründen, was andere antreibt. Und Sie sprechen aus, was niemand sonst zu sagen wagt.

Schütze Ihre aufgeschlossene Sichtweise und Ihr breites Wissen über die Welt machen Sie zu einem angenehmen und interessanten Gesprächspartner.

Steinbock Ihr praktischer Geist kann Aufgaben sehr effizient erledigen. Vermutlich haben Sie eine Schwäche für strukturiertes, zielgerichtetes Lernen.

Wassermann Sie fühlen sich zu den Wissenschaften hingezogen und können logisch denken. Rationale Diskussionen interessieren Sie, ebenso echte, ehrliche Kommunikation.

Fische Ihr fantasievoller Geist denkt sich gern Geschichten aus und gibt trockenen Informationen einen magischen Dreh. Sie lernen am besten in einer unstrukturierten Umgebung.

GEDANKEN | MEINUNGEN | GEIST | FAKTISCHES GEDÄCHTNIS

MERKUR **IN IHREM HOROSKOP**

Der Einfluss dieses Planeten wird je nach seinem Platz und den Beziehungen zu anderen Planeten spürbar.

Kommunikation Merkur steht für die Stimme und wie wir unsere inneren Vorstellungen in die Welt geben. Ob unsere frühe Entwicklung bezüglich Sprache und Sprechen leicht oder schwer war, können wir an Merkur ablesen.

Verbindung Merkur schließt die Kluft zwischen zwei Polen. Er symbolisiert unser Bedürfnis und unsere Fähigkeit, Verbindungen zu schaffen, Muster zu erkennen und Netzwerke zu spinnen. Hier agieren wir häufig als Vermittler.

Handel Merkur herrscht über Handwerk und Handel, also alles, was den Austausch von Geld und Waren umfasst. In der Antike stand dabei der fliegende Händler im Mittelpunkt, der auf den Straßen und auf den Märkten zu Hause war.

Bildung Zu diesem Planeten gehört das Grundschulwesen, die wesentlichen Lernphasen sowie der Lernstil, der am besten zu uns passt. Er kann deshalb unseren Bildungsbedarf und die Lernerfahrungen in unserer Kindheit aufzeigen.

Jugendlich Dieser Planet steht für Jugendlichkeit, die Veranlagung zu Geschicklichkeit, Handwerkskunst und Einfallsreichtum. Wo Merkur in unserem Horoskop auftaucht, reagieren wir wahrscheinlich beweglich, einfallsreich, wissbegierig und neugierig – oder auch kindlich und schelmisch.

Rastlos Merkur bringt einen gewissen Sinn für Humor und Leichtigkeit mit sich. Wo dieser Planet auftaucht, sind wir oft rastlos, entweder körperlich oder geistig, und brauchen Raum für Bewegung.

VENUS

LIEBE UND **GENUSS**

In unserem Horoskop verkörpert Venus das Prinzip von Genuss und Verlangen und zeigt unsere ästhetischen Werte und Geschmäcker. Sie steht für unseren Impuls, uns mit anderen zu verbinden, und zeigt, wie wir Liebe und Zuneigung ausdrücken und Beziehungen knüpfen.

Symbol ♀
Herrscht über **Stier und Waage**
Wochentag **Freitag**
Metall **Kupfer**
Farbe **Grün**

VERGNÜGEN | GENUSS | BEZIEHUNGEN | KOOPERATION
EROTIK | SEXUELLES VERLANGEN | SCHÖNHEIT | ROMANTIK

Venus am Himmel

Aus unserem Blickwinkel steht Venus nie weiter als 48° von der Sonne entfernt. Sie ist häufiger sichtbar als Merkur, folgt aber demselben Muster, als Abend- bzw. Morgenstern erst östlich, dann westlich der Sonne aufzutauchen.

Venus in den Mythen

Dieser Planet wird seit alters her mit der Großen Göttin, der Meisterin der sexuellen Liebe und Fruchtbarkeit, in Verbindung gebracht. Bei den Sumerern war dies Inanna, in Babylon Ishtar und bei den Griechen Aphrodite – alles Göttinnen, die für ihre Schönheit berühmt waren.

Venus in unserer Welt

Sie steht für Kunst und Musik, die Schönheitsindustrie, Mode, Schmuck und Kosmetik, Gärten und die hübschen Blumen, die wir dort pflanzen. Venus symoblisiert die Natur und ihre üppige Fülle, auch ausgedrückt durch ihre Farbe Grün.

VENUS **IN DEN ZEICHEN**

Prüfen Sie, wie dieser Planet durch das Zeichen zum Ausdruck kommt, in dem er steht.

Widder Sie lieben die Jagd! Sie warten sicher nicht darauf, bis man Sie anspricht, sondern machen wahrscheinlich den ersten Schritt.

Stier Venus im Stier schwelgt gern in Sinnesfreuden: ein duftendes Parfum oder ein schöner Garten reicht aus. In der Liebe sind Berührungen wichtig.

Zwillinge Kommunikation ist der Schlüssel zur Liebe: die Kunst des verbalen Austauschs und der Klang der Stimme des oder der Liebsten. In Beziehungen brauchen Sie Raum zum Atmen.

Krebs Venus in Krebs sorgt für tiefe Gefühle und lässt starke emotionale Bindungen entstehen. Ihr Freundeskreis könnte für Sie wie eine Familie sein.

Löwe Sie lieben den Luxus, legen Wert auf schöne Kleidung und kaufen das Beste, das Sie sich leisten können. Geliebte Menschen bekommen Ihre ehrliche Zuneigung klar zu spüren.

Jungfrau Für Sie zeigt sich die Großartigkeit der Liebe in täglichen Akten der Zuneigung und Zuwendung. Ihr Stil wird beeinflusst von Ihrer Liebe zu guten Passformen.

Waage Sie besitzen zweifellos eine Menge Charme. Mit Ihrem höflichen Respekt und Ihrem Anstand gewinnen Sie die Menschen für sich.

Skorpion Ihre Beziehungen sind leidenschaftlich und können Mittel für eine kraftvolle Transformation sein. Vertrauen ist Ihnen wichtig, denn Sie fallen tief …

Schütze Freiheit ist ein sehr wichtiger Aspekt für Sie – vielleicht brauchen Sie eine Partnerin oder einen Partner, mit der oder dem Sie zusammen unterwegs sein und reisen können.

Steinbock Ihr Sinn für Ästhetik lässt Sie Struktur und Definition bevorzugen, sowohl in einem Gesicht als auch bei Kleidungsstücken oder Kunstwerken.

Wassermann Wenn Ihre Venus hier steht, brauchen Sie Raum für sich und sehen die Liebe vielleicht vor allem als Freundschaft. Ihr Stil könnte unkonventionell sein.

Fische Romantik fließt und bewirkt die Hingabe an geliebte Menschen und ein Bedürfnis nach Zauber in einer Beziehung. Musik kann Sie in Verzückung versetzen.

ANZIEHUNG | LIEBE | ÄSTHETIK | KUNST UND MUSIK

VENUS **IN IHREM HOROSKOP**

Der Einfluss dieses Planeten wird je nach seinem Platz und den Beziehungen zu anderen Planeten spürbar.

Anziehung Venus steht für unser Verlangen nach Liebe und Romantik, wie wir uns attraktiv machen und was wir an anderen attraktiv finden.

Schönheit Schönheit liegt im Auge des Betrachters. Venus' Stellung in Ihrem Horoskop deutet an, was Ihnen gefällt, ob Sie eher die harmonischen Proportionen klassischer griechischer Bildhauerei berühren oder die unregelmäßigen Kanten eines kubistischen Gemäldes. Dieser Planet sagt uns, zu welcher Art von Menschen wir uns hingezogen fühlen und welche Art erotischer Spannung uns anspricht. In der Kunst steht er für das, was unserem Auge gefällt und unseren Sinn für Ästhetik anspricht.

Beziehungen Hier wollen wir Bindungen mit anderen Menschen eingehen und brauchen Feedback und Reaktionen. Venus beschreibt alle Eins-zu-eins-Beziehungen, darunter auch Freundschaften.

Wert Da Venus uns zeigt, was wir begehren und was uns Freude macht, ist sie die Basis unseres Sinnes für Werte – mit anderen Worten, wofür wir bereit sind, Geld auszugeben.

Friedensstifterin Venus ist als Friedensstifterin bekannt und steht für den Wunsch nach Harmonie, Ausgewogenheit und Gleichgewicht (aber auch für Faulheit und Trägheit!). Wo sich Venus im Horoskop findet, sind Konflikte nicht willkommen.

Rachedurst und Eitelkeit Gemäß ihrer mythischen Rolle als Göttin des Kampfes bringt Venus uns auch das Potenzial, eifersüchtig und rachsüchtig zu handeln, wenn ignoriert oder zurückgewiesen wird, was wir zu bieten haben. Auch Eitelkeit kann in Venus' Umfeld entstehen.

MARS

DURCHSETZUNG UND HANDELN

Ohne Mars würde die Energie fehlen, die uns handeln und unsere Vorhaben verwirklichen lässt. Wer das Kriegerische in sich anerkennt, fühlt sich oft motivierter und einsatzbereiter.

Symbol ♂
Herrscht über **Widder und Skorpion**
Wochentag **Dienstag**
Metall **Eisen**
Farbe **Rot**

Mars am Himmel

Steht Mars nahe an der Erde, leuchtet er rot, weshalb er auch als »roter Planet« bekannt ist. Zurückzuführen ist dies auf seinen hohen Gehalt an Eisenoxid, das heftige Staubstürme über die Marsoberfläche verteilen.

Mars in den Mythen

Ares war der griechische Gott des Krieges, des Blutbades und des Massakers. Dagegen wurde sein römisches Gegenstück Mars wegen seines Kampfgeistes, seine Mutes und seines militärischen Geschicks verehrt. Er verkörpert eine disziplinierte Form der Energie dieses Planeten.

Mars in unserer Welt

Mars ist ein Symbol für zivile und militärische Konflikte: Kriege, Aufstände, Armee und Polizei. Er steht aber auch für friedliche Berufe wie Chirurgen, Ingenieure, Werkzeugmacher, Friseure und Metzger sowie deren Gerätschaften.

MARS **IN DEN ZEICHEN**

Prüfen Sie, wie dieser Planet durch das Zeichen zum Ausdruck kommt, in dem er steht.

Widder In dieser äußerst zielgerichteten Position zeigt Mars, dass Sie Ihre Energie kraftvoll und direkt einsetzen.

Stier Sie sind schwer zu erzürnen, Ihre Wut zeigt sich erst nach anhaltender Provokation. Sich beharrlich anzustrengen zählt zu Ihren Fähigkeiten.

Zwillinge Verteidigung und Angriff erfolgen bei Ihnen verbal – Worte werden zu Waffen. Sie fühlen sich am lebendigsten in einer interessanten und abwechslungsreichen Umgebung.

Krebs Sie sehen es als Ihre Aufgabe an, Ihre Lieben zu beschützen, und treten streitbar für sie ein. Sie erreichen oft auf Umwegen, was Sie wollen.

Löwe Diese Position steht für ritterliches Heldentum. Sie sind vielleicht sehr stolz auf ihre sportlichen Leistungen und führen das Team an.

Jungfrau Hier verkörpert Mars die Eigenschaften eines Ingenieurs oder Praktikers, der Dinge herstellt oder repariert. Wut kann durch körperliche Bewegung abgebaut werden.

Waage Sie setzen sich eher mit Ihren Charmeoffensiven durch als mit Kämpfen. Ungerechtigkeit regt Sie auf.

Skorpion Sie können extremste Umstände erdulden und überstehen. Zwar handeln Sie im Verborgenen, aber wer Ihre Grenzen überschreitet, bekommt den Stachel des Skorpions zu spüren.

Schütze Hier braucht Mars viel Platz und sorgt für ein rastloses Bedürfnis nach Abenteuern. Outdooraktivitäten oder Langstreckenlauf sprechen Sie an.

Steinbock Sie konzentrieren Ihre Energie meist auf klare Ziele, die sie mit äußerster Effizienz angehen. So vebessern Sie Ihre Erfolgsquote.

Wassermann Hier behält Mars einen kühlen Kopf. Am effektivsten sind Sie, wenn Sie eine Gruppe verteidigen oder gegen gesellschaftliche Ungerechtigkeiten vorgehen.

Fische Bei Bedrohung löst sich Ihre Strategie oft in Wohlgefallen auf. Dennoch setzen Sie sich tapfer für andere ein, die sich nicht selbst verteidigen können.

KAMPFGEIST | ENERGIE | LEBENSKRAFT | KONFLIKT

MARS **IN IHREM HOROSKOP**

Der Einfluss dieses Planeten wird je nach seinem Platz und den Beziehungen zu anderen Planeten spürbar.

Wettbewerb Wir können auf verschiedene Arten in Wettbewerb zueinander treten: durch Rhetorik, Sport, als Anführer, Lehrer oder in Kämpfen um die Vorherrschaft mit engen Partnern. Mars symbolisiert unseren Überlebensinstinkt – nicht nur die Körperkraft, sondern auch die Hitze und Energie, die uns antreiben.

Krieger Hier wird der Archetyp des Kriegers sichtbar und damit unser lebenswichtiger Kampfgeist. Bei Bedrohung schöpfen wir aus dieser Stellung in unserem Horoskop den Mut, unser Revier zu verteidigen.

Sexualtrieb Mars beschreibt auch den Sexualtrieb, unsere körperlichen Bedürfnisse und den universellen Drang, etwas von uns weiterzugeben.

Energie Im weiteren Sinne zeigt Mars, wie wir körperliche Energie in Sport und Bewegung umsetzen und dadurch abbauen. Manche bevorzugen langsamere Bewegungen wie beim Yoga, andere ein schnelles Tennismatch oder die langfristige Anstrengung beim Marathon. Mars zeigt Ihnen, ob Ihre Energie gebündelt oder unkontrolliert, nachhaltig oder unbeständig ist.

Mut Mars inspiriert uns zu mutigen und heldenhaften Taten nach unserer wesenseigenen Art. Tapferkeit kann sich auf unterschiedliche Weisen zeigen – körperlich, mental, emotional, intellektuell – und Ihr Mars zeigt, wo und wie Sie sich für den Erfolg besonders anstrengen. Pioniere, Eroberer, Unternehmer, Abenteurer und Sportler stehen unter Mars' Schirmherrschaft, aber wir sollten nicht vergessen, dass wir alle diese Eigenschaften täglich in unserem Leben unter Beweis stellen. Mut hat viele Gesichter und wir alle sind zu großer Stärke fähig.

»MARS INSPIRIERT UNS ZU **MUTIGEN** UND **HELDENHAFTEN** TATEN NACH UNSERER WESENSEIGENEN **ART**.«

JUPITER

WACHSTUM UND **GELEGENHEIT**

Das auffälligste Merkmal des größten Planeten im Sonnensystem ist sein großer roter Fleck – ein gewaltiger Wirbelsturm, der an die geschleuderten Blitze des Zeus denken lässt, Jupiters griechisches Gegenstück. Jupiter ist Gesetzgeber, aber ein wohlwollender: Vom lateinischen Wortstamm »Iov-« stammt das Wort »jovial« ab.

Symbol ♃
Herrscht über **Schütze, Fische als Mitherrscher**
Wochentag **Donnerstag**
Metall **Zinn**
Farbe **Violett**

GLÜCK | SEGNUNGEN | ENTHUSIASMUS | LEBENSLUST
GELEGENHEITEN | FÜLLE | HORIZONTE | MÖGLICHKEITEN

Jupiter am Himmel

Jupiters Reise durch den Tierkreis dauert nur knapp zwölf Jahre, sodass der Planet in jedem Zeichen etwa ein Jahr verbringt. Wie ein gut genährter Wohltäter ist auch der Planet um die Mitte fülliger.

Jupiter in den Mythen

Das Gegenstück zum römischen Gott Jupiter heißt bei den Griechen Zeus und bei den Babyloniern Marduk. Beide sind Herrscher über die jeweilige Götterwelt, beide sind gütig und autokratisch. Daher stammt das astrologische Konzept von Jupiter als Gesetzgeber.

Jupiter in unserer Welt

Unter Jupiters Schutz stehen Anwälte, Rechtssysteme, Universitäten, religiöse Organisationen, Verlage und die Glücksspielindustrie. Ein Jupiter-Gegenstand wäre etwa ein Lotterieschein oder ein Heißluftballon.

JUPITER **IN DEN ZEICHEN**

Prüfen Sie, wie dieser Planet durch das Zeichen zum Ausdruck kommt, in dem er steht.

Widder Mit Jupiter in Widder haben Sie die Fähigkeit, andere durch Ihre wegweisenden Ideen zu motivieren. Wird eine Ihrer Visionen schwächer, taucht schon bald die nächste auf.

Stier Fülle hat für Sie eine konkrete Bedeutung – als volles Bankkonto oder üppiger Garten. Sie sorgen durch Beständigkeit und Geduld für Ihren Erfolg.

Zwilling Dank Ihrer Begeisterung für das Lernen fühlen Sie sich von verschiedenen Themen und Wissensgebieten angezogen. Mit Worten gehen Sie originell um.

Krebs Freude entsteht für Sie durch Sicherheit in der Gruppe, die durch Ihre freigiebige Fürsorge zusammengehalten wird. Ihr Glaube fußt wahrscheinlich auf traditionellen Prinzipien.

Löwe Sie zeigen stets Einsatz und haben einen Sinn für Pracht und Extravaganz. Das ist ihre warme und überschwängliche Seite.

Jungfrau Glück erlangt, wer auf die Details achtet – und Freude, wer hart arbeitet und seine Fähigkeiten verfeinert. Wohltätige Arbeit liegt Ihnen.

Waage Wachstum entsteht aus wechselseitigem Austausch – vielleicht besteht der Wunsch, mit einem Partner zu reisen, oder Sie wählen einen Beruf, in dem soziale Fertigkeiten gefragt sind.

Skorpion Für Sie ist Lernen oder Reisen niemals etwas Oberflächliches. Sie sind leidenschaftlich in Ihren Überzeugungen und lassen sich nur schwer davon abbringen.

Schütze Hier bringt Jupiter ein machtvolles Gefühl der Fülle und das Verlangen nach Freiheit. Sie sind offen und wollen Ihren Erfahrungshorizont erweitern.

Steinbock Diese praktisch veranlagte Position rät zu vorsichtigen Spekulationen. Ihre Führungsqualitäten werden von Ihrer Fähigkeit untermauert, Verantwortung zu übernehmen.

Wassermann Ihre Vision ist vielschichtig. Am optimistischsten fühlen Sie sich mit Freunden oder in einer Gemeinschaft, in der Sie Toleranz predigen können.

Fische Hier wird vorgeschlagen, den Aufbruch zu glückseligen Orten zu wagen – etwa ein idyllischer Ausflug oder tägliche spirituelle Praxis.

ZUVERSICHT | ANMASSUNG | ABENTEUER | ETHIK | MORAL

JUPITER **IN IHREM HOROSKOP**

Der Einfluss dieses Planeten wird je nach seinem Platz und den Beziehungen zu anderen Planeten spürbar.

Glück Jupiter zeigt, wo für Sie das Glück liegt. Für manche sind es die Finanzen, für andere zuverlässige Freunde oder eine glückliche Ehe.

Enthusiasmus Die mythische Lebenslust dieser Gottheit wird in Ihrem Horoskop als Enthusiasmus sichtbar und als Wille, einen Weg zu finden. Das Gefühl, dass alles möglich ist, kann in schwierigen Zeiten auch als Sicherheitsnetz dienen.

Gelegenheiten Oft tauchen sie unvermutet auf. Da Jupiter von Fülle begleitet wird, ist dies der Bereich, in dem Sie anderen gegenüber wohltätig sind in der festen Überzeugung, dass Ihr eigenes Glück bestehen bleibt.

Horizonte Jupiter erweitert Ihren Horizont, lässt Sie einen Blick auf zukünftige Optionen werfen und ermutigt Sie dazu, sich über Grenzen hinwegzusetzen.

Zuversicht Jupiter gibt großes Selbstbewusstsein, zeigt aber auch, wo Sie sich übernehmen könnten.

Anmaßung Da Jupiter dominant ist, halten Sie vielleicht Ihren Weg für den einzig richtigen. Unter Jupiters Wirkung wollen wir immer mehr und verschwenden oft, was wir haben.

Abenteuer Bei Jupiter liegt Ihr Entdeckergeist – Sie suchen nach Wissen, Weisheit und Bedeutung. Er verleitet Sie zum Reisen, entweder buchstäblich oder virtuell, intellektuell oder philosophisch.

Ethik Gesellschaftlich verbindet dieser Planet Sie mit Moralkodizes und Rechtssystemen. Er zeigt daher den Lebensbereich, in dem Sie am ehesten ethischen Prinzipien folgen.

SATURN

AUTORITÄT UND REIFE

Das astronomische Bild des Saturn beeindruckt uns mit klaren Linien und kühler Würde. Die Ringe des Planeten stehen für Beherrschung und Zurückhaltung. Im Horoskop ist Saturn ernsthaft und formell und hält sich an Traditionen, Grenzen und Regeln.

Symbol ♄
Herrscht über **Steinbock, Wassermann als Mitherrscher**
Wochentag **Samstag**
Metall **Blei**
Farben **Schwarz, Grau, Dunkelbraun**

Saturn am Himmel

Als äußerster Planet, der noch mit bloßem Auge sichtbar ist, war der Saturn die Grenze des antiken Kosmos, bis Uranus sie überschritt. Er übernimmt daher die Rolle des Torwächters und der Autorität.

Saturn in den Mythen

Nach dem Sturz des Himmelsgottes Uranos begründete sein Sohn Kronos (die griechische Version des Saturn) das goldene Zeitalter weltlicher Harmonie und des fruchtbaren Ackerbaus. Das entspricht Saturns Rolle als wohlwollender Autorität, die zur Fülle durch harte Arbeit anregt.

Saturn in unserer Welt

Saturn herrscht über Schwellen und Türen sowie Regierungsinstitutionen. Als Symbol für Alter und Zeit steht er für Uhren, Lineale und Messgeräte. Auch alles Kalte, Dunkle, Einsame und Isolierte gehört zu Saturn.

SATURN **IN DEN ZEICHEN**

Prüfen Sie, wie dieser Planet durch das Zeichen zum Ausdruck kommt, in dem er steht.

Widder In dieser Position steht Saturn günstig, was Sport oder militärische Disziplin betrifft, und verhilft zum Erfolg durch Mut- und Kraftproben.

Stier Hier zeigt sich, dass Sie über viel Geduld verfügen und Ihre Ziele mit Umsicht verwirklichen. Sie schaffen Sicherheit, indem Sie Ressourcen erhalten.

Zwillinge Sie wollen mit Worten die Oberhand gewinnen, lernen vielleicht mehrere Sprachen oder wählen einen Beruf, der technisches Wissen erfordert.

Krebs Diese Position zeigt an, dass Sie ein starkes Pflicht- und Verantwortungsbewusstsein gegenüber jedem und allem haben, was sich unter Ihrer Obhut befindet.

Löwe Lampenfieber wirft Sie leicht aus der Bahn, doch wenn Sie künstlerischen Tätigkeiten nachgehen, dann erreichen Sie langfristig vorzeigbare Leistungen.

Jungfrau Sorgfalt und Präzision sind die Gaben an dieser Position. Sie könnten dazu bestimmt sein, auf Ihrem Gebiet große Fachkenntnisse anzusammeln.

Waage Sie haben die Fähigkeit zu fairer, objektiver Beurteilung. Vielleicht wahren Sie als Anwalt oder Eheberater das Prinzip der Gleichwertigkeit.

Skorpion Saturn kann die Skorpion-Leidenschaft bündeln und steuern. Ihre Autorität basiert auf dem stoischen Mut, mit dem Sie Krisen meistern.

Schütze Mit religiösen Überzeugungen tun Sie sich schwer, aber Sie können durch grenzenlosen Wissensdurst auch auf solchen Gebieten ein Experte werden.

Steinbock Pflicht und Konventionen sind Ihnen wichtig, hier spielen Sie nach den Regeln. Eventuell übernehmen Sie die Rolle eines Bewahrers von Geschichte und Tradition.

Wassermann Ihre Autorität hat ungewöhnliche Wurzeln – vielleicht Wissen auf unkonventionellen Gebieten. Sie nehmen Ihre gesellschaftliche Verantwortung ernst.

Fische Es fällt Ihnen schwer, Grenzen zu ziehen und zu wahren. Doch Sie sind gut darin, der Fantasie und poetischen Visionen Struktur zu verleihen.

HARTE ARBEIT | REIFE VERANTWORTUNG | WÜRDE

SATURN **IN IHREM HOROSKOP**

Der Einfluss dieses Planeten wird je nach seinem Platz und den Beziehungen zu anderen Planeten spürbar.

Struktur Saturn bringt Struktur, Exaktheit und Klarheit – hier können wir organisiert, methodisch, verantwortungsvoll und engagiert sein.

Autorität Sind wir jung, zeigt sich Saturn als Autoritätsperson: Eltern, Lehrer, Führungspersönlichkeiten. Überall um uns herum sehen wir, wie Saturn – der Lehrer, die Polizistin, die Richterin, der Schiedsrichter – Regeln aufstellt und dafür sorgt, dass sie eingehalten werden.

Innere Autorität Allmählich nimmt Saturn eine andere Form an und tritt als innere Autorität und Führung auf, ein solides Fundament in unserem Inneren bildet sich. Nun wird Saturn zum Symbol für hart erarbeitete Kenntnisse und Fähigkeiten, Lebenserfahrung und Weisheit, praktisches Wissen und Reife.

Grenzen Saturn zeigt uns, was in der echten Welt praktisch, realistisch und erreichbar ist. Hier handeln wir innerhalb der Grenzen und Einschränkungen der Welt im Allgemeinen sowie unserer menschlichen und persönlichen Ressourcen. Dies gehört zum Prozess, das Gefühl für vorhandene Grenzen hilft uns, die Dinge entsprechend zu gestalten. Wir brauchen Jupiters Visionen und Neptuns Träume – aber Saturn setzt Visionen und Träume in Realität um.

Unabhängig Ein letztes nützliches Bild ist vielleicht das des Einsiedlers, der sich aus der Welt zurückzieht, um seine spirituelle Energie zu konzentrieren und Bedeutung zu erlangen. Dort, wo Saturn in Ihrem Horoskop steht, kann das eine nützliche Strategie sein: Sie erkennen, dass Sie hier oft allein arbeiten und nur von sich selbst abhängig sind.

URANUS

WANDEL UND **BEFREIUNG**

Die Entdeckung von Uranus im Jahr 1781 zerstörte das antike Bild vom Kosmos mit einer sicheren Grenze bei Saturn. In unserem Horoskop symbolisiert Uranus den Drang, anders zu sein und radikale Veränderungen herbeizuführen.

Symbol ♅
Herrscht ü. **Wassermann als Mitherrscher**
Wochentag **nicht zugewiesen**
Metall **Uran**
Farbe **Neonblau**

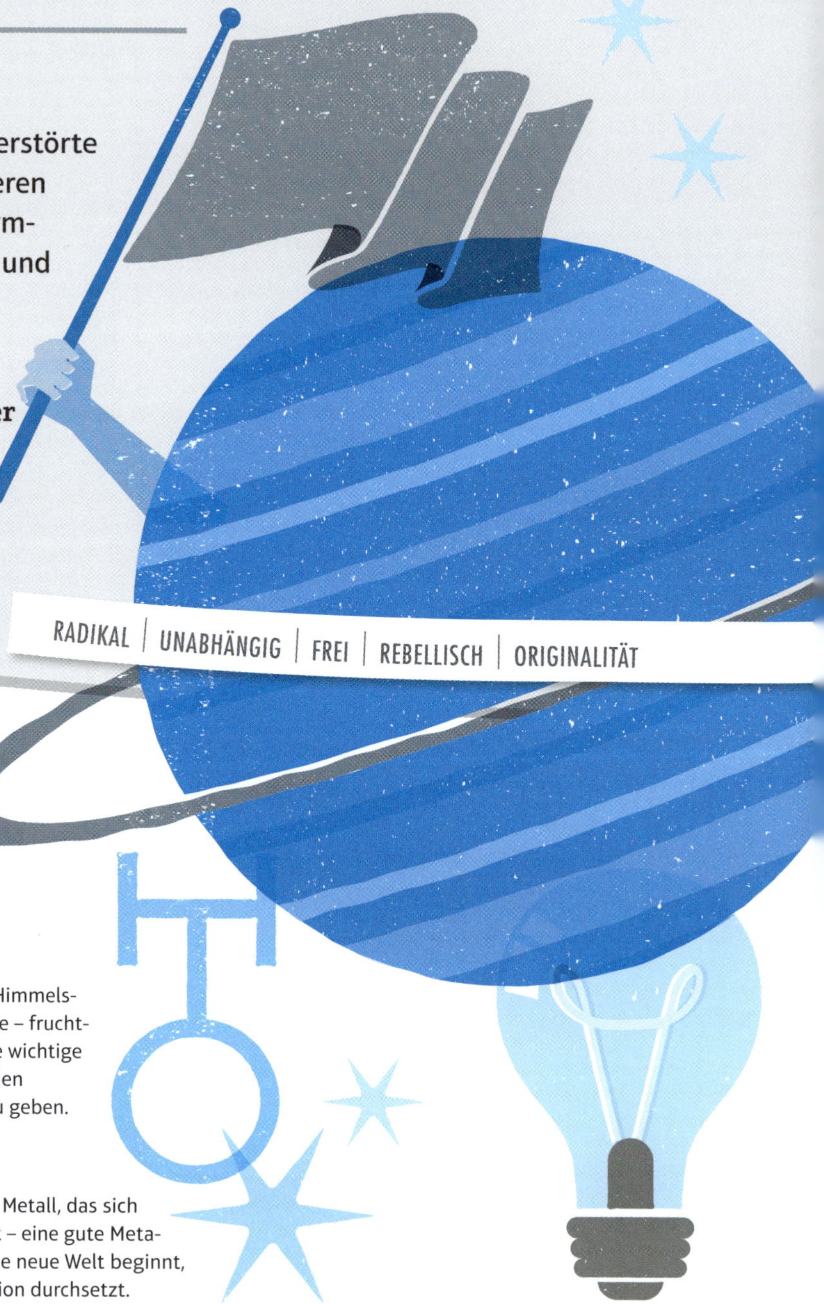

Uranus am Himmel

Einzigartig an Uranus ist sein Neigungswinkel – seine Polarachse verläuft horizontal statt vertikal, was zu seinem Ruf als Rebell passt. Der langsame Planet verbringt sieben Jahre in einem Zeichen.

Uranus in den Mythen

In der griechischen Mythologie war Uranos der Himmelsgott, der mit seiner Frau Gaia viele Kinder zeugte – fruchtbare Funken, die auf die Erde fielen. Eine andere wichtige Figur ist Prometheus, der rebellierte, indem er den Göttern das Feuer stahl, um es den Menschen zu geben.

Uranus in unserer Welt

Das Element Uran ist ein instabiles radioaktives Metall, das sich irgendwann stabilisiert, indem es zu Blei zerfällt – eine gute Metapher für die Vorstellung, dass das, was als schöne neue Welt beginnt, schließlich zur Norm wird, bis sich eine neue Vision durchsetzt.

URANUS **IN DEN ZEICHEN**

Die Position des transpersonalen Uranus in den Zeichen zeigt eher kollektive als persönliche Themen an.

♈ **Widder** *1927/28–1934/35 und 2010–2018/19* Bahnbrechende Technologie und der Aufstieg der Fertigungsstraße. Das Auto ermöglicht den Individualverkehr und sorgt damit für Freiheit.

♉ **Stier** *1934/35–1941/42* Tiefgreifender Wandel. Die Weltwirtschaftskrise bringt finanzielle Instabilität und Veränderungen bei landwirtschaftlichen Methoden. Beginn der Essensrationierung.

♊ **Zwillinge** *1941/42–1948/49* Das Radar revolutioniert die Kommunikation. Mehrere Teilungen in der Welt. Innovationen in der Grundschulerziehung.

♋ **Krebs** *1948/49–1955/56* Das Konstrukt Familie wandelt sich durch den Krieg. Nachkriegsprogramme zum Wiederaufbau von Häusern und Gemeinden.

♌ **Löwe** *1955/56–1961/62* Fernsehen revolutioniert die private Freizeit. Künstler und Autoren der Beat-Generation schockieren mit neuen Ausdrucksformen.

♍ **Jungfrau** *1961/62–1968/69* Innovationen im Gesundheitswesen, gesellschaftliche Umwälzungen durch die Pille. Winzige Siliziumchips revolutionieren das Arbeitsleben.

♎ **Waage** *1968/69–1974/75* Radikaler Wandel in sozialen Beziehungen. Gleichberechtigung der Geschlechter wird zum Thema. In Großbritannien wendet sich die Gesetzgebung der sozialen Gerechtigkeit zu.

♏ **Skorpion** *1974/75–1981* Die Punk-Bewegung fängt den Zeitgeist ein. Im Nordirlandkonflikt stehen sich die verfeindeten Seiten unversöhnlich gegenüber.

♐ **Schütze** *1981–1988* Der verstärkte Flugverkehr eröffnet neue Möglichkeiten die Welt zu entdecken. Geburtsstunde des Internets: Technologie bringt die Menschen auf der Welt näher.

♑ **Steinbock** *1988–1995/96* Wirtschaftliche Rezession verändert berufliche Strukturen und Institutionen. Fall der Berliner Mauer (1989).

♒ **Wassermann** *1995/96–2003* Rasante Innovationen der Computertechnik und Kommunikation lösen radikale gesellschaftliche Veränderungen aus: PCs, Handys.

♓ **Fische** *2003–2010/11* Revolution der Künste durch Technik: digitale Fotografie, computergenerierte Bilder, visuelle Animation. Neues Interesse an Spiritualität.

REVOLUTION | EINSICHT | INNOVATION | INTELLEKT

RATIONAL | ERFINDUNG | UNKONVENTIONELL

URANUS **IN IHREM HOROSKOP**

Der Einfluss dieses Planeten wird je nach seinem Platz und den Beziehungen zu anderen Planeten spürbar.

Rebell Im Geburtsdiagramm steht Uranus dort, wo wir am ehesten den Rebellen spielen und unseren eigenen Stil finden, der uns von allen anderen unterscheidet und uns über das Gewöhnliche erhebt.

Intellekt ist eine Uranus-Gabe – hier denken wir klar, kühl-logisch und wissenschaftlich-rational. Unsere Uranus-Ideen sind brillante Funken der Intuition und oft ihrer Zeit voraus.

Regelbrecher Wo dieser Planet in Ihrem Horoskop steht, spielen Sie vermutlich nicht nach den Regeln. Hier können wir über Grenzen gehen, alten Traditionen neues Leben einhauchen oder mutig mit Konventionen brechen, um sozialen, politischen oder persönlichen Wandel herbeizuführen.

Unkonventionell In den Lebensbereichen, die Uranus berührt, fühlen wir uns oft als Außenseiter und schlagen unkonventionelle Wege abseits des Mainstreams ein.

Innovation Wenn Uranus in einem Horoskop betont ist, birgt er das Potenzial für Innovation, Originalität, einen starken Willen und Freiheit des Geistes. Manchmal regt er zu Gedankenblitzen an oder sorgt sogar für Genialität. Aus diesem Einfluss heraus kann aber auch Rastlosigkeit und Wandel um des Wandels willen entstehen.

Wandel Im Horoskop beschreibt Uranus' Stellung Trennungen oder radikale Veränderungen, Instabilität, Brüche oder plötzlich veränderte Umstände. Uranus kann Aufregung und Spannung bringen, aber auch Gefühle der Unsicherheit in dem Lebensbereich, in dem er im Horoskop auftaucht.

NEPTUN

FANTASIE UND **TRANSZENDENZ**

Bilder von Neptun zeigen einen melancholischen und ätherischen blaugrünen Planeten. In unserem Horoskop symbolisiert Neptun den Wunsch, über die materielle Welt hinauszugehen und in die grenzenlose Welt der Fantasie zu gelangen.

Symbol ♆
Herrscht ü. **Fische als Mitherrscher**
Wochentag **nicht zugewiesen**
Metall **Neptunium**
Farbe **Meergrün**

Neptun am Himmel

Als sie ihn 1795 erstmals erblickten, waren sich die Astronomen nicht sicher, was genau er war. Offiziell wurde Neptun erst 1846 entdeckt. Seine Umlaufbahn dauert fast 165 Jahre, er steht also fast 14 Jahre in einem Zeichen.

Neptun in den Mythen

Neptun ist der Meeresgott und das römische Pendant zum griechischen Gott Poseidon. Als unsichtbarer Gott der Stürme und des Chaos herrschte Poseidon über die Meerestiefen, ein Symbol für die geheimnisvolle Welt des kollektiven Unterbewusstseins.

Neptun in unserer Welt

Neptun steht für Musik, Kunst, die Filmindustrie, Fotografie und Mode. Er beschützt Mystiker, Visionäre und Priester, auch Krankenhäuser, Gefängnisse, Klöster und andere Orte des Rückzugs oder kollektiven Eingesperrtseins.

NEPTUN **IN DEN ZEICHEN**

Die Position des transpersonalen Neptun in den Zeichen zeigt eher kollektive als persönliche Themen an.

♈ **Widder** *1861/62–1874/75* Neue Ansätze in der Kunst und die Geburtsstunde der modernen Kunst. Pionierleistungen führen zum Wandel in Spiritualität und bei der Ausübung des religiösen Glaubens.

♉ **Stier** *1874/75–1888/89* Spekulationen führen zum Verlust der finanziellen Stabilität. Die impressionistische Malerei konzentriert sich auf eine natürliche Darstellung von Licht und Farben.

♊ **Zwillinge** *1888/89–1901/02* Beginn der Filmkunst als neuer Form kreativen Storytellings. In der Kunst Beginn des Post-Impressionismus.

♋ **Krebs** *1901/02–1914/16* Jugendstil, inspiriert durch Kurven in der Natur. Auflösung alter europäischer und asiatischer Reiche und Territorien.

♌ **Löwe** *1914/16–1928/29* Glanz der »wilden Zwanziger« und die Anfänge des Kinos. Eine kurze Zeit von Genuss im Leben vor dem Börsenkrach 1929.

♍ **Jungfrau** *1928/29–1942/43* Verlust von Arbeitsplätzen, Ordnung und Routine, als die Börsen zusammenbrechen und die Weltwirtschaftskrise einsetzt. Konservativere Mode.

♎ **Waage** *1942/43–1955/57* Friedenssehnsucht nach dem Zweiten Weltkrieg. Das Ideal einer gerechteren Gesellschaft, etwa in Form des britische Gesundheitssystems NHS und der Fair Deals in den USA.

♏ **Skorpion** *1955/56–1970* Musikalische Revolution in den 1960er-Jahren. Suche nach transformativen Erfahrungen durch Musik und Drogen. Sexuelle Befreiung.

♐ **Schütze** *1970–1984* Wachsendes Interesse des Westens an Spiritualität und östlichen Religionen. Anfänge von Ecstasy und psychedelischer Musik.

♑ **Steinbock** *1984–1998* Fall der Berliner Mauer und Ende des Sowjetkommunismus. Deregulation der Märkte und Lockerung der Finanzkontrollen.

♒ **Wassermann** *1998–2011/12* Globalisierung und »Global Village« – das Ideal einer humanitären, durch Technologie verbundenen Gesellschaft.

♓ **Fische** *2011/12–2025/26* Leichte Bewegung weg von der Überzeugung, dass die exakte Wissenschaft auf alles eine Antwort hat. Fokus auf den Meeren: Verschmutzung durch Plastik nimmt zu.

WUNSCH NACH TRANSZENDENZ | SEHNSUCHT NACH GLÜCK | FLUCHT

NEPTUN **IN IHREM HOROSKOP**

Der Einfluss dieses Planeten wird je nach seinem Platz und den Beziehungen zu anderen Planeten spürbar.

Spirituelle Flucht Neptun ist ein Teil von uns, der sich aus der Enge des Lebens befreien möchte, um eine weniger gewöhnliche Welt zu erblicken. Im religiösen Kontext können wir das als Suche nach Gott oder dem Einklang mit der Quelle des Lebens verstehen. Spirituelle Menschen können dies zum Beispiel in der Kirche oder durch Meditation finden.

Weltliche Seligkeit Im weltlichen Kontext können solche Trancen oder Traumwelten durch Musik erreicht werden – aber auch durch Alkohol und andere Substanzen.

Chaos und Verwirrung Neptun löst Grenzen auf und kann Chaos und Verwirrung bringen. Hier können wir Illusionen und Blendwerk zum Opfer fallen, blind den Trends folgen, ohne sie auf Substanz zu prüfen. Doch ohne Neptuns romantischen Blick würde etwas fehlen – hier lassen wir uns bereichern und in die Parallelwelt der Fantasie entführen, eine unserer wertvollsten Ressourcen.

Opfer In Neptuns Position bieten wir uns willig für wohltätige Zwecke an. Hingabe kann Akte echter Selbstlosigkeit hervorbringen oder sich gelegentlich sogar als eine Form von Märtyrertum zeigen.

Ernüchterung Wie Neptun selbst kann das Ersehnte sich unerreichbar anfühlen, was unsere Sehnsucht verstärkt oder Traurigkeit, Enttäuschung und Verlustgefühle auslöst. Wir sind ernüchtert, wenn die Realität nicht mit dem Traum mithalten kann. In solchen Momenten können wir daran denken, dass ein Mensch uns vielleicht im Stich lässt, das Göttliche nie: In uns bleiben unsere Träume intakt, trotz aller Unvereinbarkeiten der äußeren Welt.

PLUTO

MACHT UND **TRANSFORMATION**

Auch wenn er 2006 auf den Status eines Zwergplaneten zurückgestuft wurde, bleibt Pluto in der Astrologie ein Planet. Er symbolisiert tiefgreifende Prozesse, die keinem anderen Himmelskörper zugeschrieben werden können. Pluto bringt Tiefe, Intensität und Transformation.

Symbol ♇
Herrscht über **Skorpion als Mitherrscher**
Wochentag **nicht zugewiesen**
Metall **Plutonium**
Farben **Rotbraun, Dunkelrot**

ZYKLEN VON GEBURT UND TOD | TABUS | KRISE | ÜBERLEBEN | METAMORPHOSE
GEHEIMNISSE | MACHT | TIEFER WANDEL

Pluto am Himmel

Pluto braucht 248 Jahre für seine Wanderung durch den Tierkreis und verbringt durchschnittlich 21 Jahre in jedem Zeichen. Seine elliptische Bahn bringt ihn teilweise näher an die Sonne als Neptun, sodass er in einigen Zeichen 27 Jahre steht und in anderen nur zwölf.

Pluto in den Mythen

Das Wort »Pluto« kommt vom griechischen »plouton« und bedeutet »Wohlstand« oder »Reichtum«. In der griechischen Mythologie ist er Hades oder Dis, der schemenhafte Gott der Unterwelt, des Totenreichs und der Edelsteine, die tief in der Erde vergraben liegen.

Pluto in unserer Welt

Pluto zeigt die Gegenwart von Macht oder Reichtum im Verborgenen: Plutokraten, Archäologen, Psychotherapeuten, Bergarbeiter und Unterweltverbrechen. Spione, Detektive und Geheimdienste gehören ebenfalls zu diesem Planeten.

PLUTO **IN DEN ZEICHEN**

Die Position des transpersonalen Pluto in den Zeichen zeigt eher kollektive als persönliche Themen an.

♈ **Widder** *1822/23–1851/53* In Widder stand Pluto zuletzt zu Beginn des viktorianischen Zeitalters. Er spiegelt den Neuanfang wider, der damals das Althergebrachte fortspülte.

♉ **Stier** *1851/53–1882/84* Die Unruhen des Bürgerkriegs in den USA und des Deutsch-Französischen Kriegs beeinflussen die Ökonomie in USA und Europa.

♊ **Zwillinge** *1882/84–1913/14* Mit der Verbreitung von Telefon und Zeitung verändert sich die Kommunikation. Erfindung des Automobils.

♋ **Krebs** *1913/14–1937/38* Der Erste Weltkrieg bedroht Heim und Heimat. Tiefgreifender Wandel im Familienleben und hinsichtlich der Rolle der Frauen in der Gesellschaft.

♌ **Löwe** *1937/39–1956/58* Aufstieg von Diktatoren und mächtigen Anführern: Hitler, Stalin, Mussolini. Der »Personenkult« entsteht. Die Ich-Generation der Babyboomer.

♍ **Jungfrau** *1956/58–1971/72* Die Pille bringt sexuelle Freiheit (Konjunktion Uranus-Pluto in Jungfrau). Anfänge der Umweltbewegung.

♎ **Waage** *1971/72–1983/84* Das politische Gleichgewicht von Macht und Verhandlungen im kalten Krieg: SALT-Verhandlungen und nukleare Abrüstung. Veränderungen im Machtgleichgewicht.

♏ **Skorpion** *1983/84–1995* Sex und Tabus: AIDS. Die Verborgenen und Enteigneten gelangen an die Macht: Apartheid in Südafrika wird abgeschafft.

♐ **Schütze** *1995–2008* Religiöse Intoleranz nimmt zu. Aufdeckung von Korruption in religiösen Institutionen. Verschwendungssucht bei Finanzen.

♑ **Steinbock** *2008–2023/24* Bankenkrise: Zusammenbruch der Wirtschaft und weltweite Rezession. Thema: mehr Vorsicht in Finanzdingen und Anpassung an ökonomische Notwendigkeiten.

♒ **Wassermann** *1777/78–1797/98* Entdeckung von Uranus 1781 symbolisiert ein neues Zeitalter der Experimente und Erfindungen. Pluto steht ab 2024 wieder in Wassermann.

♓ **Fische** *1797/98–1822/23* Romantik in den Künsten. Der nächste Eintritt in Fische 2044 könnte neues Interesse an Spiritualität und Religion wecken.

KONTROLLE | TRANSFORMATION | REINIGEN UND ERNEUERN

PLUTO **IN IHREM HOROSKOP**

Der Einfluss dieses Planeten wird je nach seinem Platz und den Beziehungen zu anderen Planeten spürbar.

Leben und Tod Pluto steht dort, wo wir metaphorisch Tod und Wiedergeburt erleben, vielleicht viele Male im Lauf unseres Lebens. Hier neigen wir zum Sprung in die Tiefe. Das zeigt sich auf unterschiedliche Weise, je nach Plutos Haus und seinen Verbindungen zu anderen Planeten. Forschung ist eine Möglichkeit, Archäologie eine andere – oder Sie haben buchstäblich mit den Existenzfragen zu tun, die Pluto regiert.

Metamorphose Im Kern steht die »Reise in die Unterwelt«, auf der alles auf sein Wesen reduziert wird und transformiert daraus hervorgeht. Plutos Prozess ist vergleichbar mit der Metamorphose der Raupe zum Schmetterling. Spürbar ist ein Gefühl der Unausweichlichkeit, der Druck einer notwendigen Entwicklung.

Intensität Als schwerer, düsterer Himmelskörper bringt Pluto alles in konzentrierte Form. In diesem Lebensbereich spüren Sie also eine starke Kraft. Poetisch gesehen können das intensive Leidenschaften und der Drang sein, sich vollständig hinzugeben. Prosaischer betrachtet, kann das auch mit Recycling oder Abfallbeseitigung zu tun haben. Am Ende steht die Auferstehung in einer neuen Form.

Geheimnisse Pluto steht für Dinge, die wir verbergen wollen oder die im Schatten liegen, etwa aus Scham oder wegen eines Tabus. Oft liegen hier Geheimnisse, die durch Verdrängung noch stärker wirken.

Macht Pluto steht da, wo wir noch mächtiger werden können, aber auch dort, wo wir uns manchmal machtlos, unsichtbar oder verfolgt fühlen. Am Ende des Tunnels strahlt aber schon das Licht der Erneuerung.

CHIRON

HEILUNG UND **MITGEFÜHL**

Chiron wurde schon als Asteroid, Zentaur, Komet und Kleinplanet definiert – er scheint sich allen Kategorisierungen zu widersetzen. In unserem Horoskop steht er für unseren Wunsch, zu heilen und etwas ganz zu machen. Er kann Aspekte unseres Lebens zeigen, in denen wir verletzt wurden.

Symbol ⚷
Herrscht über **kein Zeichen**
Wochentag **nicht zugewiesen**
Metall **keins**
Farbe **keine**

VERWUNDETER HEILER | EINZELGÄNGER | AUSSENSEITER | SÜNDENBOCK | MITGEFÜHL
ENTFREMDUNG | VERDRÄNGUNG | ALTERNATIVE

Chiron am Himmel

Der erst im Jahr 1977 entdeckte Chiron ist unendlich viel kleiner als alle anderen astrologischen Planeten – und doch hat er an Bedeutung als Symbol mit epochaler Relevanz gewonnen. Der Astronom, der als Erster seine Bahn verfolgte, beschrieb ihn als »Außenseiter«.

Chiron in den Mythen

Beide Elternteile von Chiron, die Nymphe Philyra und Kronos, wiesen ihn zurück, und er wurde von Apollon aufgezogen, dem Gott der Musik, Prophezeiung, Poesie und Heilung. Chiron wurde seinerseits zum Propheten, Heiler, Lehrer und Musiker und war vielen ein Mentor.

Chiron in unserer Welt

Als relativ neue Entdeckung hat Chiron wenige Verbindungen zur materiellen Welt. Sein Abbild sehen wir aber deutlich in der Welt der komplementären Medizin, alternativen Spiritualität und Ökologie.

CHIRON **IN DEN ZEICHEN**

Prüfen Sie, wie dieser Planet durch das Zeichen zum Ausdruck kommt, in dem er steht.

♈ **Widder** Selbstbehauptung kann schwierig sein – wenn Sie schon früh daran gehindert wurden, Ihren eigenen Weg zu gehen. Heilung ist möglich, wenn Sie Ihre Unabhängigkeit finden.

♉ **Stier** Vielleicht fehlte Ihnen früh die materielle Sicherheit, sodass bei Ihnen das Bedürfnis entstand, sich eigene Grundlagen zu schaffen.

♊ **Zwillinge** Eventuell hatten Sie Probleme mit der Sprachentwicklung oder eine unterbrochene Schulbildung. Sie könnten dennoch ein Talent für Sprache und Kommunikation haben.

♋ **Krebs** Sie fühlen sich irgendwie nicht zugehörig. Vielleicht wurden Sie adoptiert oder früh von Ihrer Familie getrennt.

♌ **Löwe** Möglicherweise durften Sie nicht glänzen, spielerisch sein oder darbieten. Die Entdeckung Ihrer Kreativität kann andere inspirieren, ebenfalls ihren kreativen Mut zu finden.

♍ **Jungfrau** Sie streben nach Perfektion, verfehlen sie aber in Ihrer Wahrnehmung. Psychosomatische Krankheiten können eine Spannung zwischen Geist und Körper widerspiegeln.

♎ **Waage** Frühe Erfahrungen mit unfairer Behandlung haben Sie möglicherweise dazu gebracht, sich für diejenigen einzusetzen, denen Ungerechtigkeit widerfahren ist.

♏ **Skorpion** Machtlosigkeit könnte ein Kindheitsthema sein. Sie finden kreative Wege mit tiefen Gefühlen umzugehen.

♐ **Schütze** Vielleicht haben Sie Gelegenheiten, sich weiterzubilden oder zu reisen nicht wahrgenommen. Oder ein Glaubensverlust hat Sie auf die rastlose Suche nach Ihren Überzeugungen geführt.

♑ **Steinbock** Sie mussten vielleicht schon früh Verantwortung tragen. Das Gefühl, nicht ins System zu passen, kann ein eigenes Bild von Autorität prägen.

♒ **Wassermann** Ihr Engagement für soziale Gerechtigkeit und Akzeptanz von Diversität könnte auf einer frühen Erfahrung, nicht dazuzugehören, beruhen.

♓ **Fische** Hier verbirgt sich vielleicht ein frühes Erlebnis von Verlust, Krankheit oder als Opfer. Sie können eine ganzheitliche spirituelle Vision entwickeln und anderen dabei helfen, das auch zu tun.

MENTOR | LEHRER | VERWUNDBARKEIT | HEILUNG

CHIRON **IN IHREM HOROSKOP**

Der Einfluss dieses Planeten wird je nach seinem Platz und den Beziehungen zu anderen Planeten spürbar.

Verwundet Chiron zeigt an, wo in Ihrem Leben Sie ohne eigenes Verschulden oder Zutun auf irgendeine Weise verletzt wurden. Manchmal geht es um ein über Generationen weitergereichtes Familienthema. Oft fühlen wir uns lange persönlich dafür verantwortlich und nehmen Schuld für Dinge auf uns, auf die wir keinen Einfluss hatten, und es kann Jahre dauern, bis wir uns das eingestehen.

Alternative Hier schlagen wir vielleicht einen anderen Weg ein. Manchmal glauben wir, wir hätten nicht viel erreicht oder gehörten nicht dazu. In diesem Bereich fühlen wir uns vielleicht verletzlich und sind uns unserer gefühlten Defizite schmerzlich bewusst.

Außenseiter Hier können wir uns wie Außenseiter, Ausgestoßene und Sündenböcke fühlen: die Migrantin, der Ausländer, die Andersfühlende.

Heilung Mit einer philosophischen Antwort und indem wir uns selbst annehmen, können wir schließlich uns und anderen vergeben und schmerzhafte Gefühle der Entfremdung oder Verdrängung heilen. Chiron ist letztlich der Bereich, in dem wir selbst zum »Heiler« werden können und anderen und der Welt im Ganzen helfen und sie leiten können. Wir werden Instrumente der Heilung, je nach Art unserer Verletzung, weil wir Erfahrung und Weisheit gesammelt haben.

Individualität Dort, wo Chiron in Ihrem Horoskop steht, finden Sie Ihren individuellen Weg nach vorn. Hier können Sie Ihre Andersartigkeit und alternativen Sichtweisen nutzen, um eine wertvolle und einzigartige persönliche Perspektive ins Spiel zu bringen.

KAPITEL

4

DIE **HÄUSER**

DIE HÄUSER ÜBERBLICK

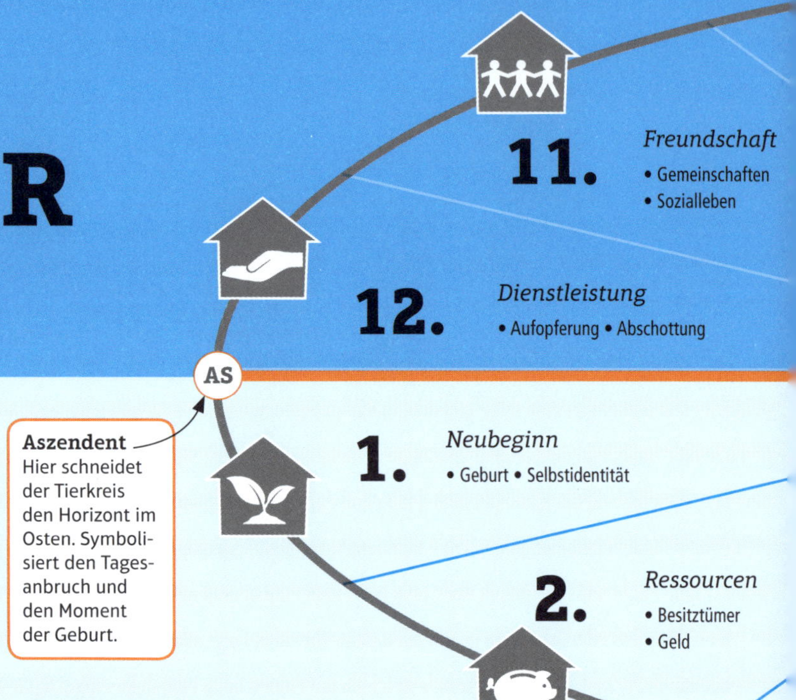

Häuser in einem Horoskop
Der Aszendent steht immer an der Spitze des 1. Hauses in der 9-Uhr-Position. Die anderen Häuser belegen das Geburtsdiagramm fortlaufend gegen den Uhrzeigersinn.

DIE ZWÖLF HÄUSER

Die Häuser zeigen, welche Lebensbereiche für Sie am wichtigsten sind. Jedes Haus beschreibt einen Erfahrungsschwerpunkt, etwa Ihre Beziehungen oder Ihre Karriere. Jeder Planet steht in einem der Häuser und jedes Haus kann mehr als einen Planeten enthalten. Die Übersicht zeigt, wie Sie die Häuser in Ihrem Geburtsdiagramm finden und deuten.

»Die **Häuser** sind wie **Reviere.** Es sind **Dimensionen der Psyche,** aber auch Orte und Bereiche **alltäglicher Erfahrungen.**«

DAS HÄUSERSYSTEM

Aszendent, Deszendent, MC und IC bilden die vier »Eckpunkte« des Geburtsdiagramms. Sie bewegen sich vor dem Himmel und wandern mit jeder Erddrehung ebenfalls einmal durch den Kreis. Die Planeten bewegen sich in dieser Zeit kaum, aber die Eckpunkte und Häuserspitzen laufen wie Uhrzeiger und erzeugen so ein einzigartiges Bild in Ihrem Horoskop. Abgesehen vom Mond, stehen die Planeten bei zwei Menschen, die am selben Tag geboren sind, im Wesentlichen an denselben Stellen im Tierkreis. Wenn sie jedoch nicht genau zur selben Zeit (und am selben Ort) geboren sind, können sich die Häuserpositionen beträchtlich unterscheiden.

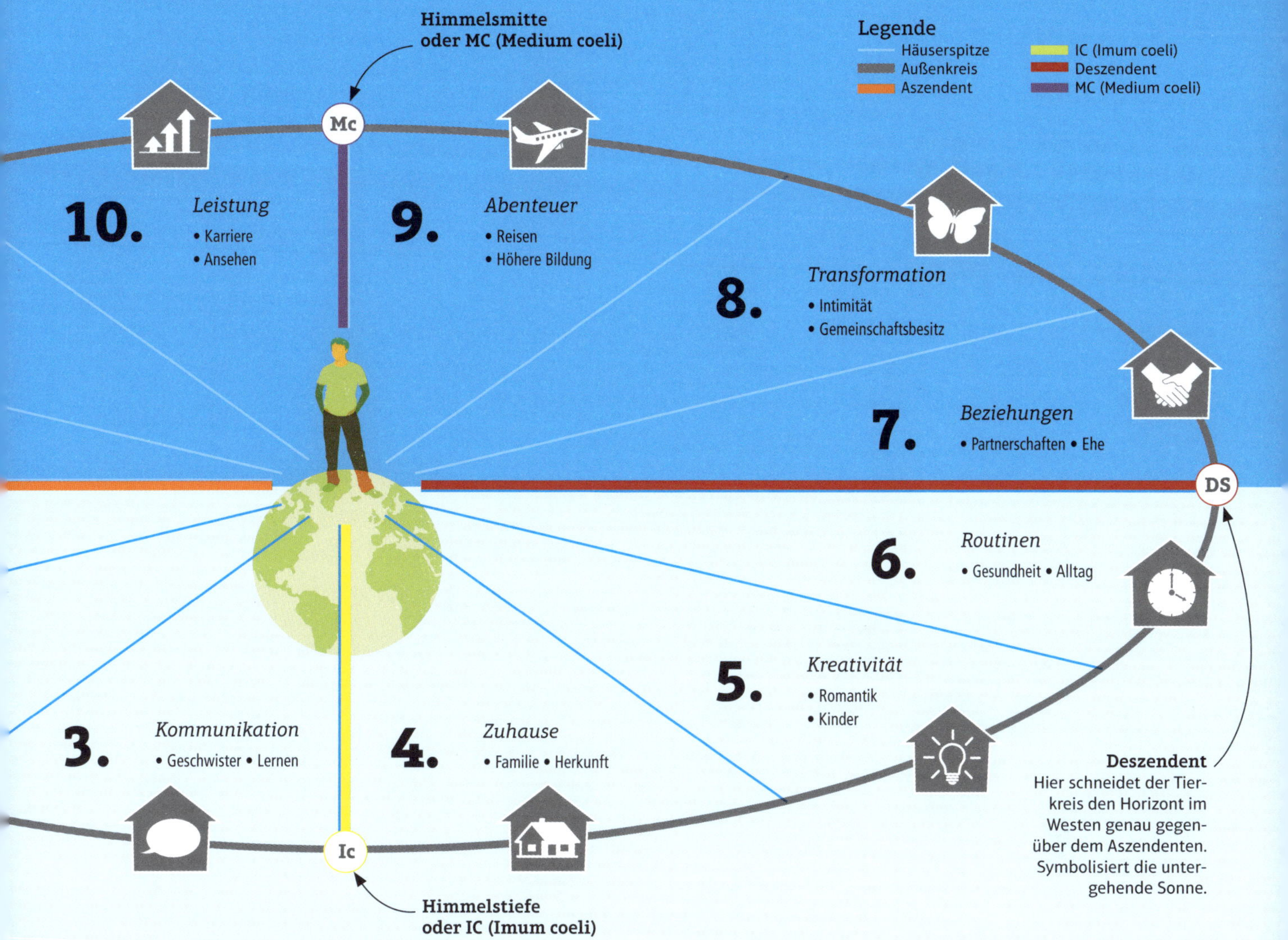

DEUTUNG DER HÄUSER

Die Deutung eines Planeten in einem Haus kann von zwei Seiten aus angegangen werden: aus der Perspektive des Hauses und aus der Perspektive des Planeten.

Aus der Hausperspektive betrachten Sie diesen Bereich Ihres Lebens durch die Linse der Planeten, die darin stehen. Mit Merkur im 1. Haus etwa ist es für Sie wichtig, Ihre Kommunikationsfähigkeiten zu entwickeln (Merkur), um selbstbewusst Ihren Weg in der Welt zu finden (1. Haus).

Aus der Planetenperspektive wiederum zeigt das Haus, in dem er steht, auf welche Lebensbereiche Sie sich konzentrieren sollten, um die Eigenschaften dieses Planeten weiterzuentwickeln. Mit Mars im 2. Haus beispielsweise könnten Ihre Finanzen (2. Haus) ein wichtiger Bereich sein, um Ihre Wettbewerbsvorteile (Mars) weiterzuentwickeln.

Leere Häuser

Die Häuser mit den meisten Planeten symbolisieren die wichtigsten Lebensbereiche, in den meisten Horoskopen bleiben einige Häuser jedoch leer. Das bedeutet nicht, dass diese Bereiche bedeutungslos oder unzugänglich sind – ein leeres 2. Haus bedeutet noch lange kein leeres Bankkonto! Es zeigt nur, dass Ihre Aufmerksamkeit eher woanders liegt.

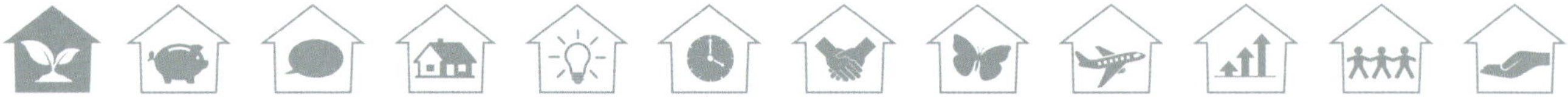

1. HAUS

SELBST UND PERSÖNLICHKEIT

Das 1. Haus steht am Anfang des Horoskops. Es beschreibt die frühesten Lebensumstände und wie wir auf der Welt empfangen wurden. Ihre Planeten in diesem Haus, die Zeichen, in denen sie stehen, und das Zeichen an der Häuserspitze des 1. Hauses geben vor, wie Sie an Neuanfänge und an die Welt im Allgemeinen herangehen.

Erster Eindruck

Das 1. Haus symbolisiert Geburt und Neuanfänge. Es zeigt, wie uns die Dinge erscheinen, und den Einfluss unserer frühesten Begegnungen. Schon in jungen Jahren passen wir uns dieser Sichtweise an, sie wird zur Linse, durch die wir die Welt wahrnehmen.

Erscheinung

Das 1. Haus ist so etwas wie die Schaufensterauslage eines Menschen. Hier erzeugen wir bewusst oder unbewusst ein Bild von uns selbst durch unsere Kleidung, unser Auto oder wie wir das, war wir haben, gern präsentieren.

Identitätsgefühl

Planeten im 1. Haus sind oft übermächtig und wir identifizieren uns stark mit ihnen. Wenn Sie Planeten in diesem Haus haben, nehmen Sie wahrscheinlich bewusst deren Einfluss auf Ihren Charakter wahr.

Körper

Die traditionelle Astrologie setzt das 1. Haus mit unserem physischen Körper und mit Lebenskraft gleich. Planeten in diesem Haus und das Zeichen an seiner Spitze sagen viel über Ihre Beziehung zu Ihrem Körper aus und darüber, was ihm Lebenskraft gibt.

PLANETEN IN DIESEM HAUS

Sehen Sie sich die Planeten im 1. Haus an und erkennen Sie deren Einfluss auf Ihre Energien und Schwerpunkte. Ein volles Haus zeigt einen wichtigen Bereich Ihres Lebens an.

☉ **Sonne** Sie haben ein starkes Identitätsgefühl, Selbstentfaltung steht im Mittelpunkt Ihres Lebens. Möglicherweise übte Ihr Vater einen sehr starken Einfluss auf Sie aus.

☽ **Mond** Ihre Gefühle liegen dicht unter der Oberfläche und durchdringen Ihre Sicht der Welt. Möglicherweise übte Ihre Mutter einen sehr starken Einfluss auf Sie aus.

☿ **Merkur** Ihr erster Impuls ist es immer, ein Gespräch anzufangen oder eine Verbindung aufzubauen. Sie sind neugierig und wissbegierig. Ein Bruder oder eine Schwester könnte ein frühes Rollenvorbild gewesen sein.

♀ **Venus** Körperliche Schönheit ist Ihnen wichtig und Sie versuchen stets gut auszusehen. Ihre Rolle in der Welt sehen Sie vielleicht als Friedensstifter oder Mediatorin.

♂ **Mars** Sie kamen wahrscheinlich schon kämpfend auf die Welt und tun das weiterhin. Instinktiv ergreifen Sie die Initiative und demonstrieren Ihre Stärke und Ihren Willen.

♃ **Jupiter** Sie sind optimistisch und philosophisch und finden überall eine Möglichkeit zur Selbstentfaltung. Die Menschen reagieren positiv auf Ihre Zuversicht.

♄ **Saturn** Neue Projekte gehen Sie am liebsten nach gründlicher Vorbereitung an. Vielleicht haben Sie schon früh im Leben Verantwortung übernommen und sind immer noch ein Berater für Ihre Umwelt.

♅ **Uranus** Sie zeigen sich anderen gegenüber anders, als Sie sind, oder fühlen sich nicht im Einklang mit ihnen. Als Außenseiter können Sie in einer angestaubten Umgebung wertvolle Einsichten beisteuern.

♆ **Neptun** Neptuns Gegenwart verleiht Ihrer Erscheinung nach außen einen gewissen Glanz. Sie haben einen sechsten Sinn, mit dem Sie sich in der Welt zurechtfinden.

♇ **Pluto** Sie sind von Natur aus zurückhaltend und öffnen sich nur schwer. Neue Projekte lösen das Bedürfnis nach Kontrolle aus. Sie durchlaufen in Ihrem Leben möglicherweise mehrere »Kapitel«.

⚷ **Chiron** Der verwundete Heiler ist Ihr Leitbild. Eventuelle Einsamkeit kann in ein Leben auf weniger ausgetretenen Pfaden und der Rolle als Mentor, Heilerin oder Lehrer münden.

ZEICHEN UND DIESES HAUS

Verfeinern Sie das Bild, indem Sie das Zeichen an der Spitze des 1. Hauses und die Zeichen, in denen die Planeten in diesem Haus stehen, betrachten.

♈ **Widder** Sie können sich selbst motivieren und stehen immer in den Startlöchern – Ihre eigene Geburt könnte sich als lebenslanges Muster zeigen, die Initiative zu ergreifen.

♉ **Stier** Sie starten langsam, bleiben dann aber am Ball. Sie müssen Ihr eigenes Tempo finden und dürfen sich nicht dazu hinreißen lassen, etwas auf eine andere als Ihre Art zu tun.

♊ **Zwillinge** Sie haben ein Bedürfnis nach Dialog und Austausch. Vielleicht wohnen zwei Seelen in Ihrer Brust oder ein Bruder oder eine Schwester hatte in Ihrer Kindheit einen starken Einfluss auf Sie.

♋ **Krebs** Ihr erster Impuls ist stets, sich und andere zu schützen oder Ihr Revier abzustecken. Ein guter Ansatz wäre es, Ihren Instinkten zu vertrauen und danach zu handeln.

♌ **Löwe** Sie sind zu kühnen Taten fähig und können sich behaupten. Vielleicht wurden Sie in Ihrer Kindheit dazu ermuntert, ausgelassen und kreativ zu sein.

♍ **Jungfrau** Sie können besonders gut Ordnung schaffen, das ist typisch für Ihre Herangehensweise an eine neue Aufgabe oder ein neues Kapitel. Körperliche Gesundheit und Ernährung interessieren Sie möglicherweise besonders.

♎ **Waage** Sie bewegen sich anmutig und kleiden sich stilvoll. Instinktiv möchten Sie vermitteln und für Balance sorgen, indem Sie Symmetrie und eine friedliche Atmosphäre schaffen.

♏ **Skorpion** Selbstverteidigung könnte hier eine Rolle spielen, das Bewusstsein für Gefahr und das Bedürfnis zu schützen. Sie nehmen in Ihrem Leben oft die Haltung des Kriegers ein.

♐ **Schütze** Jede neue Phase und jedes Projekt beginnt für Sie mit einer großartigen Vision oder Fernweh. Ein Tapetenwechsel kann ein Gefühl der Erneuerung auslösen.

♑ **Steinbock** Auf andere wirken Sie reif und zuverlässig. Wenn Sie eine Aufgabe beginnen, planen Sie instinktiv voraus und wenden eine bewährte Methode an.

♒ **Wassermann** Was auch in Ihnen vorgeht, nach außen wahren Sie meist den kühlen Schein. Sie können rational analysieren und bringen mentale Klarheit in eine Situation.

♓ **Fische** Navigation ist vielleicht nicht Ihre Stärke, aber Sie setzen Ihre Fantasie ein. Bei Neuanfängen erspüren Sie Ihren Weg, um nicht nur ausgetretenen Pfaden zu folgen.

2. HAUS

BESITZ, GELD UND FINANZEN

Das 2. Haus ist das Haus des eigenen Einkommens und der finanziellen Ressourcen, es spiegelt unser Gefühl der materiellen Sicherheit wider. Hier kann sich zeigen, was wir gern besitzen würden, unser »bewegliches Eigentum«. Unsere Wertvorstellungen gehören ebenfalls in dieses Haus.

Geld und Einkommen

Das 2. Haus steht für Geld und Einkommen, also finanzielle Ressourcen unter unserer Kontrolle. Es kann daher unsere Einstellung zum Geld zeigen und die Gefühle, die Geld in uns auslöst. Es steht dafür, wie wir unseren Lebensunterhalt verdienen und Geld ausgeben.

Immaterieller Wohlstand

Der »Wohlstand« im 2. Haus ist sowohl materiell als auch immateriell. Hier bauen wir unsere Ressourcen auf – im wörtlichen und im übertragenen Sinn. Wenn all unsere weltlichen Güter weg wären, wäre das, was übrig bliebe, vielleicht unsere grundlegendste Ressource.

Wert und Geltung

Oft nutzen wir Geld als Kurzform, um den Wert von etwas zu beschreiben. Die tiefere Bedeutung dieses Hauses liegt also darin, unsere Wertvorstellungen zu enthüllen: Es zeigt, worauf wir Wert legen und wie wir uns letztendlich selbst wertschätzen.

Materieller Besitz

Das 2. Haus zeigt unser Besitzgefühl an – was wir besitzen und was wir gern besitzen würden. Traditionell ist dies das Haus des »beweglichen Eigentums«: Gegenstände, Besitztümer und alle materiellen Güter, die wir sammeln.

PLANETEN IN DIESEM HAUS

Sehen Sie sich die Planeten im 2. Haus an und erkennen Sie deren Einfluss auf Ihre Energien und Schwerpunkte. Ein volles Haus zeigt einen wichtigen Bereich Ihres Lebens an.

☉ **Sonne** Die Verbindung zur materiellen Welt oder das eigene Einkommen ist für Sie vielleicht ein Erfolgsmerkmal oder ein Abbild Ihrer Kreativkraft.

☽ **Mond** Emotionale und materielle Sicherheit sind stark miteinander verbunden, Besitztümer haben eine entsprechende Bedeutung. Sie mögen es, etwas auf der hohen Kante zu haben.

☿ **Merkur** Kommunikationsfähigkeiten können eine wichtige Ressource sein, vielleicht sogar Ihre Einkommensgrundlage. Wertvoller Besitz können Bücher und andere Gegenstände sein, die Sprache würdigen.

♀ **Venus** Hier ist Sinnlichkeit im Spiel, ein Verlangen nach Körperkontakt oder der Wunsch, sich mit schönen Dingen zu umgeben, die materiellen Genuss bringen.

♂ **Mars** Sie werden von dem Ehrgeiz angetrieben, Ihre materiellen Verhältnisse zu verbessern. Es könnte Ihnen wichtig sein, allein von Ihren eigenen Mitteln zu leben.

♃ **Jupiter** Dank Ihrer Wahrnehmung von Fülle und Ihrer zuversichtlichen Einstellung zum Geld kommt es ganz natürlich zu Ihnen. Sie können unabhängig von Ihrem Kontostand finanziell in bester Stimmung sein.

♄ **Saturn** Sie gehen vorsichtig und klug mit Geld um. Sie arbeiten wahrscheinlich hart dafür und erwarten nichts umsonst. Sie schätzen praktische Güter und Autarkie.

♅ **Uranus** Ihre Finanzsituation kann sich unvermittelt ändern, vielleicht weil Sie sich nicht absichern. Ihr Einkommen stammt möglicherweise aus unabhängiger freiberuflicher Arbeit.

♆ **Neptun** Ihr Wertesystem wird eher von Wohltätigkeit als von praktischen Überlegungen bestimmt. Fantasie oder künstlerische Begabung kann eine Quelle Ihres Einkommens und Selbstwertgefühls sein.

♇ **Pluto** Materielle Ressourcen sind bei Ihnen veränderlich, was sich im übertragenen Sinn anfühlen kann wie Tod und Auferstehung. Solche Zeiten stellen Ihre Überlebensfähigkeit auf die Probe und fördern Ihre innere Stärke.

⚷ **Chiron** Durch eigene Erfahrungen reagieren Sie vielleicht sensibel auf Armut oder Ressourcenmangel. Bei Ihrer Arbeit geben Sie anderen möglicherweise Hilfestellung in diesem Bereich.

ZEICHEN UND DIESES HAUS

Verfeinern Sie das Bild, indem Sie das Zeichen an der Spitze des 2. Hauses sowie die Zeichen, in denen die Planeten in diesem Haus stehen, betrachten.

♈ **Widder** Planeten in Widder wirken hier daraufhin, Sicherheit zu schaffen und zu erhalten. Widder an der Hausspitze führt zu einem unabhängigen und eigenmotivierten Ansatz, wenn es um die persönlichen Finanzen geht.

♉ **Stier** Stier mit seiner Verbindung zu langsamem Zuwachs und den materiellen Freuden passt gut in dieses Haus. Sie fühlen sich eins mit der Natur.

♊ **Zwillinge** Zwillinge stehen für leichte Verspieltheit, vielleicht nehmen Sie also diesen Lebensbereich nicht allzu ernst. Ihr Einkommen könnte aus zwei Quellen stammen.

♋ **Krebs** Sie haben das Bedürfnis, Besitz zu schützen, und ein Gespür für das Auf und Ab von Einkommen. Bei Ihren persönlichen Finanzen können Sie auch einfallsreich sein.

♌ **Löwe** Ihr materielles Vermögen gibt Ihnen Stolz und Selbstwertgefühl. Was Sie gern besitzen oder sammeln, hat häufig einen Goldrand – Sie genießen gute Qualität.

♍ **Jungfrau** Sparsamkeit ist Ihr Markenzeichen. Ihr Motto: »Wer den Pfennig nicht ehrt, ist des Talers nicht wert« – und die Übersicht behalten Sie mit einer Tabelle.

♎ **Waage** Dieses Zeichen wünscht sich Harmonie, Kunstsinn und guten Geschmack. So gehen Sie auch an Ihre Besitztümer und materiellen Güter heran. Sie bevorzugen getrennte Kassen.

♏ **Skorpion** In diesem Haus steht Skorpion für Phasen von Aufschwung und Abschwung. Jede Krise stärkt Ihre Resilienz und fördert Ihren finanziellen Scharfsinn. Ihre Finanzen halten Sie lieber unter Verschluss.

♐ **Schütze** Sie hauen eher auf den Putz, als auf jeden Cent zu achten – finanzielle Zurückhaltung liegt Ihnen nicht. Sie brauchen die Freiheit, Geld ausgeben oder spenden zu können.

♑ **Steinbock** Vernunft und Finanzplanung haben die Oberhand, Ihr Einkommen stammt aus Ihrer eigenen harten Arbeit. Gutes Inventar sorgt für Ordnung in der materiellen Welt.

♒ **Wassermann** Sie glauben ans Teilen, wirtschaftliche Gleichberechtigung und ein Stück vom Kuchen für alle. Die Gaben des Geistes sind Ihnen mehr wert als Besitztümer.

♓ **Fische** Ihr Verhältnis zu Finanzen ist oft realitätsfern. Sie wissen nie genau, wie viel Sie auf dem Konto haben. Sie können großzügig bis zur Besitzaufgabe sein.

3. HAUS

KOMMUNIKATION

Im 3. Haus entwickeln wir Sprache und Kommunikationsfähigkeiten. Hierher gehören Erfahrungen aus der Grundschule und unsere Beziehungen zu Geschwistern, Cousins, Cousinen und Schulfreunden. Ihre Planeten in diesem Haus zeigen, wie Sie Ihre Ideen entwickeln und wie Sie sie kommunizieren.

Kommunikation und Sprache

Das 3. Haus ist das Revier des Geistes und steht dafür, wie wir Sprache und unseren Kommunikationsstil entwickeln. Planeten in diesem Haus bilden die mentale Wahrnehmung ab und zeigen, wie Sie Ihre Vorstellungen ausdrücken.

Geschwister

Durch die Beziehung zu unseren Geschwistern erkunden wir die Welt und üben uns in Kommunikation. Hier sehen wir, wo wir im Geschwisterbaum sitzen, wie diese frühen Hierarchien von Gleichaltrigen uns beeinflussen und Muster für unser späteres Handeln festlegen.

Kurzreisen und direkte Umgebung

Hier interagieren wir mit denen und dem, was uns umgibt, indem wir netzwerken oder mit unserem bevorzugten Transportmittel umherfahren. Anders als im 9. Haus geht es hier um die Welt direkt vor unserer Tür.

Grundschulbildung

Dieses Haus beschreibt die Grundschulbildung und wie wir uns Wissen beschaffen. Die schulische Umgebung stellt eine komplexere Umwelt aus Gleichaltrigen dar, Ihre Planeten im 3. Haus spiegeln wider, welche Gefühle das bei Ihnen hervorgerufen hat.

PLANETEN IN DIESEM HAUS

Sehen Sie sich die Planeten im 3. Haus an und erkennen Sie deren Einfluss auf Ihre Energien und Schwerpunkte. Ein volles Haus zeigt einen wichtigen Bereich Ihres Lebens an.

☉ **Sonne** Mit der Sonne im 3. Haus sind Sprache und Kommunikation oder das Entwickeln von Ideen Ihr Lebensquell. Ein Bruder oder eine Schwester war vielleicht ein frühes Vorbild.

☽ **Mond** Lernen fühlt sich für Sie natürlich an, Sie saugen Informationen mühelos auf oder nehmen sie intuitiv wahr. Vielleicht hatten Sie eine starke emotionale Bindung zu einem Ihrer Geschwister.

☿ **Merkur** Ihr Geist verknüpft blitzschnell einzelne Informationen. Unter Gleichaltrigen waren Sie vielleicht der Clown oder nahmen die Rolle des Geschichtenerzählers ein.

♀ **Venus** Mit Venus im 3. Haus mögen Sie vielleicht romantische Literatur oder beschäftigen sich viel mit Liebe und Schönheit. Die harmonischen Beziehungen mit Ihren Geschwistern fußen auf gegenseitiger Anerkennung.

♂ **Mars** Ihre Kommunikation hat immer mit Wettbewerb zu tun. Vielleicht mussten Sie zu Hause kämpfen, um gehört zu werden. Für Sie liegen in Worten Macht und Stärke.

♃ **Jupiter** Sie wissen wahrscheinlich immer etwas zu sagen, Ihr Geist ist ein echter Ideengenerator. Fremdsprachen liegen Ihnen. Sie haben eine optimistische Einstellung.

♄ **Saturn** Lernen ist eine ernsthafte Angelegenheit für Sie. Möglicherweise haben Sie für Ihre Geschwister Verantwortung übernommen oder sich als Meister Ihres Fachs Ansehen verschafft.

♅ **Uranus** Ihr Geist arbeitet blitzschnell. Sie können unbeirrt in Ihrem Denken sein und haben ein Talent dafür, die Gegenposition zu präsentieren.

♆ **Neptun** Intuitive Wahrnehmung steht hier im Vordergrund. Die Fakten sind weniger wichtig als das Gefühl, das sie vermitteln, oder die Geschichte, in die sie eingebettet sind.

♇ **Pluto** Mit Ihrem detektivischen Spürsinn dringen Sie tief in Zusammenhänge ein, um an Informationen zu gelangen. Lernen und Sprache können transformativ sein, Worte vermitteln für Sie Macht.

⚷ **Chiron** Diese Stellung kann eine unorthodoxe Schulsituation anzeigen, die anfangs vielleicht Ihr Selbstvertrauen beschädigte, dann aber zu einer einzigartigen Sichtweise führte.

ZEICHEN UND DIESES HAUS

Verfeinern Sie das Bild, indem Sie das Zeichen an der Spitze des 3. Hauses sowie die Zeichen, in denen die Planeten in diesem Haus stehen, betrachten.

♈ **Widder** Ihr Geist arbeitet schnell und Sie sagen, was Sie denken. Es könnte eine Rivalität mit einem Geschwisterteil bestehen mit dem Gefühl, sich in dessen Gegenwart durchsetzen zu müssen.

♉ **Stier** Sie müssen in Ihrem Tempo und methodisch lernen, das Ergebnis muss praktisch und nutzbar sein. Vielleicht suchen Sie nach Wissen über materielle Dinge – Gärtnern, Bildhauerei oder wie man eine Mauer baut.

♊ **Zwillinge** Sie erkennen schnell Muster, können gut netzwerken und in Ihrer unmittelbaren Umgebung Verbindungen knüpfen. Sie müssen all Ihre Gedanken verbalisieren.

♋ **Krebs** Sie wählen wahrscheinlich nonverbale Kommunikationsformen, die Gefühle besser übermitteln. Ihren Geschwistern gegenüber fühlen Sie sich als Beschützer.

♌ **Löwe** Sie bringen Ihre Gedanken kühn und selbstbewusst zum Ausdruck, denn Ihre Kommunikationsfähigkeiten und Ihr Wissen machen Sie stolz.

♍ **Jungfrau** Ihre unmittelbare Umgebung halten Sie sauber und ordentlich, ob gejäteter Garten oder gefegter Weg. Informationen müssen organisiert werden. Sie haben ein Talent für präzise Beobachtungen.

♎ **Waage** Faire Kommunikation auf Augenhöhe ist hier wichtig, ein diplomatischer Ansatz und die Fähigkeit, zwischen unterschiedlichen Perspektiven zu vermitteln.

♏ **Skorpion** Sie genießen es, in Themen, die Ihre Leidenschaft wecken, einzutauchen und zu recherchieren … und Sie wissen wahrscheinlich auch genau, was die Nachbarn so treiben.

♐ **Schütze** Ihre unmittelbare Umgebung sehen Sie als weitläufiges Revier voll endloser Möglichkeiten. Lernen muss sich für Sie wie eine Suche anfühlen, angefüllt mit Erwartungen und Abenteuergeist.

♑ **Steinbock** Sie denken praktisch, können Informationen rasch ordnen und sorgen dafür, dass Lern- oder Planzeit vor allem produktiv ist.

♒ **Wassermann** Vielleicht hatten Sie in der Schule eine bunte Freundesgruppe und spürten ein starkes Zugehörigkeitsgefühl. Ihr Lernansatz ist demokratisch und eher rational.

♓ **Fische** Sie nehmen Informationen osmotisch auf, Auswendiglernen liegt Ihnen nicht. Ihre Sprache ist voller Poesie und Bücher sind Ihr Fluchtweg in die Welt der Fantasie.

4. HAUS

HEIM UND FAMILIE

Das 4. Haus beschreibt unser Heim und unseren Ort der Sicherheit und des Rückzugs sowohl im wörtlichen als auch im übertragenen Sinn. Es ist der Schmelztiegel der Familie und umfasst Abstammung und Herkunft. Damit sagt es auch etwas darüber aus, wie wir zu unserem Erbe stehen.

Heim

Das 4. Haus beschreibt unser Verständnis von »Zuhause« als Ort des Rückzugs und der Zugehörigkeit und gleichzeitig das tatsächliche Heim, in dem wir leben. Es zeigt, wie Sie Ihr Zuhause wahrnehmen – als Ort, wo man die Jacke an den Haken hängt, oder als Hort der Unantastbarkeit und Sicherheit.

Ahnen und Geschichte

Unser Sinn für die Vergangenheit – sowohl in persönlicher als auch in historischer Hinsicht – gehören ebenfalls zum 4. Haus, genauso das kulturelle Erbe, die Verbindung zum Heimatland und das uralte Konzept, für das eigene Land zu sorgen.

Familie

Hier tauchen sowohl unsere Blutsverwandten als auch unsere Wahlverwandtschaft auf. Das 4. Haus spiegelt den Wunsch nach Zugehörigkeit wider. Wer hier persönliche Planeten hat, legt vielleicht besonderen Wert auf seine Herkunft.

Grundlagen und Privatsphäre

Hier finden wir unser inneres Gravitationszentrum, indem wir einen sicheren Ort in uns selbst entwickeln. Das 4. Haus ist unser Rückzugsort und zeigt, wie wir sind, wenn sich die Tür hinter uns schließt und die Welt uns nicht mehr zusieht.

PLANETEN IN DIESEM HAUS

Sehen Sie sich die Planeten im 4. Haus an und erkennen Sie deren Einfluss auf Ihre Energien und Schwerpunkte. Ein volles Haus zeigt einen wichtigen Bereich Ihres Lebens an.

☉ **Sonne** Ihr Zuhause ist der Lebensmittelpunkt, dort kann Ihr Licht am hellsten strahlen. Sie identifizieren sich stark mit Ihrer Herkunft, Ihrem Land oder Ihrer Kultur.

☽ **Mond** Sie fühlen sich Ihrer Familie emotional sehr nahe. In Ihrem Privatbereich können Sie Ihre emotionalen Energien wieder aufladen.

☿ **Merkur** Ihr Heim ist vielleicht ein Ort des lebendigen Gesprächs und Austauschs. Oder Ihr frühes Leben war von häufigen Veränderungen und Umzügen geprägt.

♀ **Venus** Sie schaffen sich selbst einen friedlichen Lebensraum. Kunstsinn liegt vielleicht in der Familie oder in Ihrem Elternhaus wurde viel Wert auf Kultur gelegt.

♂ **Mars** Ihr frühes Leben war möglicherweise von Konkurrenz geprägt, die Atmosphäre stets konfliktgeladen. Rückzug kann für Sie bedeuten, sich voller Energie in die Hausarbeit zu stürzen.

♃ **Jupiter** Sie entfernen sich vielleicht weit von zu Hause, bevor Sie sich niederlassen – oder fühlen sich wie ein Reisender, der um sich herum ständig neue Welten entdeckt.

♄ **Saturn** Sie brauchen etwas Festes, ein solides Fundament unter Ihren Füßen. In der Familie sind Sie vielleicht die Person, der immer die Verantwortung übernimmt.

♅ **Uranus** Frühe Unabhängigkeit war ein zentrales Thema. Sie mieten lieber, statt zu kaufen, damit Sie von Zeit zu Zeit die Umgebung wechseln können.

♆ **Neptun** An dieser Stelle deutet Neptun eine Suche nach dem idealen Schutzraum an, nach einem Ort des beseelten Rückzugs. Ein spirituelles Prinzip kann Ihr inneres und äußeres Fundament sein.

♇ **Pluto** Ihr Zuhause ist Ihr Machtzentrum. Hier zeigt Pluto Renovierungsarbeiten an – vielleicht im wörtlichen Sinn, vielleicht auch als Wunsch, durch einen Umzug ein neues Leben zu beginnen.

⚷ **Chiron** Diese Stellung kann auf ein frühes Gefühl der Verdrängung oder fehlender Zugehörigkeit hinweisen. Es könnte eine Weile dauern, bis Sie Ihren eigenen Bereich finden und dort Wurzeln schlagen.

ZEICHEN UND DIESES HAUS

Verfeinern Sie das Bild, indem Sie das Zeichen an der Spitze des 4. Hauses sowie die Zeichen, in denen die Planeten in diesem Haus stehen, betrachten.

♈ **Widder** Widder kann eine Atmosphäre der Rivalität in Ihrem frühen Zuhause andeuten. Vielleicht haben Sie daraus gelernt, sich in der Familiengruppe zu behaupten.

♉ **Stier** Ihr Heim muss solide und sicher sein. Sie können sich in diesem Lebensbereich Zeit lassen und die Dinge langsamer angehen.

♊ **Zwillinge** Vielleicht haben Sie zwei Wohnorte oder zwei Abstammungslinien. Möglich wäre auch, dass Sie Loyalitätskonflikte spüren oder das Gefühl haben, zwischen zwei Kulturen zu wechseln.

♋ **Krebs** Krebs macht aus dem 4. Haus ein gemütliches Nest, einen Ort der Sicherheit und des Schutzes. Ihn schaffen Sie für Ihre Familie und brauchen ihn wohl auch für sich.

♌ **Löwe** Auf Ihr Zuhause sind Sie stolz, dort fühlen Sie sich veranlasst, kreatives Gespür zu zeigen oder ein bisschen zu protzen. Grundbesitz kann Ihnen wichtig sein.

♍ **Jungfrau** Sie müssen um sich herum erst Ordnung schaffen, bevor Sie sich ausruhen können. Aus Pflichtgefühl gegenüber Familienmitgliedern nehmen Sie oft die Rolle der oder des Pflegenden an.

♎ **Waage** In Ihrer Erziehung wurde vielleicht Wert aufs Teilen gelegt, Gerechtigkeit ist Ihnen immer noch wichtig. In Ihrer Familie könnten Sie Brückenbauer oder Diplomatin sein.

♏ **Skorpion** Die Bindung zu Ihren Eltern kann stark sein, vieles wurde aber vielleicht nie ausgesprochen. Ihr idealer Rückzugsort bietet völlige Abgeschiedenheit, sodass Sie die Welt aussperren können.

♐ **Schütze** Multikulturalität war in Ihrer Familie wichtig, die Türen standen immer allen offen. Wer Schütze im 4. Haus hat, kommt oft aus einer großen Familie oder gründet eine.

♑ **Steinbock** Ihr Zuhause sehen Sie ganz pragmatisch. Wenn hier alles gut organisiert ist, haben Sie eine solide Plattform, von der aus Sie agieren können.

♒ **Wassermann** Zu Ihnen passt das Leben in der Gemeinschaft – entweder in einer Kommune oder WG oder ganz einfach als Ort, wo Sie eine bunte Schar interessanter Freunde um sich versammeln können.

♓ **Fische** Ein Haus am Wasser oder voller Musik bringt Ihnen inneren Frieden. Vielleicht liegt Musik oder Kunst in der Familie und ist Teil Ihrer Herkunft.

5. HAUS

KREATIVITÄT UND KINDER

Das 5. Haus umfasst Kreativität, Spiel und Freizeit. Unsere Aktivitäten hier bringen uns Freude und Glück und verstärken unser Gefühl, besonders und einzigartig zu sein. Kinder unterstehen ebenfalls diesem Haus, genau wie Romantik und Glücksspiel.

Kreativität und Selbstentfaltung

Die traditionelle Astrologie ordnet Kinder diesem Haus zu, denn sie gelten als ultimativer freudvoller Ausdruck der Kreativität. Das 5. Haus beschäftigt sich mit der Vorstellung des eigenen Nachlasses – etwas zu schaffen, was dauerhaft Zeugnis unseres inneren Geistes abgibt.

Entspannung

Das 5. Haus ist das »innere Kind«. Als Erwachsene verdrängen wir diesen Teil von uns oft – wir fühlen uns schuldig, wenn wir uns vordrängeln oder uns Zeit für die schönen Dinge im Leben nehmen. Doch was wir aus reinem Vergnügen und zur Entspannung tun, stärkt unsere Lebensgeister.

Romantik

Die Planeten in diesem Haus sind Symbole dafür, wie wir anderen unsere Liebe zeigen, wie wir anderen und uns selbst das Gefühl geben, etwas Besonderes zu sein. Liebespaare und Romantik unterstehen diesem Haus – der Aspekt einer Beziehung, der in uns Leidenschaft weckt.

Wetten und Spiel

In dieses Haus gehört auch das Glücksspiel: Dazu zählen alle Formen von Risikobereitschaft und Spekulation, im wörtlichen und im übertragenen Sinn. Mit den Aktivitäten des 5. Hauses setzen wir oft viel aufs Spiel und brauchen Mut und Selbstvertrauen, um Projekte zu Ende zu bringen.

PLANETEN IN DIESEM HAUS

Sehen Sie sich die Planeten im 5. Haus an und erkennen Sie deren Einfluss auf Ihre Energien und Schwerpunkte. Ein volles Haus zeigt einen wichtigen Bereich Ihres Lebens an.

Sonne Sie sind ein geborener Darsteller oder kreativer Künstler, stehen gern im Rampenlicht oder widmen sich mit Leib und Seele Ihrer kreativen Arbeit. Sie brauchen Aufmerksamkeit und Lob.

Mond Sie haben ein Faible für die spielerische Welt der Kinder, was in Ihrer mühelosen Kreativität und lebenslustigen Seite zum Ausdruck kommt. Ihre persönlichen Bedürfnisse müssen im Mittelpunkt stehen.

Merkur Ihre kreativen Impulse drehen sich um Wörter und Kommunikation – etwa in Form originellen Schreibens oder Geschichtenerzählens. Dafür möchten Sie gelobt werden, weil diese Seite an Ihnen strahlen kann.

Venus Für Sie steht Romantik im Zentrum einer Beziehung und das Gefühl, dass Sie wertgeschätzt werden und Ihre Attraktivität bewundert wird. Ihre Kreativität drücken Sie vielleicht über Design oder Mode aus.

Mars Für Sie kann sexuelle Potenz eine Form der Selbstentfaltung sein. Beim Spielen wollen Sie gewinnen. Eigene Kinder könnten Ihren Kampfgeist wecken.

Jupiter Sie entscheiden sich möglicherweise für eine große Familie oder genießen einfach Urlaub und Freizeit. Sich Zeit für Vergnügungen zu nehmen ist für Sie erholsam.

Saturn Ihr liebstes Hobby ist vielleicht Schach oder etwas ähnlich Strategisches. Was kreatives Arbeiten angeht, können Sie großes Geschick erlangen, ob bei der Veranstaltungsplanung, der Bildhauerei oder beim Töpfern.

Uranus Sie haben das Potenzial für wahre kreative Originalität, aber vielleicht tun Sie sich schwer damit, sie Gestalt annehmen zu lassen, weil immer eine Idee die nächste jagt.

Neptun Musik oder Poesie zieht Sie an und Sie verlieren sich leicht in künstlerischen Aktivitäten. Diese können ein Gefühl emotionaler und spiritueller Erfüllung wecken.

Pluto Kinder zu haben oder kreativ zu sein wird bei Ihnen zu einer verzehrenden und transformierenden Erfahrung. Das gibt Ihnen eine tiefe, unangreifbare Kraft und Vertrauen in sich selbst.

Chiron Vielleicht waren Sie adoptiert oder ein Pflegekind. Jede Form von Spiel kann helfen, das verletzte Kind zu nähren, in sich und in anderen.

ZEICHEN UND DIESES HAUS

Verfeinern Sie das Bild, indem Sie das Zeichen an der Spitze des 5. Hauses sowie die Zeichen, in denen die Planeten in diesem Haus stehen, betrachten.

Widder Beim Sport brauchen Sie echte Action, um überschüssige Energie abzubauen, oder das Gefühl von leichter Gefahr. Risiken einzugehen ist für Sie ganz natürlich.

Stier Sie verwenden gern erdige Materialien für Ihre kreativen Arbeiten und stellen handfeste Gegenstände her. Romantische Begegnungen haben einen sinnlichen Aspekt.

Zwillinge Für Sie kann eine Liebesaffäre ein Treffen der Geister sein, es hängt von der intellektuellen Verbindung ab, ob Sie jemanden attraktiv finden. Kreativ sind Sie wahrscheinlich im verbalen Bereich.

Krebs Stolz setzen Sie Ihre pflegerischen Fähigkeiten ein – oder kümmern sich um die Familie, die Sie gegründet haben. Urlaub am Meer oder an abgelegenen Orten sagt Ihnen zu.

Löwe Löwe verstärkt hier die Kraft der Kreativität und nährt damit das Gefühl, dass das Leben freudvoll und mit Bedeutung angefüllt ist. Sie bringen Warmherzigkeit in Liebe und Beziehungen.

Jungfrau Sie gehen kreative Projekte mit Präzision an, neigen aber vielleicht auch dazu, Ihr kreatives Licht unter den Scheffel zu stellen. Ein Arbeitsurlaub sagt Ihnen mehr zu als reine Entspannung.

Waage Für Sie muss ein kreatives Werk schön und gestalterisch gelungen sein, in dieser Hinsicht streben Sie nach Perfektion. Auch in der Liebe zieht klassische Schönheit Sie an.

Skorpion Romantik wird durch Loyalität und Leidenschaft gefördert, kann durch Intrigen und Eifersucht jedoch zerbrechen. Ihr Humor ist oft ein wenig gewagt.

Schütze Langstreckenlauf oder Bogenschießen sind Sportarten, die Ihnen Spaß bringen. Urlaub machen Sie am liebsten weit weg von zu Hause.

Steinbock Für Glücksspiel haben Sie nicht viel übrig – und wenn doch, gehen Sie nur kalkulierte Risiken ein. Kreativität und Kinder gehen Sie mit ernsthaftem Pflichtgefühl an.

Wassermann Wenn man Sie für das schätzt, was Sie von anderen abhebt, fühlen Sie sich einzigartig und wertvoll. Romanzen können aus Freundschaften entstehen und Sie bevorzugen Offenheit und Ehrlichkeit.

Fische Sie können sich in einer romantischen Affäre verlieren und im siebten Himmel schweben – oder auf die Nase fallen, weil Sie den Partner durch die rosarote Brille sehen.

6. HAUS

GESUNDHEIT UND WOHLBEFINDEN

Das 6. Haus ist das Haus der Arbeit und Dienstleistungen. Hier kümmern wir uns um die anstehenden Aufgaben, die täglichen Routinearbeiten und Pflichten, mit denen wir unsere Brötchen verdienen und Körper und Geist einsatzfähig halten.

Tägliche Arbeit

Im 6. Haus setzen wir uns mit der alltäglichen Realität des Arbeitslebens auseinander. Es zeigt, wie sich der Alltagstrott für Sie anfühlt und was Sie tun können, um hier etwas zu verbessern. Auch Ihre Einstellung zu Arbeitspflichten wird sichtbar.

Gesundheit

Das 6. Haus beschreibt die Gesundheit im Sinne täglicher Instandhaltung. Körperliche Routinen halten die physischen Funktionen am Laufen und dieses Haus gibt Hinweise darauf, welche Art von täglicher Bewegung oder Gesundheitsprogramm am besten zu Ihnen passt.

Routinen und Rituale

Aktivitäten in diesem Haus können ein wichtiger Anker sein. Das betrifft alle Rituale, die unsere Lebenskulisse bilden. Die meisten von uns würden lieber in den Urlaub fahren, als den Boden zu schrubben, aber wenn wir die Routinearbeiten schleifen lassen, kommt irgendwann alles zum Stillstand.

Dienstleistungen

Im 6. Haus steht unsere Beziehung zu denjenigen, die uns dienen oder für uns arbeiten. Es beschreibt auch, wie wir anderen dienen und welche Gefühle dies in uns hervorruft. Wer im Dienstleistungssektor arbeitet, hat oft Planeten im 6. Haus.

PLANETEN IN DIESEM HAUS

Sehen Sie sich die Planeten im 6. Haus an und erkennen Sie deren Einfluss auf Ihre Energien und Schwerpunkte. Ein volles Haus zeigt einen wichtigen Bereich Ihres Lebens an.

☉ **Sonne** Das Arbeitsleben ist ein wichtiger Bereich für Sie, vielleicht sind sie im Gesundheitswesen oder Dienstleistungssektor tätig. Produktiv zu sein, gibt Ihnen ein Gefühl der Sinnhaftigkeit.

☽ **Mond** Eine Arbeit im Gastgewerbe könnte Ihnen liegen, da Sie gut darin sind, sich um tägliche Bedürfnisse zu kümmern. Der Kontakt zu Ihren inneren Empfindungen könnte wichtig für Sie sein, um gesund zu bleiben.

☿ **Merkur** Ihre besondere Kunstfertigkeit könnte damit zu tun haben, dass Sie Ihre Hände für die Kommunikation einsetzen oder sehr handfertig sind. Zur täglichen Arbeit gehört möglicherweise das Netzwerken in einer mobilen Umgebung.

♀ **Venus** Sie sind bei Ihren Kollegen beliebt, vielleicht bündeln Sie die Arbeitskräfte. Oder Sie lösen Konflikte, denn Sie brauchen eine friedliche Arbeitsumgebung.

♂ **Mars** In Ihrem Alltag ist immer etwas los. Am lebendigsten fühlen Sie sich, wenn Sie in Ihrem eigenen schnellen Tempo arbeiten können. Flotte tägliche Bewegung hält Sie gesund.

♃ **Jupiter** Sie krempeln gern die Ärmel hoch und ziehen Befriedigung aus dem Gefühl, gute Arbeit geleistet zu haben. Manchmal nehmen Sie sich zu viel vor, weil Sie überschätzen, was Sie an einem Tag schaffen können.

♄ **Saturn** Ihre Pflichten nehmen Sie sehr ernst. Möglicherweise sind Sie gut im Heimwerken oder in einem Bauhandwerk und Sie achten immer auf effiziente Abläufe.

♅ **Uranus** Sie brauchen wahrscheinlich etwas Aufregung im Alltag. Freiberufliches Arbeiten könnte Ihnen liegen, weil Sie dann Ihren eigenen Abläufen und Zeitplänen folgen können.

♆ **Neptun** Ihre Begabung könnte darin liegen, ein Instrument zu spielen. Dann üben Sie täglich, um Ihre Kunstfertigkeit zu perfektionieren. Mit Druck im Arbeitsumfeld kommen Sie schwer klar.

♇ **Pluto** Sie lassen Aufgaben oft liegen, bis sie Sie zu überwältigen drohen, und erledigen dann alles auf einmal. Intensive tägliche Bewegung und ein Augenmerk auf Ihre Ernährung halten Sie gesund.

⚷ **Chiron** Vielleicht haben Sie ein besonderes Interesse an Komplementärmedizin oder arbeiten in diesem Bereich. Für Ihre Kollegen können Sie ein mitfühlender Mentor sein.

ZEICHEN UND DIESES HAUS

Verfeinern Sie das Bild, indem Sie das Zeichen an der Spitze des 6. Hauses sowie die Zeichen, in denen die Planeten in diesem Haus stehen, betrachten.

♈ **Widder** Sie sind wahrscheinlich ständig aktiv und wollen an einem Arbeitstag möglichst viel ereichen. Die Hausarbeit erledigen Sie im Handumdrehen.

♉ **Stier** Sie kommen am besten mit einem langsamen Arbeitstempo zurecht, sodass Sie jede Aufgabe ohne unnötigen Druck erledigen können. Um gesund zu bleiben, sollten Sie auf die Bedürfnisse Ihres Körpers achten.

♊ **Zwillinge** Ihr Alltag ist zweifellos arbeitsreich und Ihr Wohlbefinden profitiert von der täglichen Vielfalt. Sie gehen geschickt mit Geräten um und wollen wissen, wie Dinge funktionieren.

♋ **Krebs** Ihre Kollegen sind wie Familienmitglieder für Sie und es ist Ihnen wichtig, emotional auf einer Wellenlänge mit ihnen zu liegen. Vielleicht übernehmen Sie hier eine Mutterrolle oder arbeiten im Pflegebereich.

♌ **Löwe** Weil Ihr Identitätsgefühl von Ihrer täglichen Arbeit abhängt, muss diese von Ihrer Autorität geprägt sein und genug Raum bieten, damit Sie Ihren einzigartigen, kreativen Ansatz verfolgen können.

♍ **Jungfrau** Sie schenken auch niederen Pflichten Aufmerksamkeit und erledigen sie gern mit Muße und ordentlich. Um gesund zu bleiben, sollten Sie auf Ihre Ernährung achten.

♎ **Waage** Diplomatie kann Ihnen am Arbeitsplatz nützen, um die harmonische Umgebung zu schaffen, die Sie brauchen. Sie fühlen sich wohl, wenn Sie körperlich ausgeglichen sind.

♏ **Skorpion** Um gesund zu bleiben, brauchen Sie viel Bewegung oder müssen sich auf Ihre täglichen Aufgaben stürzen. Nach intensiver Aktivität brauchen Sie aber Ruhe, damit es nicht zum Burn-out kommt.

♐ **Schütze** In Ihrem Tagesablauf kommen Sie vielleicht viel herum. Im Arbeitsleben brauchen Sie Freiheit und eine gute Stimmung unter den Kollegen.

♑ **Steinbock** Sie brauchen die Gewissheit, dass Aufgaben ordentlich erledigt und dabei die Details beachtet werden. Sie mögen nützliche und produktive Systeme.

♒ **Wassermann** Sie arbeiten vielleicht in einer Gemeinschaft oder im Technologie- oder Wissenschaftssektor. Der Glaube an Arbeitsgerechtigkeit kann Ihre Berufswahl beeinflussen.

♓ **Fische** Ihr Alltag hat ein eigenes Tempo, Zeiterfassung ist oft nicht Ihre Stärke. Ihnen missfällt die gewöhnliche Routine, doch sie kann Ihnen die dringend benötigte Struktur geben.

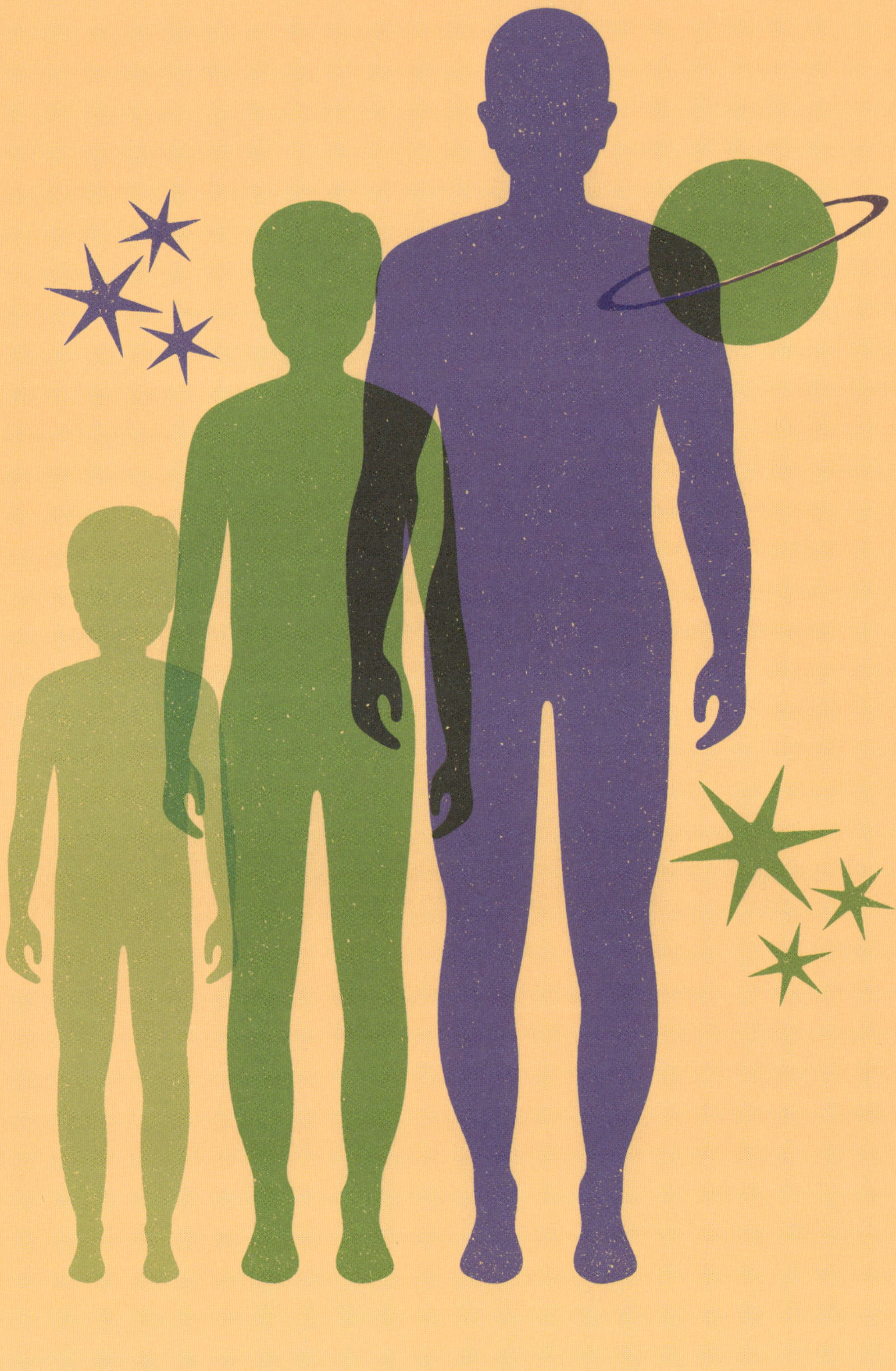

»DIE HÄUSER MIT DEN **MEISTEN PLANETEN** SYMBOLISIEREN DIE WICHTIGSTEN LEBENSBEREICHE UND ZEIGEN, WO DIE **AUFMERKSAMKEIT** LIEGT.«

7. HAUS

BEZIEHUNGEN

Das 7. Haus kennzeichnet traditionell Ehe und Partnerschaft, aber auch »offene Feinde«, Streit und Konflikte. Es ist das Haus der Verträge, aber auch des Rechtsstreits. Wenn wir genauer hinsehen, erkennen wir die interessanten Verbindungen zwischen diesen Aspekten.

Die andere Hälfte

Das 7. Haus beschreibt unser Gefühl des »Anderen«. Man könnte sagen, es stellt unseren Schatten dar, ein Bündel an Eigenschaften, mit denen wir uns nicht bewusst identifizieren. Was in unserem 7. Haus steht, zieht uns an, weil wir spüren, dass es der fehlende Teil zum großen Ganzen ist.

Projektion

Der Psychologe Carl Jung meinte mit Projektion einen Mechanismus, durch den jemand ein Wesensmerkmal oder Verhalten bei einem anderen Menschen erkennt ohne sich bewusst zu sein, dass es eigentlich sein eigenes ist. Im 7. Haus sind wir anfällig dafür.

Beziehungen

Dies ist das Haus der Ehe und anderer Vertragspartnerschaften. Ob Sie lieber den Ring am Finger tragen oder ungebunden sind, wird zu einem großen Teil auch von Ihrem Deszendenten und den Planeten in Ihrem 7. Haus mitbestimmt.

Offene Feinde

Das 7. Haus ist das »Haus der offenen Feinde«. Hierher gehören Rechtsstreite und die niederen Gerichtshöfe, wo Streitigkeiten zwischen zwei Parteien geschlichtet werden. Tatsächlich kann man die Partnerschaft auch als eine Art Zweikampf betrachten.

PLANETEN IN DIESEM HAUS

Sehen Sie sich die Planeten im 7. Haus an und erkennen Sie deren Einfluss auf Ihre Energien und Schwerpunkte. Ein volles Haus zeigt einen wichtigen Bereich Ihres Lebens an.

☉ **Sonne** Für Sie stehen Beziehungen im Zentrum des Lebens – aber Sie müssen im Bindungsprozess Ihre Individualität finden, ein wichtiger Bereich Ihrer Selbstentfaltung.

☽ **Mond** Sie umsorgen andere, sind empfänglich für ihre Bedürfnisse und sensibel gegenüber ihren Gefühlen. In Beziehungen suchen und bieten Sie Fürsorge und Schutz.

☿ **Merkur** Für Sie ist Intellekt attraktiv oder Ihre Beziehungen müssen auf Kommunikation und geistiger Verbindung beruhen. Bei anderen regen Sie Denkprozesse an.

♀ **Venus** Ihre Beziehungen beeinflussen Ihr Selbstwertgefühl, deshalb sind positive Rückmeldungen für Sie wichtig. Sie suchen einen Partner, der elegant und kultiviert ist.

♂ **Mars** Beziehungen sind für Sie ein Mittel, um Durchsetzungskraft zu entwickeln – aber es kann auch passieren, dass Sie um Überlegenheit kämpfen oder andere das Kommando übernehmen lassen.

♃ **Jupiter** Sie können motivieren und lehren, aber Sie halten andere für klüger und selbstbewusster als sich selbst. Vielleicht fühlen Sie sich zu einem Partner aus einem anderen Kulturkreis hingezogen.

♄ **Saturn** Sie nehmen Partnerschaften sehr ernst und binden sich für gute wie für schlechte Zeiten. Eventuell wählen Sie einen älteren Partner. Nach und nach entfaltet sich Ihre eigene innere Autorität.

♅ **Uranus** Wenn ein Partner Ihre Freiheit beschneidet, trennen Sie sich lieber von ihm. Ihre Partnerwahl erscheint unvorhersehbar, vielleicht hängt sie damit zusammen, inwiefern Sie Ihre Unabhängigkeit durchsetzen können.

♆ **Neptun** Sie sehnen sich nach der idealen Verbindung. Oft fällt es Ihnen schwer, die Menschen so zu sehen, wie sie sind – und nicht so, wie Sie sie gerne hätten.

♇ **Pluto** Partnerschaften betrachten Sie als Schmelztiegel der Transformation, doch die läuft nicht ohne Krisen und Machtkämpfe ab. Das kann Sie stark machen, sodass Sie auch andere stärken können.

⚷ **Chiron** Sie bieten anderen Mitgefühl und Akzeptanz, Ihre Motivation ist der Wunsch zu heilen. Zu Ihnen passt eine Beziehung, die mit Konventionen bricht.

ZEICHEN UND DIESES HAUS

Verfeinern Sie das Bild, indem Sie das Zeichen an der Spitze des 7. Hauses sowie die Zeichen, in denen die Planeten in diesem Haus stehen, betrachten.

♈ **Widder** Mit dem Aszendenten in Waage streben Sie nach Gerechtigkeit und Objektivität – doch im Bindungsprozess entwickeln Sie eine kriegerische Seite, die diese Haltung ergänzt und ausgleicht.

♉ **Stier** Sie suchen Stabilität und langfristige Loyalität in Ihren Beziehungen zu anderen. Das kann ein Ausgleich für die feurige Lebenseinstellung Ihres Skorpion-Aszendenten sein.

♊ **Zwillinge** Ihnen gefällt der Dialog mit anderen, in einer Beziehung brauchen Sie Vielfalt und Humor. Dabei lernen Sie, anderen die Visionen Ihres Schütze-Aszendenten begreiflich zu machen.

♋ **Krebs** In Beziehungen sind Sie gefühlvoller, als Ihr Steinbock-Aszendent vermuten lässt. Die Partnerwahl ist vom Verlangen bestimmt, ein Nest zu bauen und eine Familie zu gründen.

♌ **Löwe** Hinter Ihrem freundlichen Wassermann-Aszendenten kann ein geheimer Wunsch nach Lob und Aufmerksamkeit liegen. Durch Beziehungen lernen Sie, Ihr Licht nicht unter den Scheffel zu stellen und Ihre Einmaligkeit zu behaupten.

♍ **Jungfrau** Sie brauchen andere als Verbindung zur Realität. In einer Partnerschaft finden Sie das Gegengewicht zu der Poesie und den Tagträumen Ihres Fische-Aszendenten.

♎ **Waage** Ihrem selbstbewussten Widder-Aszendenten fällt es schwer, Kompromisse zu schließen. Beziehungen können frustrierend sein, stärken aber Ihre Unparteilichkeit.

♏ **Skorpion** Ihre Beziehungen sind von Intensität und Leidenschaft geprägt, auch wenn Ihr friedlicher Stier-Aszendent darüber hinwegtäuscht. Der Bindungsprozess bringt stärkende Transformation auf beiden Seiten.

♐ **Schütze** In Gesellschaft anderer können Sie die Informationen, die Ihr Zwilling-Aszendent sammelt, zusammenbringen und deren Bedeutung erkennen.

♑ **Steinbock** Sie brauchen Partner, Freunde und Verbündete, um den täglichen Ansturm der Gefühle und Eindrücke durch Ihren Krebs-Aszendenten zu begrenzen und zu stabilisieren.

♒ **Wassermann** In Beziehungen brauchen Sie eine demokratischere Einstellung, als sie ihr Löwe-Aszendent vorgibt. Partnerschaften müssen beiden Seiten Freiheit gewähren.

♓ **Fische** Selbstlos helfen Sie mit Ihren praktischen Fähigkeiten (Jungfrau-Aszendent) anderen. Mit dem Partner gehen Sie eine glückselige Vereinigung jenseits des Gewöhnlichen ein.

8. HAUS

INTIMITÄT UND GEMEINSAMER BESITZ

Im 8. Haus begegnen wir vielen der dunkleren Aspekte des Lebens. Hier können wir Verlust und emotionale Krisen erleben, aber auch tiefgreifende Transformation. Im 8. Haus sind die Intimität von Beziehungen und die Komplexität gemeinsamer Finanzen zu finden.

Tief, dunkel und geheimnisvoll

Tod, Verlust und Kompromisse im Zusammenhang mit Macht gehören zum 8. Haus. Sie stellen unser Gefühl der Kontrolle auf die Probe. Viele Themen in diesem Haus sind zutiefst privat und wecken ursprüngliche und mächtige Emotionen.

Gemeinsame Ressourcen

Das 8. Haus beschreibt gemeinsames Geld und gemeinsamen Besitz. Es kann zum tödlichen Kriegsschauplatz werden, wenn wir nicht aufpassen. Dieses Haus ist der Ort von Vertrauen und Misstrauen sowie der Schuld und finanziellen Verpflichtungen.

Intime Beziehungen

Nach den Vertragsbeziehungen des 7. Hauses führt uns das 8. Haus nun in das trübere Reich emotionaler Bindungen und unter die Oberfläche unserer Beziehungen: Es geht um Machtspiele, unausgesprochene Abmachungen und tiefer gehende Intimität.

Tod und Transformation

Krisen und Verluste mit anschließender Erneuerung kommen häufig in diesem Haus zum Tragen. Was uns im 8. Haus begegnet, sind oft unterdrückte Gefühle der Vergangenheit, doch stärkende Erfahrungen können hier auch zu großer innerer Kraft führen.

PLANETEN IN DIESEM HAUS

Sehen Sie sich die Planeten im 8. Haus an und erkennen Sie deren Einfluss auf Ihre Energien und Schwerpunkte. Ein volles Haus zeigt einen wichtigen Bereich Ihres Lebens an.

☉ **Sonne** Ihr Lebenszweck ist es, Tiefgründiges zu erforschen. Das kann durch Ihre Arbeit geschehen oder durch intime Beziehungen, in denen Sie sich bewähren müssen.

☽ **Mond** Sie sind sehr empfänglich für emotionale Unterströmungen und erfassen intuitiv Ungesagtes. Vielleicht haben Sie eine besondere Begabung dafür, sich um Menschen in Krisensituationen zu kümmern.

☿ **Merkur** Ihr durchdringender Geist interessiert sich für Forschung oder Geheimcodes und geheime Kommunikation. Oberflächliche Informationen stellen Sie nicht zufrieden.

♀ **Venus** Sie finden Macht verführerisch oder erlangen durch Partnerschaften finanziellen Gewinn. In intimen Beziehungen zeigen Sie Diplomatie, Zuneigung und Verhandlungsgeschick.

♂ **Mars** In Krisen sind Sie entschlussfreudig und spielen Ihre Stärke selbst unter widrigsten Umständen aus. Gemeinsame Finanzen können ein Versuchsgebiet sein, auf dem Sie einen eigenen Willen entwickeln.

♃ **Jupiter** Durch Ihre heitere Haltung überstehen Sie Extremsituationen und können andere unterstützen. Vielleicht bleiben Ihre Überzeugungen in Krise und Tranformation erhalten und gehen gestärkt daraus hervor.

♄ **Saturn** Intimität fällt Ihnen nicht leicht, Sie wahren lieber Ihre Grenzen und behalten die Kontrolle. Man vertraut Ihnen gerne Geld und tiefste Geheimnisse an.

♅ **Uranus** Sie bringen durch Klarheit und rationalen Diskurs Licht in die Geheimnisse des Lebens. In intimen Begegnungen kann es wichtig für Sie sein, Abstand zu halten.

♆ **Neptun** In einer engen Beziehung geben Sie alles und können so die spirituelle oder emotionale Verbindung erleben, die Sie in einer Partnerschaft suchen. Das kann aber auch dazu führen, dass Sie Opfer bringen oder sich verletzlich fühlen.

♇ **Pluto** Sie haben einen Riecher für Machtkämpfe und schlagen Ihre Widersacher mit deren eigenen Waffen. Ihre Überlebenskünste könnten in schwierigen Situationen oder durch finanzielle Verluste auf die Probe gestellt werden.

⚷ **Chiron** Sie können von tiefgründigen Therapieformen profitieren oder sie praktizieren. Sie verstehen den Schmerz des anderen und reichen ihm als mitfühlender Heiler die Hand.

ZEICHEN UND DIESES HAUS

Verfeinern Sie das Bild, indem Sie das Zeichen an der Spitze des 8. Hauses sowie die Zeichen, in denen die Planeten in diesem Haus stehen, betrachten.

♈ **Widder** Sie stürzen sich oft kopfüber in tiefe Gewässer, handeln erst und denken später nach. Vielleicht verlieben Sie sich spontan oder riskieren eine Investition, ohne vorher nachzudenken.

♉ **Stier** Ihre Haltung bei gemeinsamen Finanzen ist sicher und beständig – und Sie haben ein Auge für profitable Investitionen. Sie überstehen Krisen, weil Sie vernünftig und geerdet sind.

♊ **Zwillinge** Sie können gut tiefere Bedeutungen in Worte fassen, weil verborgene Motivation Sie neugierig macht. Intimität entsteht für Sie durch die Verbindung des Geistes.

♋ **Krebs** Sie schützen Ihre private Welt äußerst sorgfältig und haben ein gutes Gespür für emotionale Unterströmungen, die Sie tief beeindrucken können.

♌ **Löwe** Sie haben ein glückliches Händchen für gute Erträge aus Investitionen. Autonom über gemeinsame Finanzen entscheiden zu können ist Ihnen wichtig.

♍ **Jungfrau** Sie brauchen eine Weile, um Krisen und Katastrophen zu verarbeiten, aber Sie können in solchen Situationen auf Ihre Fähigkeit setzen, aus- und durchzuhalten.

♎ **Waage** Für Sie müssen gemeinsame Finanzen gerecht sein. Sie brauchen die Gewissheit, dass alles genau aufgeteilt wird und dass die Partnerschaft selbst ausgewogen ist.

♏ **Skorpion** Wenn Sie jemandem verfallen, dann mit Haut und Haar. Je enger Sie sich binden, desto mehr geben Sie. Bei Geld kann es mit dem Partner zu Machtspielchen kommen.

♐ **Schütze** Sie investieren gern in riskante Unternehmungen. Eine intime Beziehung betrachten Sie als Abenteuer und als Weg, um sich auszudehnen und Ihr Wissen zu erweitern.

♑ **Steinbock** Sie mischen Ihre Ressourcen nicht gern mit denen eines Partners. Ähnliche Grenzen ziehen Sie um Ihr Herz und wehren sich gegen mehr Engagement in Beziehungen.

♒ **Wassermann** Eine rationale Sicht auf das Unerklärte erlaubt Ihnen, das Echte von den Schatten zu trennen. Selbst in einer verbindlichen Beziehung brauchen Sie Abstand.

♓ **Fische** Für Sie ist tiefe Intimität eine Möglichkeit, über das Gewöhnliche hinauszugelangen und in den Armen eines Partners in eine magischere Welt aufzusteigen.

9. HAUS

SUCHE UND ABENTEUER

Im 9. Haus sitzt unser Gefühl für das, was hinter dem Horizont liegt. Es lädt uns zum Reisen ein – sowohl physisch durch Fernreisen als auch geistig durch höhere Bildung, Philosophie und religiöse Kontemplation. Ethik, Ideale und der Geist der Gesetze gehören ebenfalls hierher.

Suche nach Bedeutung

Im 9. Haus geht es um die Erforschung unbekannter Bereiche, um Erfahrung und Weisheit. Zudem geht es darum, ein besseres Verständnis zu erlangen – von uns selbst und von der Welt um uns herum.

Lehren und höhere Bildung

Im 3. Haus lernen wir in der Grundschule die Grundlagen, im 9. Haus gehen wir über Fakten und Analyse hinaus zur Sinnsuche und Synthese. Unsere Planeten in diesem Haus zeigen, wie wir mit dieser komplexeren Stufe des Lernens umgehen.

Philosophie, Glauben und Religion

Hier suchen wir Antworten auf die großen Fragen des Lebens: Philosophie, Politik und Recht finden sich im 9. Haus, auch Überzeugung, Religion, Glaube. Dies ist das Haus der moralischen Prinzipien und politischen Ideale, der Ethik und der Kodizes, nach denen wir leben.

Abenteuer und lange Reisen

Das 9. Haus weist auf lange Reisen hin. Was das für Sie bedeutet, hängt von Ihrem Standpunkt ab – nicht die Kilometerzahl zählt, sondern Ihr Gefühl, dass etwas »weit weg hinter allen Hügeln liegt«.

PLANETEN IN DIESEM HAUS

Sehen Sie sich die Planeten im 9. Haus an und erkennen Sie deren Einfluss auf Ihre Energien und Schwerpunkte. Ein volles Haus zeigt einen wichtigen Bereich Ihres Lebens an.

☉ **Sonne** Durch Reisen oder Bildung können Sie an Format und Selbstvertrauen gewinnen. Um sich selbst zu finden, müssen Sie sich aus dem vertrauten heimatlichen Terrain herauswagen.

☽ **Mond** Sie sind auf der ganzen Welt zu Hause. Vielleicht haben Sie im Ausland gelebt oder würden es gern oder fühlen sich bereichert durch Reisen und das Erreichen exotischer Ziele.

☿ **Merkur** Sie sind sprachbegabt und möchten sich weiterbilden, haben viele Fragen und interessieren sich für eine Vielzahl von Themen. So bleiben Sie ein ewiger Schüler.

♀ **Venus** Vielleicht lernen oder reisen Sie, um Ihren Sinn für Schönheit auszuleben oder künstlerische Fertigkeiten zu entwickeln. Auch Freunde und Partner aus anderen Kulturen können diese Seite an Ihnen ansprechen.

♂ **Mars** Sie machen als furchtloser Pionier in unbekanntem Gelände für andere den Weg frei. Anstrengende Reisen stellen Ihre Kraft und Entschlossenheit auf die Probe und machen Sie furchtlos.

♃ **Jupiter** Sie sind zuversichtlich und wagen sich vertrauensvoll ins Unbekannte. Höhere Bildung gehen Sie weiträumig und freudvoll an, ebenso freigiebig können Sie lehren und Ihr Wissen weitergeben.

♄ **Saturn** »Flugangst« beschreibt nicht nur Ihre Einstellung zum Reisen, sondern auch zu unbekannten Situationen. Ihre Zuversicht ist schwer erkämpft und Sie machen sich gern gut vorbereitet auf den Weg.

♅ **Uranus** Ein Universitätsstudium oder die Auseinandersetzung mit religiösen Prinzipien kann Erleuchtung bringen – oder Sie stellen die Dinge gern infrage und lehnen Strenggläubigkeit und Tradition ab.

♆ **Neptun** Das 9. Haus ist das der Prophezeiung – Neptun deutet an dieser Stelle auf eine Gabe der spirituellen Vision oder des Erspürens zukünftiger Tendenzen hin. Reisen wecken die Sehnsucht nach einer paradiesischen Insel.

♇ **Pluto** Mit Pluto in diesem Haus greift mancher nach der Weltherrschaft. Doch die meisten streben einfach die Transformation durch Lernen an – oder vielleicht durch den Glauben.

⚷ **Chiron** Sie gehen Ihren eigenen Weg durch das moralische Labyrinth und suchen nach tieferer Weisheit. Sie können ein wahrer Lehrer sein, der andere zu ihrer individuellen Form des Verstehens führt.

ZEICHEN UND DIESES HAUS

Verfeinern Sie das Bild, indem Sie das Zeichen an der Spitze des 9. Hauses sowie die Zeichen, in denen die Planeten in diesem Haus stehen, betrachten.

♈ **Widder** Sie lassen sich von Entdeckungen und Abenteuern jeder Art nicht gern zurückhalten. Vielleicht reisen Sie am liebsten allein und an Orte, die nur wenige besucht haben.

♉ **Stier** Sie mögen Luxusreisen oder wenigstens Reisen, auf denen für Komfort gesorgt ist. Ihre geduldige Herangehensweise ans Lernen wird reich belohnt.

♊ **Zwillinge** Neugier ist Ihr Hauptgrund, warum Sie studieren oder reisen. Sie analysieren gern komplexe Konzepte, um sie in klaren, einfachen Worten auszudrücken.

♋ **Krebs** Die Rhythmen und Rituale fremder Kulturen interessieren Sie. Höhere Bildung gehen Sie intuitiv an und studieren das, wozu Sie eine emotionale Verbindung spüren.

♌ **Löwe** Sie reisen gern mit Stil und Ihre Motivation liegt in der Stimulation des persönlichen Wachstums. Sich über bekanntes Territorium hinauszuwagen stärkt Ihr Identitätsgefühl.

♍ **Jungfrau** Sie werden mit Unbekanntem fertig, indem Sie die Einzelheiten prüfen und Karte, Kompass und Notfallplan einstecken. Sie glänzen bei der Analyse komplexer Konzepte.

♎ **Waage** Ihr Moralkodex, den Sie sehr hoch halten, beruht auf Gleichheit und zivilrechtlichen Beziehungen. Themen für weiterführende Studien könnten Gesellschaftswissenschaften, Kunst, Mode oder Design sein.

♏ **Skorpion** Sie beschäftigen sich ausführlich mit philosophischen Fragen. Oder Sie suchen sich weiterführende Ausbildungen und Studiengänge, denn Sie sind nicht zufrieden, bis Sie alles über ein bestimmtes Thema erfahren haben.

♐ **Schütze** Die Welt erscheint Ihnen wie ein offener Raum ohne Grenzen und ohne Einschränkungen Ihres Wirkungsbereichs. Wenn das Abenteuer ruft, wollen Sie alles erleben.

♑ **Steinbock** An das Lernen und Lehren gehen Sie pragmatisch und geschäftsmäßig heran. Vielleicht glänzen Sie als Ausbilder. Das Erreichen von Qualifikationen ist Ihnen wichtig.

♒ **Wassermann** Moralische Prinzipien sind für Ihr Empfinden dazu da, das Beste für die Gemeinschaft, nicht für das Individuum zu erreichen. Glaubensdinge gehen Sie rational und intellektuell an.

♓ **Fische** Sie sehnen sich nach einer Flucht ins Blaue ohne festes Ziel, gelockt vom Sirenengesang ferner Länder, die Ihre Fantasie anregen.

10. HAUS

BERUF UND **BERUFUNG**

Das 10. Haus ist ein Ort der Krönung und Erfüllung. Es beschreibt unser öffentliches Image, womit wir unseren Lebensunterhalt verdienen und unsere Rolle in der großen weiten Welt. Hier streben wir nach Leistung und Erfolg und nach unserer wahren Berufung.

Beruf und Berufung

Das 10. Haus symbolisiert den krönenden Abschluss – einen Höhepunkt, den es zu erreichen gilt. Es beschreibt unseren Beruf und den Bereich, in dem wir nach Erfolg und Leistung streben. Zudem ist es der Ort der inneren Berufung.

Eltern und Autorität

Das 10. Haus symbolisiert Autoritätsfiguren, besonders unsere Eltern. Wie Sie selbst andere leiten, wie Sie das Kommando übernehmen und Führungsqualitäten in sich entdecken, wird ebenfalls deutlich, vielleicht basierend auf dem Vorbild Ihrer Eltern.

Ehrgeiz und Status

Im 10. Haus suchen wir Anerkennung für unsere Leistungen, wir wollen aufblühen und zur Geltung kommen. Die Themen hier sind also auch das Erwachsenwerden, Leistung durch Arbeit und der Prozess, den eigenen Platz in der Welt zu finden.

Öffentliches Image

Das 10. Haus zeigt unser öffentliches Gesicht, mit dem man uns kennt. Der Beruf, den wir wählen, macht deutlich, was uns wichtig ist. Im 10. Haus suchen wir also eine Arbeit, die eine glückliche Verbindung aus weltlichem Ehrgeiz und innerer Berufung darstellt.

PLANETEN IN DIESEM HAUS

Sehen Sie sich die Planeten im 10. Haus an und erkennen Sie deren Einfluss auf Ihre Energien und Schwerpunkte. Ein volles Haus zeigt einen wichtigen Bereich Ihres Lebens an.

☉ **Sonne** Sie identifizieren sich stark mit Ihrer Arbeit. Deshalb ist es wichtig für Sie, einer Berufung nachzugehen, bei der Sie eine zentrale oder dominante Rolle einnehmen können.

☽ **Mond** Sie übernehmen die Leitung durch Fürsorge. Vielleicht ist es Ihre Berufung, ein Elternteil zu sein, oder Sie arbeiten mit Pflegekindern, in der Gastronomie oder in der Hauswirtschaft.

☿ **Merkur** In Ihrem Beruf geht es um Kommunikation und Netzwerken. Diese Fähigkeiten zu entwickeln verschafft Ihnen Erfolgserlebnisse. Sie bewundern redegewandte und kluge Menschen.

♀ **Venus** Man zollt Ihnen Anerkennung für Ihr diplomatisches Geschick und Ihre Fähigkeit Teams zu führen, indem Sie die Menschen einbeziehen. Sie achten stets auf Ihr Aussehen.

♂ **Mars** Sie wählen vielleicht einen wettbewerbsorientierten Beruf, für den Sie Schwung und Ehrgeiz brauchen. Sie setzen sich lieber selbst als Chef durch, statt Anweisungen entgegenzunehmen.

♃ **Jupiter** Damit Sie zufrieden sind, muss Ihr Beruf Ihnen die Aussicht auf Besserstellung und Beförderung bieten. Vielleicht haben Ihre Eltern Sie ermutigt sich hohe Ziele zu stecken.

♄ **Saturn** Ihr Führungsstil besteht darin, allein viel Verantwortung zu schultern. Auch wenn es an der Spitze einsam ist, kann Ihnen das ein solides Erfolgserlebnis verschaffen.

♅ **Uranus** Sich der Obrigkeit zu beugen ist nicht Ihr Stil. Daher wählen Sie eine Arbeit, bei der Ihr Drang nach Unabhängigkeit unterstützt wird und die es Ihnen ermöglicht, die Spur zu wechseln, wann es Ihnen passt.

♆ **Neptun** Ein künstlerischer Beruf könnte Ihnen gefallen oder einer, in dem Sie Ihre Fantasie nutzen und entwickeln und der Welt Ihren Einfallsreichtum zeigen können.

♇ **Pluto** Andere sehen, dass Sie starken Einfluss ausüben könnten, auch wenn Sie vielleicht innerlich eine Weile brauchen, um den Mantel der Macht anzulegen.

⚷ **Chiron** Ein Beruf in den Heilkünsten oder im Mentoring könnte Ihr Ziel sein. Vielleicht finden Sie Ihre wahre Nische erst nach einem Aufenthalt in der Wildnis, doch dann kann sich Ihre wahre Berufung entfalten.

ZEICHEN UND DIESES HAUS

Verfeinern Sie das Bild, indem Sie das Zeichen an der Spitze des 10. Hauses sowie die Zeichen, in denen die Planeten in diesem Haus stehen, betrachten.

♈ **Widder** Sie sind ein Macher auf Ihrem Berufsweg. Sie wollen zeigen, was Sie können, und sich vom Feld absetzen. Bei der Arbeit übernehmen Sie gern die Führung.

♉ **Stier** Ein langer, langsamer Aufstieg kennzeichnet Ihre Berufswahl und eine gewisse pragmatische Bodenständigkeit. Sie bleiben über lange Zeit beharrlich an einer Arbeitsstelle.

♊ **Zwillinge** Ihr Berufsweg könnte zweigeteilt sein, dann befeuern vielleicht die Vielfalt und gegenseitige Befruchtung beider Bereiche Ihren Ergeiz. Sie streben danach, als redegewandt und intelligent wahrgenommen zu werden.

♋ **Krebs** Zu Ihnen passt ein Beruf mit stärkenden und pflegenden Elementen, in dem Sie Teil einer Berufsfamilie sein können. Nach oben kommen Sie durch Intuition und Instinkt.

♌ **Löwe** Das öffentliche Bild ist für Sie wichtig und Sie zeigen der Welt ein majestätisches Gesicht. Möglicherweise glauben Sie an Selbstvermarktung und Autarkie beim Aufstieg.

♍ **Jungfrau** Ihnen gefallen Berufe, in denen es darum geht, Kunstfertigkeit und Präzision zu entwickeln: etwas herstellen, Ordnung schaffen oder die Spreu vom Weizen trennen.

♎ **Waage** Ihre Berufswahl hat mit einem gewissen Maß an PR oder Brückenbau zu tun – und Sie möchten als jemand gesehen werden, der faire Geschäfte macht und sich nicht auf eine Seite stellt.

♏ **Skorpion** Ihr Berufsweg zeichnet sich durch Mut und Entschlossenheit aus, vielleicht folgen Sie dem Beispiel Ihrer Eltern. Ihr Beruf erfordert Leidenschaft und Engagement.

♐ **Schütze** Die Welt ist ein Ort, an dem Sie Unglaubliches erreichen können, die einzige Grenze stellt Ihre eigene Vision dar. Ihre Arbeit könnte mit internationalen oder Bildungsthemen zu tun haben.

♑ **Steinbock** Fertigkeiten in Verwaltung, Organisation und Planung lassen sich in Ihrer Arbeitswelt gut anbringen. Sie bevorzugen eine traditionelle Karriere mit Ausbildung.

♒ **Wassermann** Sie arbeiten lieber nicht allein, sondern in einem Team Gleichgesinnter mit einem gemeinsamen Ziel. Ihr Führungsstil ist freundlich, demokratisch und inklusiv.

♓ **Fische** Sie möchten für Ihr Mitgefühl oder für Ihre künstlerischen Fähigkeiten bekannt sein. Vielleicht brauchen Sie eine Weile, um Ihre Berufung zu finden, wenn Sie keine klare Vorstellung von Ihren Wünschen haben.

11. HAUS

FREUNDSCHAFT UND GEMEINSCHAFT

Im 11. Haus finden wir über Freundschaften und in sozialen Netzwerken aller Art unseren Platz innerhalb der größeren Gruppe. Ihre Planeten in diesem Haus zeigen die einzigartige Rolle, die Sie in der Gruppe spielen.

Freunde und Verbündete

Das 5. Haus ist das des Spiels, das 11. Haus der Spielplatz, wo wir Raum und Zeit mit anderen teilen und einen Kreis von Freunden und Bekannten aufbauen. Hier finden wir unsere Verbündeten und Unterstützer, von deren Handlungen wir profitieren.

Teamwork

Über unser soziales Umfeld hinaus zeigt das 11. Haus alle Arten von Gruppenunternehmungen an, etwa in Komitees, Clubs und Vereinen. Erkennbar wird, wie wir an etwas teilnehmen, das über unsere individuellen Sorgen und Anliegen hinausgeht.

Hoffnungen und Wünsche

Das 11. Haus spiegelt unsere Hoffnungen für die Zukunft wider und zeigt, wie sehr wir daran glauben, dass das Leben uns tragen wird. Es formt unsere Haltung beim Pläneschmieden und die Strategien, die wir einsetzen können, um unsere Vorhaben umzusetzen.

Gemeinsame Ziele

Das 11. Haus sagt viel über unsere politischen Ansichten und gesellschaftlichen Ideale aus – unsere Utopie und die Vorstellung, wie die Gesellschaft aussehen sollte. Wie sehr wir bereit sind, den persönlichen Glanz zugunsten der Gruppe beiseitezulassen, wird hier ebenfalls deutlich.

PLANETEN IN DIESEM HAUS

Sehen Sie sich die Planeten im 11. Haus an und erkennen Sie deren Einfluss auf Ihre Energien und Schwerpunkte. Ein volles Haus zeigt einen wichtigen Bereich Ihres Lebens an.

☉ **Sonne** Ihr Leben spielt sich im Herzen der Gemeinschaft ab. Sie definieren sich durch Ihre Freundschaften und strahlen am hellsten, wenn Ihre Handlungen eine Bedeutung für das Kollektiv haben.

☽ **Mond** Sie sind von Natur aus gesellig und blühen durch gegenseitige Unterstützung auf. Ihre Rolle in der Gruppe hat mit den Themen Stärken und Beschützen zu tun.

☿ **Merkur** In gesellschaftlichen Situationen können Sie hervorragend netzwerken und müssen beweglich sein. Weil Sie sich hier bestens auskennen, können Sie Gelegenheiten optimal nutzen.

♀ **Venus** Sie finden einen Weg, sich mit Diplomatie und höflichem Austausch in die Gruppe einzufügen. Verbündete gewinnen Sie mit Charme, Takt und Anstand.

♂ **Mars** Gruppen und gesellschaftliche Anlässe stimulieren Ihren wettbewerbsorientierten Geist. An dieser Stelle ist Mars auch ein Krieger der Gemeinschaft und kämpft vielleicht für gesellschaftliche oder politische Ziele.

♃ **Jupiter** Wo Jupiter steht, geht alles gefühlt wie von selbst. Seine Fähigkeit zu aufgeschlossener Toleranz und seine Liebe zu heiterer Gesellschaft macht es Ihnen leicht, in Gruppen zurechtzukommen.

♄ **Saturn** In diesem Haus beschwört Saturn das Bild einer langsam reifenden Frucht herauf. Er kann auf ein ernsthaftes Engagement für Freundschaften hinweisen. Sie haben vielleicht nicht viele Freunde, aber denen bleiben Sie treu.

♅ **Uranus** Diese Stellung ist ein Paradoxon und zeigt, wie Sie Ihre Freiheit und Autonomie in einem demokratischen Kontext erhalten können. Vielleicht spielen Sie die Rolle des Agitators, der radikale Veränderungen bewirkt.

♆ **Neptun** Sie glauben daran, dass wir alle Teil eines großen Ganzen sind. Sie fühlen sich dazu bereit, persönliche Wünsche dem Dienst an der Gemeinschaft zu opfern.

♇ **Pluto** Sie pflegen intensive Freundschaften oder verschreiben sich eindeutig einem politischen Ideal. Beides kann Sie transformieren und Ihnen Kraft geben.

⚷ **Chiron** Chiron hindert uns oft daran, uns hohe Ziele zu stecken. Mit Chiron im 11. Haus könnten Sie aber in die Rolle des Mentors und weisen Lehrers hineinwachsen und die Heilarbeit leisten, die die Gemeinschaft zusammenhält.

ZEICHEN UND DIESES HAUS

Verfeinern Sie das Bild, indem Sie das Zeichen an der Spitze des 11. Hauses sowie die Zeichen, in denen die Planeten in diesem Haus stehen, betrachten.

♈ **Widder** Sie neigen in Gruppen und unter Freunden zu unabhängigem Handeln. Sie sind ein gesellschaftlicher Pionier, führen die Gruppe an oder beziehen Energie aus einem betriebsamen Sozialleben.

♉ **Stier** Bei Freunden suchen Sie nach Loyalität und geben sie reichlich zurück. In Freundschaften sind Ihnen Beständigkeit und Langlebigkeit wichtig.

♊ **Zwillinge** Zur idealen Freundschaft gehören für Sie verbaler Austausch und Vielfalt. Hier deuten Zwillinge ein Bedürfnis nach Netzwerken und einem bunten Gesellschaftsleben an.

♋ **Krebs** Ihre Freunde sind für Sie wie eine Familie – Sie streben nach der Sicherheit in der Sippe. Ihre Ideale könnten dies durch die Überzeugung widerspiegeln, dass die Gesellschaft unterstützen und nähren sollte.

♌ **Löwe** Dieses Haus ist die Arena, in der Sie glänzen können. Sie übernehmen in einer Gruppe hoheitsvoll die Leitung oder schenken dem Freundeskreis viel Zeit und Aufmerksamkeit.

♍ **Jungfrau** Instinktiv konzentrieren Sie sich auf das allgemeine Wohlbefinden der Gruppe. Für Sie wäre es weniger wichtig, sich von der Menge abzuheben, als eine nützliche Rolle im Staatswesen zu spielen.

♎ **Waage** Dieses Zeichen bringt ein Gefühl für Gerechtigkeit und Harmonie in gemeinsame Unternehmungen. Vielleicht spielen Sie die Rolle des Vermittlers zwischen Freunden.

♏ **Skorpion** Freundschaft ist für Sie nichts Belangloses, Skorpion steuert hier zu allen Planeten Tiefe und Intensität bei. Kraft und Leidenschaft kennzeichnet Ihre Freundschaften.

♐ **Schütze** Sie könnten die Fähigkeit haben, die Gruppe bei einem gemeinsamen Abenteuer anzuführen. Es macht Ihnen Freude, Menschen mit verschiedenen kulturellen Hintergründen kennenzulernen.

♑ **Steinbock** Sie schlagen ernste Töne an und übernehmen gern die Kontrolle. Vielleicht spielen Sie die Rolle des Ratsältesten und bringen eine reife Sichtweise ins Spiel.

♒ **Wassermann** Sie vertreten eine egalitäre Haltung und halten es für wichtig, dass jeder in der Gruppe gleich behandelt wird und alle Gewinne zum Nutzen aller verteilt werden.

♓ **Fische** Mit Freunden gehen Sie sensibel und mitfühlend um. Teil einer Gemeinschaft zu sein weckt in Ihnen die Fähigkeit zu altruistischem Dienen.

12. HAUS

DIENST UND OPFER

Das 12. Haus steht für Auflösung und Loslassen. Für einen Ort außerhalb der Zeit, wo das Leben in die Ursuppe zurückkehrt, bevor der Häuserzyklus am Aszendenten von Neuem beginnt. Hier können wir Opfer finden, aber auch Selbstlosigkeit und Hingabe.

Hinter den Kulissen

Dies ist das Haus der »Selbstsabotage«. Es zeigt an, dass wir unsere eigenen Fähigkeiten nicht immer anerkennen. Wir müssen sie von anderen gespiegelt sehen, damit unsere Fertigkeiten oder Merkmale uns echt erscheinen. Zudem fallen hierunter Flucht und Rückzug.

Höherer Dienst

Das Konzept des Opfers passt gut in dieses Haus. Durch Opfer machen wir etwas heilig. Was im Geiste der universellen Liebe, des Mitgefühls und der Wohltätigkeit gegeben wird, ist ein wahres Geschenk an die Welt.

Universell und kollektiv

Die traditionelle Astrologie ordnet hier viele Institutionen ein: Krankenhäuser, Gefängnisse, religiöse Refugien. An solchen Orten verliert sich das »Ich«-Gefühl schnell durch das Verschmelzen mit den anderen. Die Planeten bekommen hier jenseitige Qualität.

Transzendenz

Die ultimative Bedeutung des 12. Hauses ist vielleicht das Konzept der Transzendenz: Es geht darum, das Rad des Lebens verlassen, wenn auch nur kurz, um einen zeitlosen Zustand der Glückseligkeit und Ruhe zu erreichen und uns wieder mit allem zu verbinden, was ist.

PLANETEN IN DIESEM HAUS

Sehen Sie sich die Planeten im 12. Haus an und erkennen Sie deren Einfluss auf Ihre Energien und Schwerpunkte. Ein volles Haus zeigt einen wichtigen Bereich Ihres Lebens an.

☉ **Sonne** Identität und Lebenszweck kann für Sie aus einem Leben im Dienst anderer erwachsen. Vielleicht glänzen Sie auch als Darsteller oder Schauspieler, der sich mühelos in seine Rolle findet.

☽ **Mond** Pflegearbeit passt zu Ihnen. Ihre mitfühlenden Bemühungen auf diese Weise zu bündeln kann ergiebiger sein als der Versuch, sich um die ganze Welt zu kümmern.

☿ **Merkur** Die spirituellen oder immateriellen Dimensionen des Lebens, einschließlich Mythen und Symbole, machen Sie neugierig. Durch fantasievolle Erzählkunst verschaffen Sie sich Gehör.

♀ **Venus** Den perfekten Liebhaber gibt es wohl nicht – aber wenn Sie sein Bild im Kopf haben, erkennen Sie es als Projektion Ihrer eigenen Schönheit oder Gaben.

♂ **Mars** Allein fühlen Sie sich, als führten Ihre Bemühungen nirgendwohin – dennoch können Sie effektiv und mutig für die Schwächeren oder Glückloseren eintreten.

♃ **Jupiter** Glückseligkeit bedeutet für Sie eine perfekte Auslandsreise oder das Feiern in heiterer Runde. Sie geben nicht nur großzügig, sondern spüren auch die Segnungen wie von selbst auf Sie zukommen.

♄ **Saturn** Daran zu denken, dass Sie nicht für das Leid der Welt verantwortlich sind, kann Ihnen dabei helfen, Ihre Hingabe auf die wahrhaft gute Sache zu lenken. Sie haben die Gabe, Ordnung ins Chaos zu bringen.

♅ **Uranus** Vielleicht verstecken Sie Ihre Unkonventionalität, um dazuzugehören – sie anzunehmen, kann Sie befreien. Dank Ihres Radars für kollektive Tendenzen sind Sie Ihrer Zeit voraus.

♆ **Neptun** Sie geben alles für die Sache und lassen nichts für sich selbst übrig. Aber Sie setzen ein Zeichen des Mitgefühls in einer aufgewühlten Welt.

♇ **Pluto** Wenn Sie Ihre eigene Macht nicht annehmen (oder Ihr Gefühl der Machtlosigkeit), untergraben Sie Ihre Bemühungen. Sie besitzen die Fähigkeit, die Psychologie des kollektiven Bewusstseins zu sondieren.

⚷ **Chiron** Hier zeigt Chiron einen Wunsch, das Kollektiv zu heilen und mit allen mitzufühlen. Vielleicht mussten Sie Ihr eigenes Leid verbergen und sind daher sensibel für das verborgene Leid der anderen.

ZEICHEN UND DIESES HAUS

Verfeinern Sie das Bild, indem Sie das Zeichen an der Spitze des 12. Hauses sowie die Zeichen, in denen die Planeten in diesem Haus stehen, betrachten.

♈ **Widder** Wohltätiges Engagement weckt Ihren Kampfgeist. Sie führen einen Kreuzzug an und bringen Initiative und gebündelte Energie mit.

♉ **Stier** Wenn Sie ausspannen, dann gemütlich – im Garten oder bei einem Spaziergang auf dem Land. Die Natur löst ein Gefühl von Erleichterung und Befreiung in Ihnen aus.

♊ **Zwillinge** Sie können eine Brücke zur Welt der Fantasie bauen und Ihren zielgerichteten Geist dazu einsetzen, deren Komplexität zu erforschen und zu artikulieren.

♋ **Krebs** Ihre Rolle hinter den Kulissen kann die einer Krankenschwester oder eines Kindergärtners sein. Sie kümmern sich um die, die dazu nicht alleine in der Lage sind. Ihr idealer Rückzugsort ist Ihr Zuhause.

♌ **Löwe** Sie sind der Meinung, dass Ihre Großartigkeit nicht wahrgenommen wird – aber Sie können mit Ihren kreativen oder darstellerischen Fähigkeiten beeindrucken und aus der Bewunderung der Menge Selbstvertrauen ziehen.

♍ **Jungfrau** Sie dienen durch kleine praktische Handlungen, durch metaphorisches Aufräumen und Fegen des Weges. Sie vollziehen solche Akte im Geiste der universellen Liebe.

♎ **Waage** Indem Sie aus dem Alltag ausbrechen, stellen Sie Ihr inneres Gleichgewicht wieder her – vielleicht durch ein Yoga-Wochenende oder indem Sie Harmonie und Friedlichkeit Ihres gewählten Rückzugsorts wiederherstellen.

♏ **Skorpion** Ihr Misstrauen richtet sich auf das Verborgene, sie können aber auch eine starke Intuition dafür entwickeln. Wissen über Geheimnisse und Mystisches interessiert Sie.

♐ **Schütze** Sie sind ein Reisender ins Unbekannte, vielleicht auf einer spirituellen Suche. Wenn Sie ausspannen, dann muss es möglichst weit weg sein.

♑ **Steinbock** Sie bringen Struktur und Sinn in die Vorstellungswelt, etwa indem Sie künstlerisch arbeiten. Oder Sie misstrauen allem, was Sie nicht sehen oder beweisen können.

♒ **Wassermann** Sie suchen eine wissenschaftliche Erklärung für die geheimnisvolleren Dimensionen des Lebens. Sie entfliehen dem Alltag, indem Sie sich mit Freunden treffen oder einen schönen Spaziergang unternehmen.

♓ **Fische** Sie sind sensibel gegenüber Gefühlen und Atmosphären. Für Sie kann es wichtig sein, Grenzen zu ziehen, damit die Traurigkeit anderer Sie nicht überwältigt.

KAPITEL

5

IHR **HOROSKOP**

IHR HOROSKOP ÜBERBLICK

DAS GANZE BILD SEHEN

Ihr Geburtsdiagramm ist eine Anordnung von Planeten, Zeichen, Eckpunkten, Häusern und Aspekten, die sich so niemals wiederholen wird. Ihr eigener freier Wille und die vielen möglichen Deutungen der Symbole führen dazu, dass Ihr Lebensweg Ausdruck Ihres eigenen individuellen Geistes ist.

Sie sind einzigartig!

Ein Horoskop ist das Abbild des Himmels zu einer genauen Zeit an einem bestimmten Ort. In jedem Augenblick nimmt jeder Planet einen bestimmten Platz im Tierkreis ein und diese Positionen, in Grad und Minute des Zeichens, sind für alle gleich, die zu diesem Zeitpunkt irgendwo auf der Erde geboren werden. Die Horoskope zweier Menschen, die gleichzeitig an verschiedenen Orten geboren sind, unterscheiden sich jedoch in den Eckpunkten und Häuserspitzen voneinander. Jedes stellt eine andere Version derselben Planetenanordnung am Himmel dar.

Zu einem späteren Zeitpunkt ändert sich das Bild erneut – die Planeten ziehen weiter und ebenso die Eckpunkte und Häuserspitzen.

Ihr Horoskop ist also einzigartig und gilt für niemand anderen. Im Horoskop von Zwillingen kann selbst ein Unterschied von wenigen Minuten in der Geburtszeit bedeuten, dass ein Planet im nächsten Haus steht oder die Eckpunkte sich ins nächste Zeichen verschieben.

Was Ihr Horoskop über Sie aussagt

Ein Horoskop liefert eine Menge Informationen. Es zeigt Charakter und Temperament, Motivationen und Wünsche, potenzielle Fähigkeiten und Talente. Es wirft einen Blick in die Vergangenheit auf ererbte Themen, die Sie beeinflussen, und in die Zukunft auf das, was Sie für sich erschaffen und erreichen möchten.

Symbole deuten

Jedes Symbol im Geburtsdiagramm hat viele Bedeutungen auf den unterschiedlichen Ebenen der Lebenserfahrung. Wenn Sie etwas erkennen, das Sie für problematisch halten oder das negative Gefühle hervorruft, kann es aufschlussreich sein, die Perspektive zu wechseln und mit der Symbolik zu spielen. Saturn beispielsweise kann Furcht hervorrufen, aber auch zu Konzentration und Professionalisierung einladen. Neptun kann auf einen Strukturverlust hindeuten, aber auch auf das Freiwerden von Fantasie. Der Mond kann schwierige emotionale Erinnerungen bringen, aber auch zeigen, wie wir gut für uns sorgen können.

Bleiben Sie offen

Versuchen Sie, jedes Horoskop flexibel und mit Fantasie zu betrachten, auch Ihr eigenes. Seien Sie ehrlich, was die Schwierigkeiten angeht, aber nehmen Sie sich auch Zeit für die Talente und Fähigkeiten, die sich zeigen oder die entwickelt werden könnten. Gehen Sie offen und erkundend damit um, was Sie sehen und erkennen. Jedes Horoskop stellt ein Leben dar, das sich erst entfaltet, also ist über nichts jemals das letzte Wort gesprochen. Vielmehr gibt es nur immer weitere Potenziale zu entdecken.

MC
Hier schneidet der Tierkreis den Meridian über dem Horizont. Symbolisiert Karriere und Erfolge.

Planeten
Die Astrologie kennt zehn Planeten, einschließlich Sonne, Mond und Pluto. Auch Chiron kann mit eingeschlossen werden. Jeder Planet steht für einen bestimmten Antrieb des Menschen.

Tierkreiszeichen
Jeder Planet und Punkt im Diagramm steht in einem der zwölf Tierkreiszeichen.

Aspekte
Winkelbeziehungen zwischen Planeten und anderen Punkten im Diagramm. Sie erzeugen die innere Dynamik des Horoskops.

Mondknoten
Hier kreuzen sich die Bahnen von Sonne und Mond im All. Symbolisieren schicksalhafte Begegnungen und Erfahrungen und den Abgleich von Vergangenheit und Zukunft.

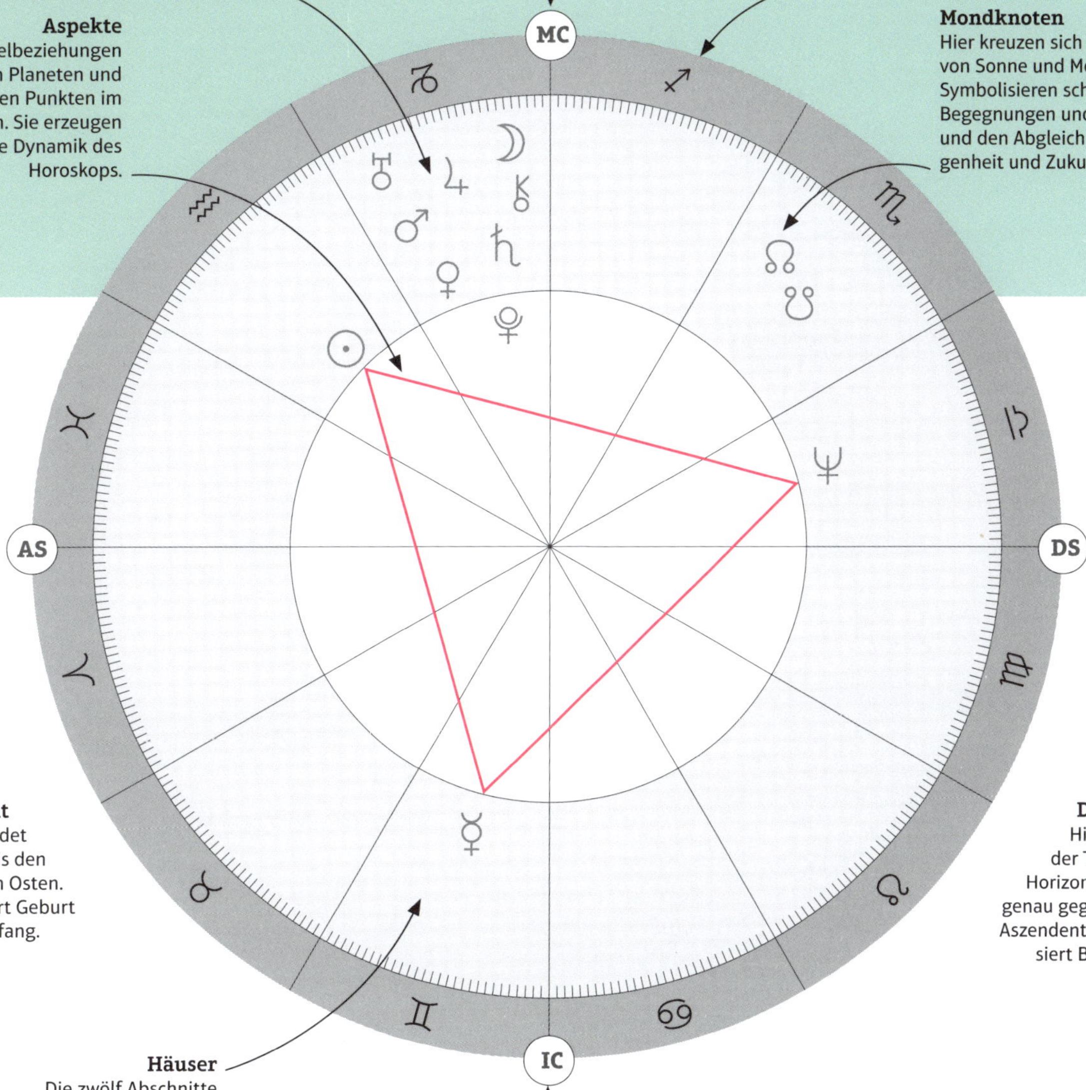

Aszendent
Hier schneidet der Tierkreis den Horizont im Osten. Symbolisiert Geburt und Neuanfang.

Deszendent
Hier schneidet der Tierkreis den Horizont im Westen genau gegenüber dem Aszendenten. Symbolisiert Beziehungen.

Häuser
Die zwölf Abschnitte des Diagramms. Jedes steht für ein bestimmtes Gebiet der Lebenserfahrung.

IC
Hier schneidet der Tierkreis den Meridian unter dem Horizont. Symbolisiert Zuhause, Wurzeln und Familie.

Grundlagen des Geburtsdiagramms
Hier sehen Sie, welche Symbole, Eckpunkte, Häuser und Aspekte in einem Horoskop eine Rolle spielen.

ASZENDENT UND DESZENDENT

IHRE OST-WEST-ACHSE

Aszendent und Deszendent symbolisieren den Horizont. Sie bilden die Horizontalachse des Geburtsdiagramms und verbinden unsere bewusste Selbstwahrnehmung (Aszendent) mit seiner gegenüberliegenden, ergänzenden Energie (Deszendent), die wir in unseren Beziehungen suchen und der wir dort begegnen.

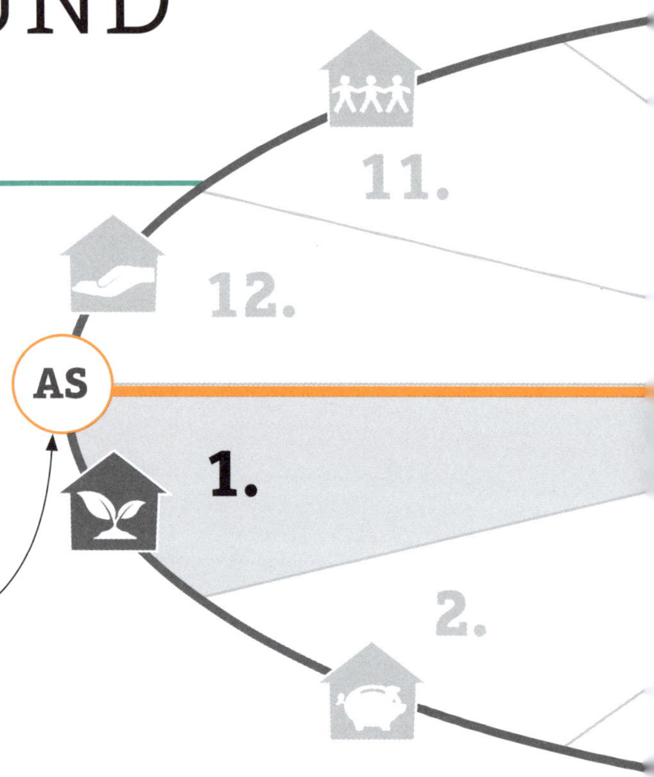

Aszendent
Der Aszendent bestimmt das Muster für alle Neuanfänge und liefert wichtige Hinweise auf Ihre Lebenseinstellung. Der Planet, der über das Zeichen Ihres Aszendenten herrscht, ist Ihr Horoskopherrscher.

Die Horizontalachse
Hier ist zu sehen, wie die Horizontalachse zwischen Aszendent und Deszendent das Horoskop von Osten nach Westen durchkreuzt, ausgehend von der Spitze des 1. Hauses bis zur Spitze des 7. Hauses.

Der Aszendent

Der Aszendent zeigt den Geburtsmoment, Ihren Eintritt in unsere Welt. Er gibt die Bedingungen und Verhältnisse um Sie herum zu diesem Zeitpunkt an oder zumindest, wie Sie sie empfanden.

Neuanfang

Diese Erfahrung prägt das Muster für alle Neuanfänge – wie Sie einen neuen Tag, ein neues Projekt oder eine neue Lebensphase angehen, wie Sie anderen begegnen und auf sie wirken, wie Sie reagieren, wenn jemand sich mit Ihnen beschäftigt, wie andere Sie sehen sollen und wie Sie sie sehen sowie Ihre Wahrnehmung der Welt und wie Sie sich darauf einstellen.

Rolle

Wir können uns den Aszendenten und alle Planeten in seiner Nähe als unsere Aura vorstellen, die Atmosphäre, die wir schaffen. Auch der Begriff »Rolle« passt hier, unsere Maske oder wie wir uns kleiden und nach außen geben. Als Spitze des 1. Hauses ist der Aszendent Teil unseres »Schaufensters« – das, was von uns am deutlichsten zu sehen ist.

Was wir erleben, wird jeweils durch den Aszendenten gefiltert. Er gibt uns wichtige Hinweise auf unsere Grundeinstellung zum Leben.

Der Horoskopherrscher

Der Planet, der über das Zeichen des Aszendenten herrscht, hat eine zentrale Rolle im Horoskop inne. Der Horoskopherrscher ist der Steuermann: Seine Position in Zeichen, Haus und Aspekten zeigt die Erfahrungen und Fähigkeiten, deren Entwicklung dazu dient, Ihre Horoskopgeschichte zu entfalten. Das betrifft besonders die zentrale Geschichte Ihrer Sonne. Als Planetenherrscher über das 1. Haus liefert er weitere Informationen zu allem, was der Aszendent beschreibt.

Der Deszendent

Dies ist der Punkt, der dem Aszendenten direkt gegenüberliegt, er steht für

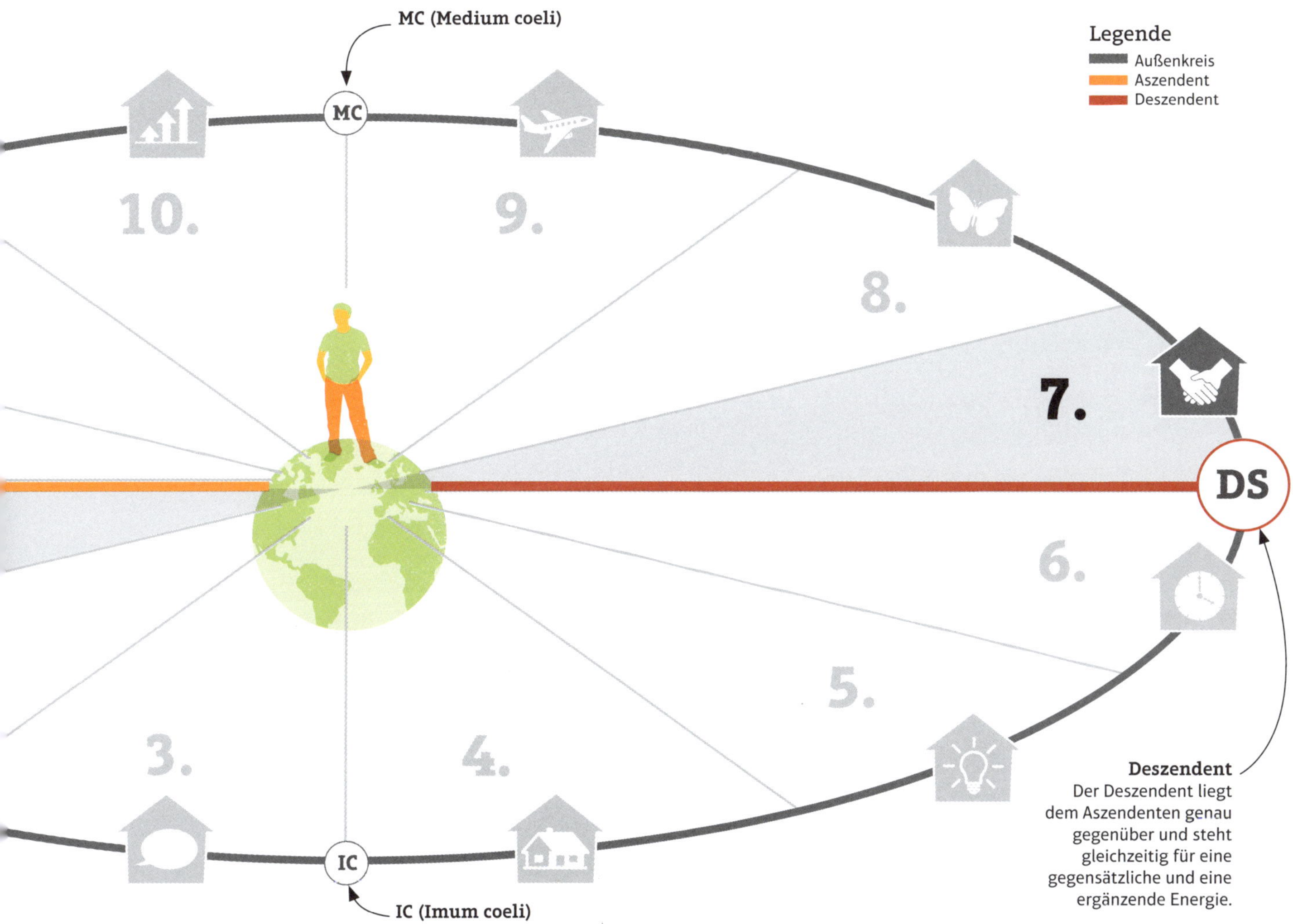

die gegensätzliche, aber ergänzende Energie dieses Zeichenpaares. Die beiden Enden der Achse werden durch den Horizont verbunden, der sich von Ost nach West über das Geburtsdiagramm erstreckt.

»Nicht-Ich«

Wenn der Aszendent das Ich ist, dann ist der Deszendent das »Nicht-Ich«: ein Satz von Merkmalen und Verhaltensmustern, den wir nicht mit uns selbst assoziieren und nur anderen zuschreiben. Doch oft fühlen wir uns zu anderen hingezogen, weil sie die Eigenschaften unseres Deszendentenzeichens und der Planeten in seiner Nähe aufweisen (und der Planeten im 7. Haus).

Beziehungen

Der Deszendent ist der Teil von Ihnen, der in privaten und beruflichen Partnerschaften direkt mit anderen interagiert. Deszendent und 7. Haus beschreiben Beziehungen als Lernkurve: Es geht um Opposition, Unterschiede und die mutige Erkenntnis, dass die Merkmale, die wir »den anderen« zugeschrieben haben, eigentlich zu uns gehören oder entwickelt werden müssen. Oft sind das Eigenschaften, die wir bei anderen gleichzeitig ablehnen und bewundern. Im Hin und Her der Beziehungen entwickeln wir allmählich die Fähigkeiten und Eigenschaften des Zeichens und der Planeten unseres Deszendenten.

MC UND IC

IHRE NORD-SÜD-ACHSE

Diese Achse verbindet den IC, der für Zuhause, Abstammung und Privatsphäre steht, mit dem MC, der unsere Berufung, Ambitionen und höchsten Ziele widerspiegelt. Wie bei einem Baum liegen unsere Grundlagen und Wurzeln beim IC, während wir uns am MC entfalten, um zu erblühen.

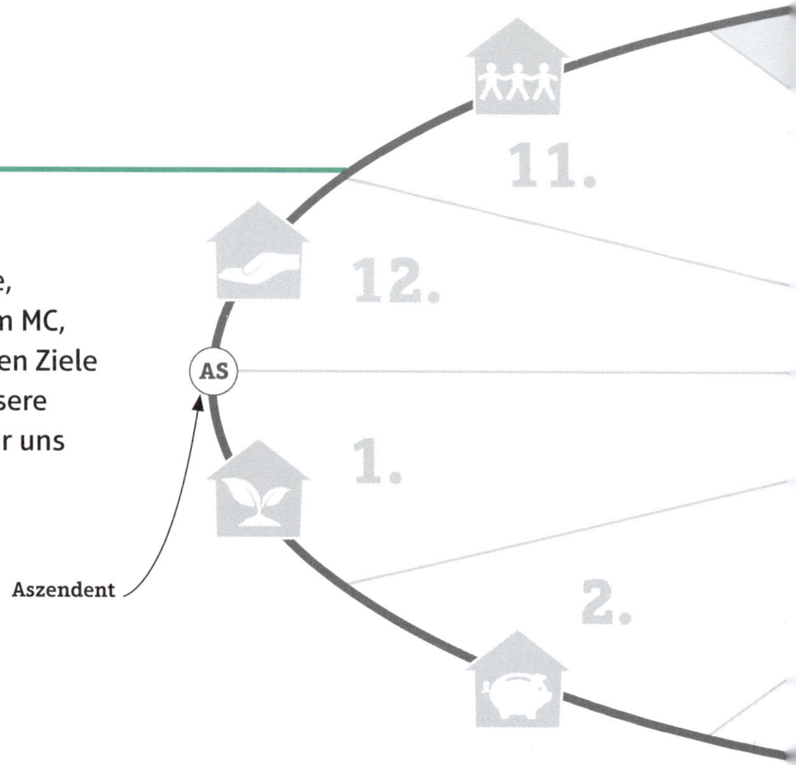

Die Vertikalachse
Hier sehen wir, wie die MC-IC-Achse das Geburtsdiagramm von der Spitze des 10. Hauses zur Spitze des 4. Hauses von Norden nach Süden durchschneidet.

Der Meridian

Der gedachte Kreis durch Nord- und Südpunkt des Horizonts sowie die Punkte direkt über und unter Ihnen in der Himmelskugel zum Zeitpunkt und am Ort Ihrer Geburt ist der Meridian. Wo dieser die Ekliptik (und damit den Tierkreis) schneidet, liegen in Ihrem Geburtsdiagramm die Himmelsmitte (Medium coeli, MC) und die Himmelstiefe (Imum coeli, IC).

Das MC

Das MC liegt über dem Horizont an dem Punkt, den die Sonne jeweils am Mittag des Tages erreicht. Es steht daher für Erfüllung und Höhepunkte. Hier geht es um Ihren Beruf und auch Ihre Berufung, um das, was Sie in der Welt erreichen wollen (was sich durchaus von Ihrem tatsächlichen Broterwerb unterscheiden kann).

Im Zeichen des MC und in den Planeten in seiner Nähe finden sich die Eigenschaften, für die wir gekannt, bewundert und respektiert werden wollen, sowie die Aktivitäten, die uns Ansehen und Anerkennung bringen. Natürlich können wir für ebendiese Eigenschaften auch berüchtigt sein; auf jeden Fall zeigt dieser Punkt unser öffentliches Profil.

An der Spitze des 10. Hauses steht das MC traditionell für die Mutter. Wir können das auf beide Elternteile erweitern, die uns in ihrer Rolle als Autoritätspersonen sozialisiert und so unsere Zukunft mitgestaltet haben. Wenn Sie selbst Kinder haben, kann das MC (und das 10. Haus) zeigen, wie Sie Ihre Verantwortung als Elternteil wahrnehmen.

Das IC

Die Baummetapher passt gut zu dieser Achse. Das IC (das im Placidus-Häusersystem am Anfang des 4. Hauses steht) bildet die Wurzeln. Dieser Punkt steht also für einen sehr tiefen Teil in uns, der mit der Familie, vorigen Generationen und der Vergangenheit in Verbindung steht. Er bildet unser Fundament, das geprägt ist durch unser frühes Familienleben, unser Zuhause und die Familie, die wir für uns schaffen. Und er zeigt,

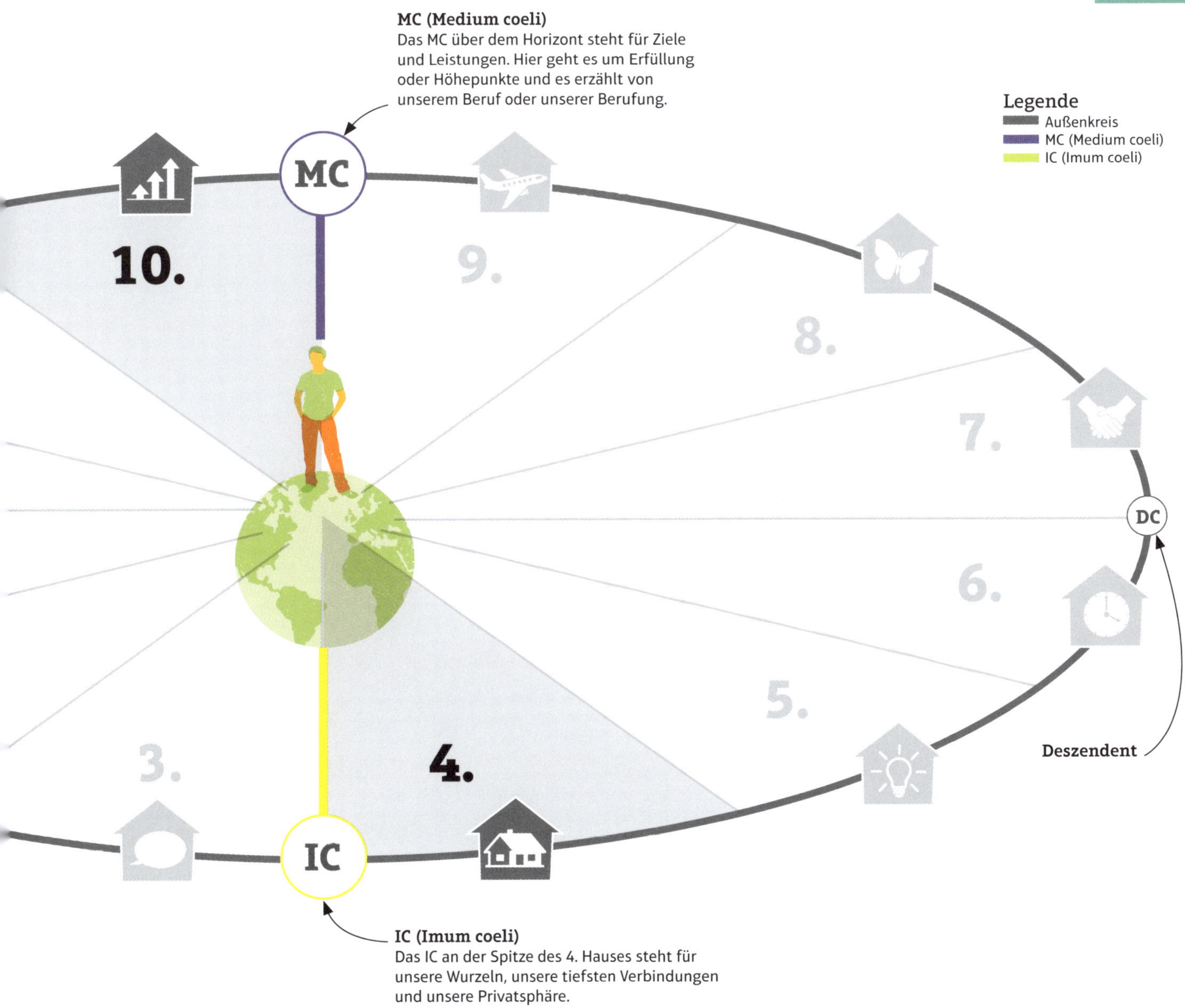

was uns in unserem tiefsten Inneren wichtig ist und was uns das Gefühl gibt, auf festem Boden zu stehen (oder auch nicht, je nach Zeichen des IC und Planeten in seiner Nähe).

An der Spitze des 4. Hauses steht das IC traditionell für den Vater. Wie beim MC können wir das auf beide Eltern in ihrer Rolle als Verbindung zu Familienstammbaum und Tradition erweitern.

»Im **Zeichen des MC** und in den Planeten in seiner Nähe finden wir die Eigenschaften, für die wir **gekannt, bewundert und respektiert werden wollen.**«

DIE **MONDKNOTEN**

VERGANGENHEIT UND ZUKUNFT

Die Mondknoten sind die beiden Punkte, an denen sich die Bahnen von Sonne und Mond kreuzen. Am Himmel bilden der nördliche und der südliche Mondknoten eine Opposition. In der Mythologie stehen sie für Kopf und Schwanz eines kosmischen Drachen.

Die Mondknoten im Horoskop
Die Mondknoten bilden eine Achse. Zwischen den beiden Endpunkten besteht eine immerwährende Spannung, aber auch ein Ergänzungsprinzip und eine gemeinsame Dynamik.

Südlicher Knoten Er symbolisiert Verhaltensmuster, in die wir schnell zurückfallen, weil sie schon früh im Leben etabliert und durch Wiederholung gefestigt wurden. Darauf können Fähigkeiten beruhen, über die wir nicht weiter nachdenken, auf die wir uns aber immer verlassen können. Der Südknoten kann aber auch negative oder destruktive Muster beschreiben, auf die wir zurückgreifen, weil sie vertraut sind. Hier sollen wir über uns nachdenken und Muster hinter uns lassen, die uns nicht länger nützen. Wir können uns vererbte Fähigkeiten und Talente zurückerobern, Frieden mit den Vorfahren schließen und alte Geister zur Ruhe betten.

Nördlicher Knoten Er zeigt einen Weg auf, den wir einschlagen können, eine mögliche Zukunft. Im Gegensatz zum südlichen Knoten ist dies unbekanntes Terrain, dieses Ende der Achse stellt tief verankerte Annahmen und Muster infrage. Die beiden Knoten bilden eine Achse und sind gleichwertig – wir bewegen uns zwischen den Enden hin und her. Sie stehen für Krisenzyklen, Neubewertung, Loslassen und Vorwärtsgehen. Dieses Muster setzt sich ein Leben lang fort, und zwar im Rhythmus des 18,6 Jahre dauernden Zyklus der Knoten um das Horoskop.

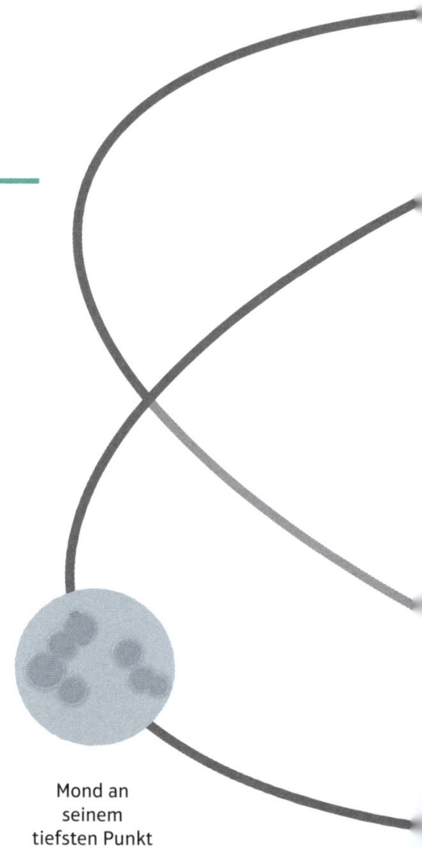

Die Mondknoten
Hier sehen wir die Bahn der Sonne, die Bahn des Mondes und die Linie zwischen den Mondknoten. Wenn Sonne und Mond gleichzeitig in den Knoten stehen, kommt es zu einer Sonnen- bzw. Mondfinsternis.

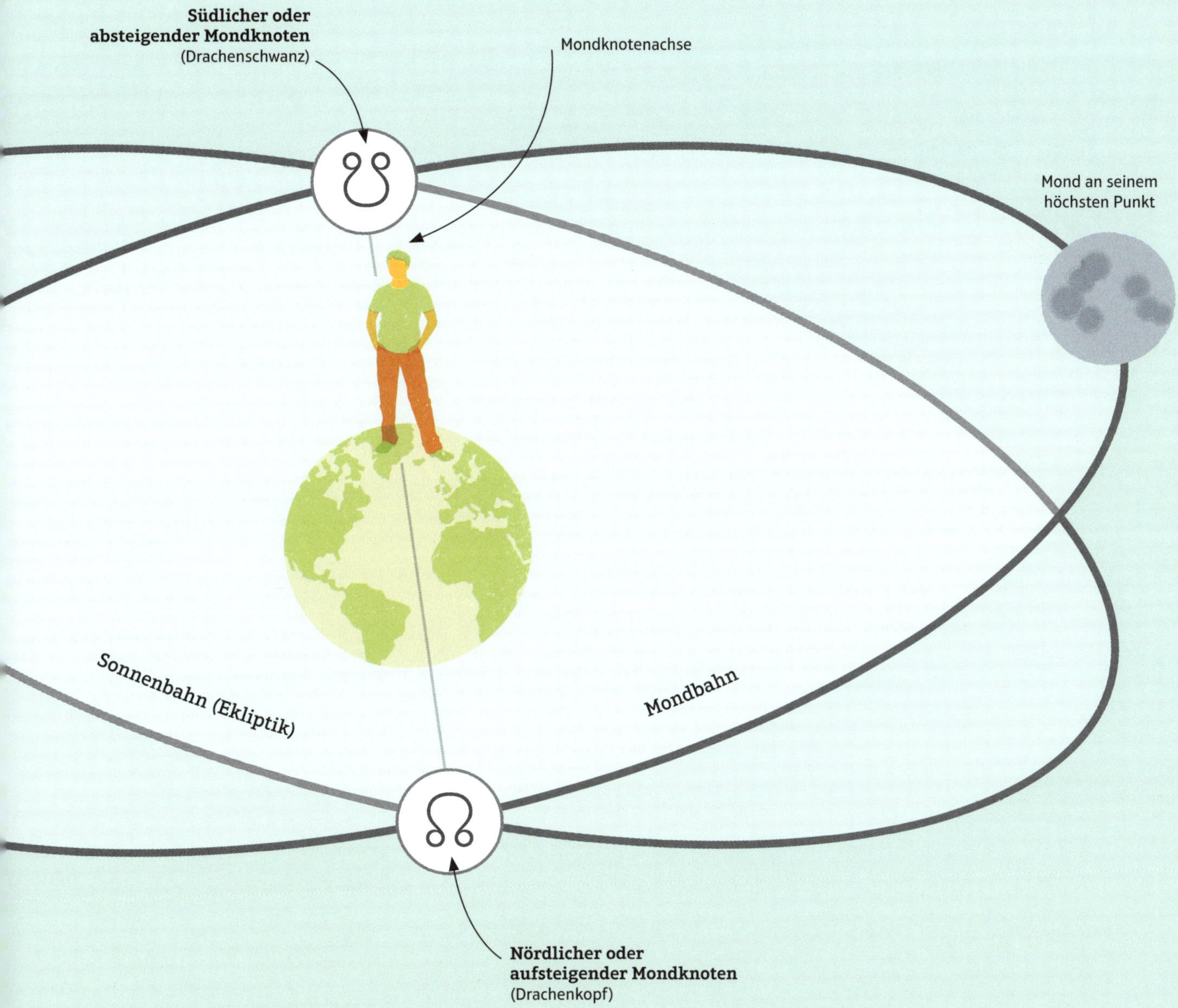

»Die Mondknoten stehen für **Krisenzyklen, Neubewertung, Loslassen** und **Vorwärtsgehen.** Dieses Muster setzt sich ein Leben lang fort.«

DAS **HERRSCHER-SYSTEM**

PLANETENHERRSCHER ÜBER DIE TIERKREISZEICHEN

Über jedes Zeichen herrscht der Planet (oder herrschen die Planeten) mit der stärksten Affinität zu ihm. In der traditionellen Astrologie gilt das nur für die sieben »traditionellen« Planeten von der Sonne bis zum Saturn. In der modernen Astrologie gehören auch Uranus, Neptun und Pluto zum Herrschersystem.

Herrscher in Ihrem Horoskop
Jedes Element in einem Horoskop steht in einem der Tierkreiszeichen: Das gilt für jeden Planeten, die vier Eckpunkte (Aszendent, Deszendent, MC und IC) und die anderen Häuserspitzen, die Mondknotenachse und alle anderen Faktoren des Geburtsdiagramms, die ein Astrologe zurate ziehen kann.

Das Tierkreiszeichen, in dem ein Planet oder ein Eckpunkt steht, sagt etwas darüber aus, auf welche Art und Weise dieser Planet oder Eckpunkt zum Ausdruck kommt. Das Zeichen, in dem eine Häuserspitze steht (also der Anfangspunkt eines Hauses), gibt an, wie Sie die Themen und Aktivitäten dieses Hauses angehen. Das Zeichen wirkt sich also auf alles aus, was in ihm steht.

Der Planetenherrscher über das jeweilige Zeichen gibt uns weitere Informationen, wie der Planet, der Eckpunkt oder die Häuserspitze zum Ausdruck kommt. Steht beispielsweise bei jemandem die Sonne in Steinbock, verrät uns Saturn (der Herrscher über Steinbock) mehr darüber, was den Identitätssinn und die Lebensziele dieses Menschen formt. Dann können wir uns noch Saturns Position in seinem Horoskop ansehen – steht er etwa im 7. Haus, bilden verbindliche (Saturn) Beziehungen (7. Haus) den Mittelpunkt des Lebenswegs (Sonne). Steht die Spitze Ihres 11. Hauses in Jungfrau, werden Ihre Freundschaften sowohl durch Jungfrau geprägt als auch durch ihren Herrscher Merkur, was sich auch auf Merkurs Position in Ihrem Horoskop bezieht.

Zeichenherrscher
Hier sehen wir, über welche(s) Zeichen die einzelnen Planeten herrschen. Die Sonne herrscht über Löwe, der Mond über Krebs. Die übrigen traditionellen Planeten bis Saturn herrschen dann in beide Richtungen von innen nach außen über die nachfolgenden Zeichen. Chiron ist keinem Zeichen als Herrscher zugeordnet.

»Jedes Element in einem Horoskop steht in einem der **Tierkreiszeichen,** auch jeder **Planet.**«

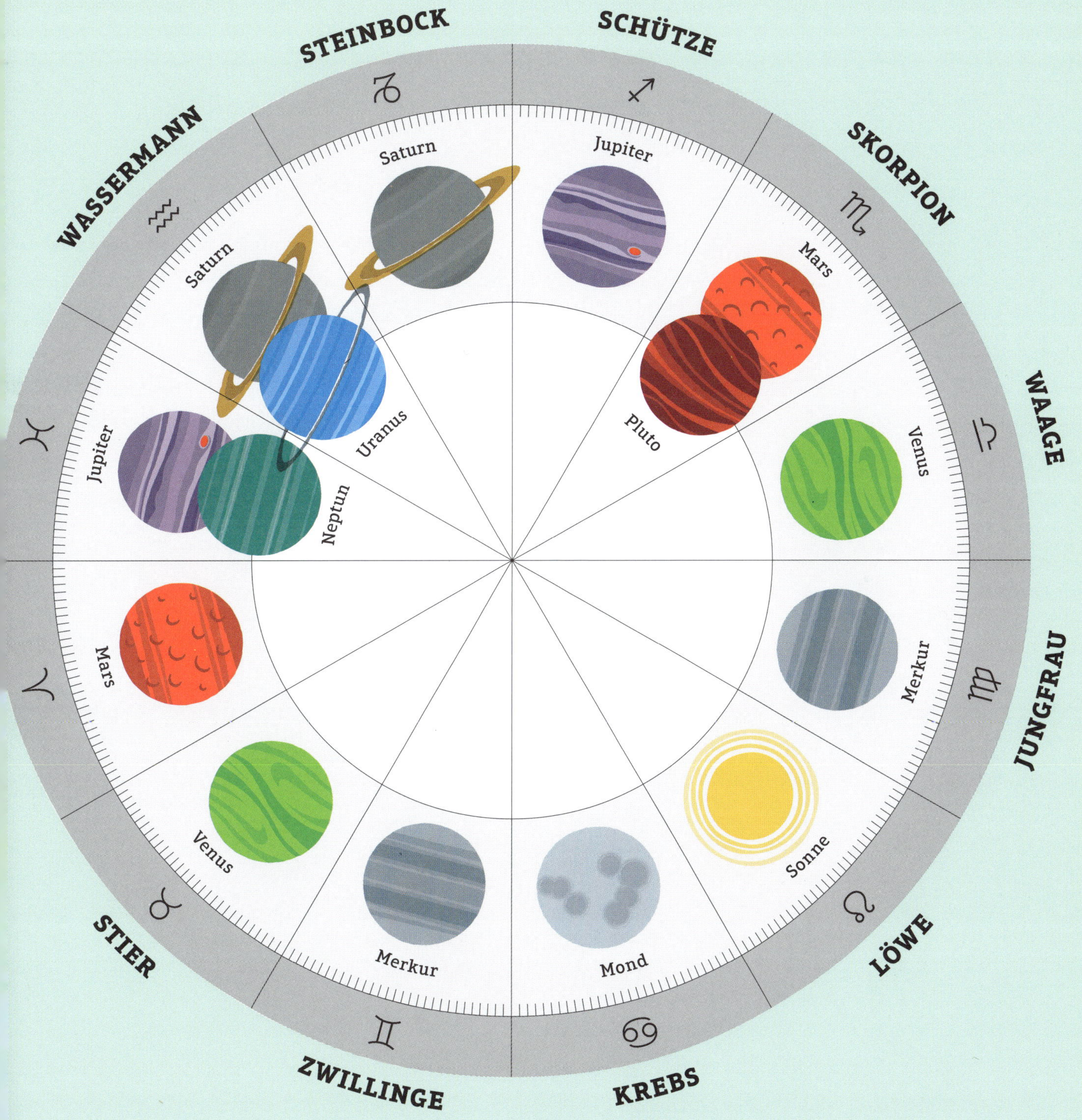
STEINBOCK
Saturn
SCHÜTZE
Jupiter
SKORPION
Mars
Pluto
WAAGE
Venus
JUNGFRAU
Merkur
LÖWE
Sonne
KREBS
Mond
ZWILLINGE
Merkur
STIER
Venus
Mars
Jupiter
Neptun
WASSERMANN
Saturn
Uranus

»IN DER **MYTHO-
LOGIE** STEHEN
DIE MOND-
KNOTEN FÜR
KOPF UND
SCHWANZ EINES
**KOSMISCHEN
DRACHENS**.«

DIE **ASPEKTE**

DYNAMISCHE VERBINDUNGEN IM HOROSKOP

Aspekte sind Verbindungen zwischen den Planeten in einem Horoskop oder zwischen Planeten und Eckpunkten oder der Mondknotenachse. Ihre Dynamik spiegelt innere psychologische Muster wider.

Aspekte und Zahlensymbolik

Aspekte basieren auf der Zahlensymbolik: Jedem liegt eine Zahl zugrunde, durch die das Kreisdiagramm geteilt wird, um eine Winkelbeziehung zu schaffen. Die meisten Astrologen betrachten die hier gezeigten Aspekte. Diejenigen auf der Basis von 1, 2, 3, 4 und 6, die »Hauptaspekte«, bilden die zentrale Dynamik eines Horoskops. Aspekte auf der Basis von 8 und 12 sind »Nebenaspekte«, haben aber dennoch Einfluss.

Opposition und Quadrat sind »harte Aspekte«. Auch Halbquadrat, Anderthalbquadrat, Halbsextil und Quinkunx fallen in diese Kategorie, denn ihre Zahlen stehen für Spannung und Reibung. Trigon und Sextil sind »weiche Aspekte« wegen ihrer Verbindung zur 3, die harmonisches Fließen symbolisiert.

Jeder Aspekt hat einen »Orbis«, bleibt also für eine bestimmte Gradanzahl zu beiden Seiten seiner Position gültig. Je enger der Orbis, desto intensiver spüren wir den Aspekt. Wie bei einem Foto gibt es einen Punkt der absoluten Schärfe (Exaktheit): Je unschärfer das Bild ist, desto geringer fällt die Aspektwirkung aus.

Über die Größe von Orben herrscht Uneinigkeit, aber die Angaben rechts sind ein guter Ausgangspunkt. Hauptaspekte haben größere Orben als Nebenaspekte.

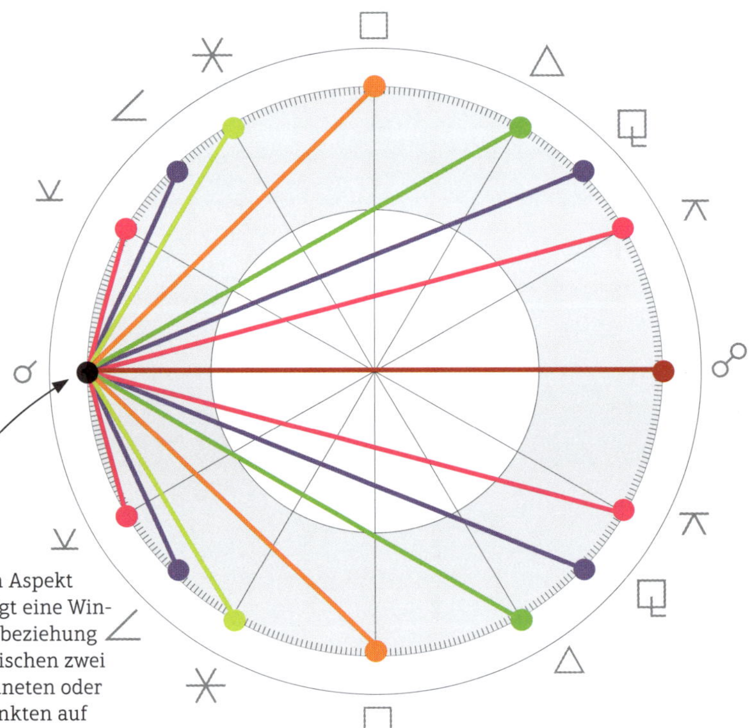

Ein Aspekt zeigt eine Winkelbeziehung zwischen zwei Planeten oder Punkten auf dem Kreisdiagramm des Horoskops.

Haupt- und Nebenaspekte
Dieses Diagramm zeigt alle Hauptaspekte und die häufigsten Nebenaspekte in einem Horoskop. Die Erklärungen dazu finden Sie auf der rechten Seite.

Legende

- ☌ Konjunktion
- ☍ Opposition
- ⚻ Quinkunx
- ⚼ Anderthalbquadrat
- △ Trigon
- □ Quadrat
- ⚹ Sextil
- ∠ Halbquadrat
- ⚺ Halbsextil

HAUPTASPEKTE

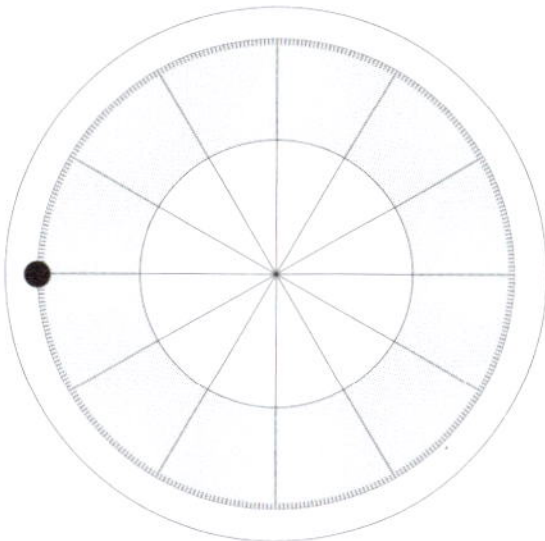

Die Konjunktion

Zahl 1 Symbol ☌ Winkel 0° Orbis 8°

Planeten in Konjunktion bilden eine Einheit. Sie sind untrennbar verbunden und verschmelzen ihre Energien zu einer Art »dritter Kraft«.

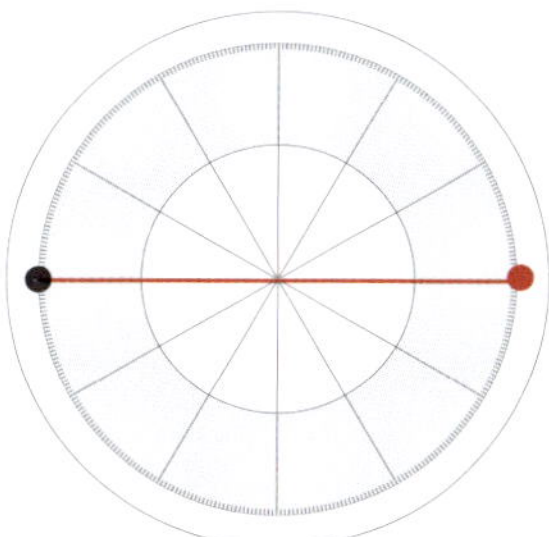

Die Opposition

Zahl 2 Symbol ☍ Winkel 180° Orbis 8°

Planeten in Opposition weisen auf ein inneres Dilemma durch widerstreitende Bedürfnisse hin. Eventuell identifizieren wir uns mit einer Seite und projizieren die andere, sodass wir den Konflikt unbewusst in unseren Beziehungen ausleben.

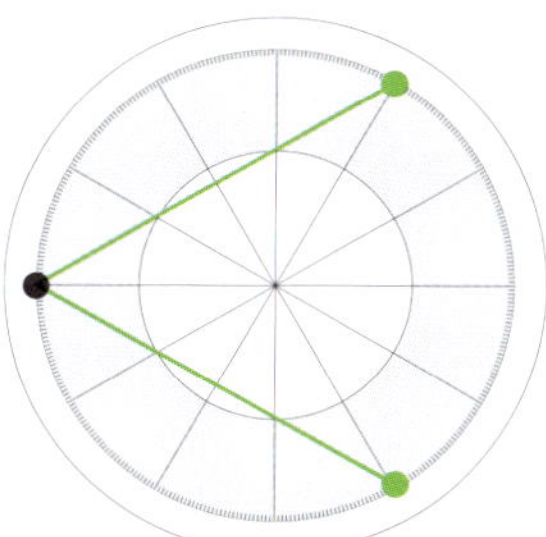

Das Trigon

Zahl 3 Symbol △ Winkel 120° Orbis 8°

Das Trigon erzeugt einen Fluss zwischen Planeten. Sie symbolisieren Talente und Dinge, die uns leichtfallen und Freude machen. Jedoch können wir diese Talente auch als selbstverständlich betrachten und deswegen nicht voll entfalten.

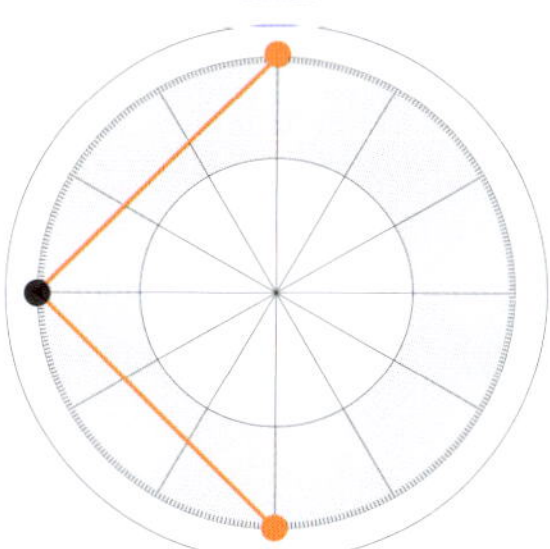

Das Quadrat

Zahl 4 Symbol □ Winkel 90° Orbis 8°

Planeten im Quadrat sind meist sehr produktiv. Hier gehen wir in die Offensive. Wir können hier gehemmt sein, unsere Energie vollständig auszuleben, streben aber gleichzeitig danach, unsere Fähigkeiten zu verfeinern und zu perfektionieren.

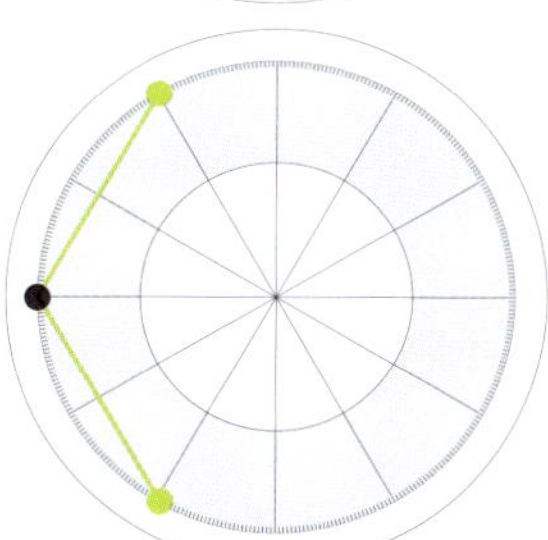

Das Sextil

Zahl 6 Symbol ⚹ Winkel 60° Orbis 4°

Bei einem Sextil sind wir motiviert, uns ein wenig anzustrengen, bleiben beim Ausleben des hier Angezeigten aber entspannt. Meist genießen wir die geschäftige Kreativität dieser Planetenkombination.

NEBENASPEKTE

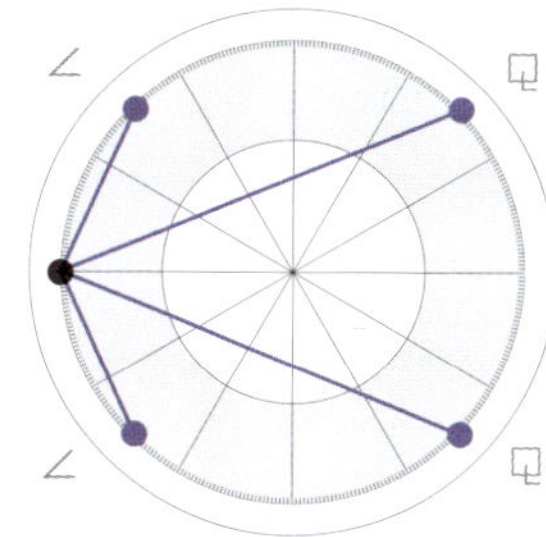

Das Halbquadrat

Zahl 8 Symbol ∠ Winkel 45° Orbis 2°

Das Anderthalbquadrat

Zahl 8 Symbol ⚼ Winkel 135° Orbis 2°

Ähnliche Wirkung wie das Quadrat, aber weniger intensiv. Wie beim Quadrat streben wir hier konkrete Ergebnisse an und setzen uns Ziele.

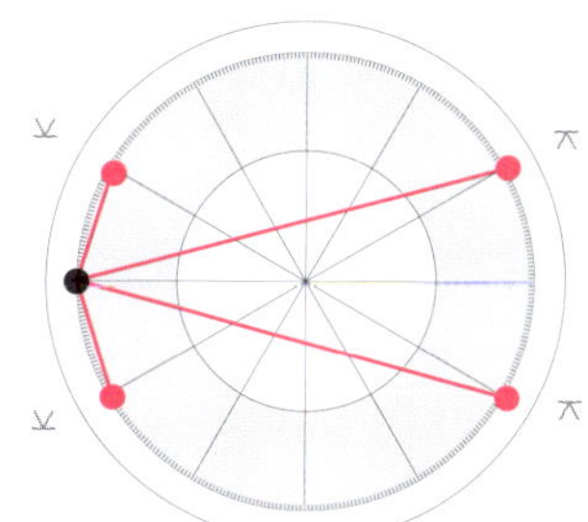

Das Halbsextil

Zahl 12 Symbol ⚺ Winkel 30° Orbis 2°

Der Quinkunx

Zahl 12 Symbol ⚻ Winkel 150° Orbis 2°

Diese Aspekte können Frustration erzeugen und unsere Bemühungen behindern. Es geht um Schwachpunkte, ein Verlangen oder Fähigkeiten, auf die wir uns konzentrieren müssen, um etwas zu erreichen.

ASPEKTFIGUREN

DYNAMISCHE FORMEN IM HOROSKOP

In der Astrologie gibt es eine Reihe von Figuren, die von bestimmten Aspektkombinationen gebildet werden. Jede Figur steht für eine komplexe psychologische Dynamik, eine Quelle von enormem Talent und Potenzial, aber auch für eigene uns innewohnende Herausforderungen.

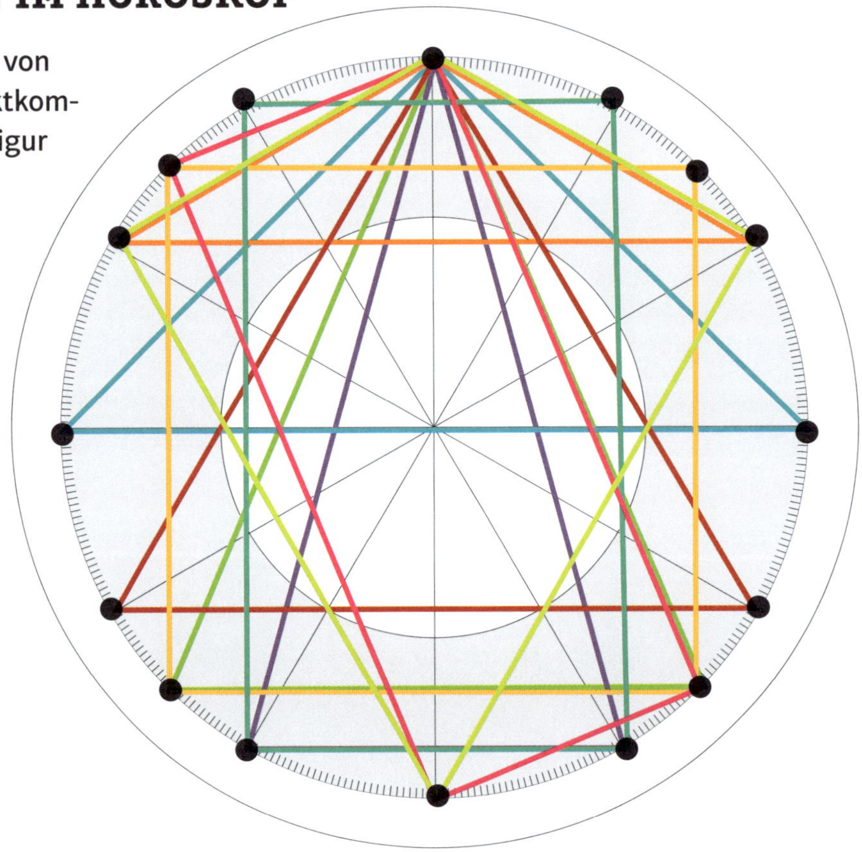

Planetenverbindungen
Aspektfiguren sind Kombinationen aus drei oder mehr Planeten, die zusammen ein inhärentes Verhaltensmuster in Ihnen erzeugen.

Legende

- T-Quadrat
- Großes Kreuz
- Drachenfigur
- Großes Trigon
- Kleines Trigon
- Hartes Rechteck
- Mystisches Rechteck
- Thors Hammer
- Yod-Figur

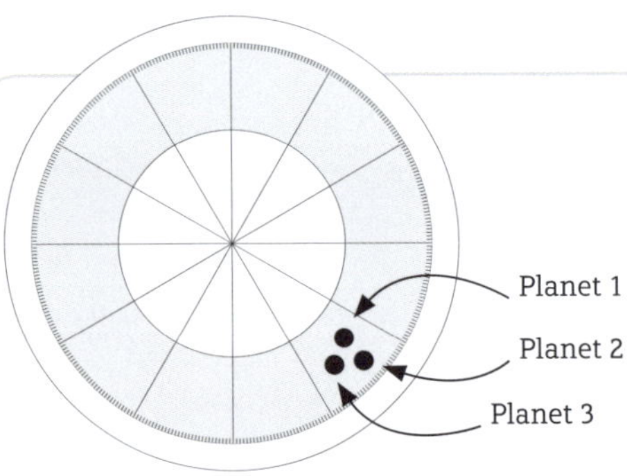

DAS STELLIUM

Genau genommen ist das Stellium keine Aspektfigur, sondern eine Konjunktion von mindestens drei Planeten, die im selben Zeichen oder Haus stehen. Es erzeugt einen konzentrierten oder sogar obsessiven Schwerpunkt auf einem Lebensbereich. Konjunktionen stärken die Subjektivität: ein Mensch mit einer Mehrfachkonjunktion kann daher der Herausforderung durch Meinungen und Einflüsse von außen widerstehen. Ebenso kann das Stellium ein Fachgebiet symbolisieren.

QUADRATFIGUREN

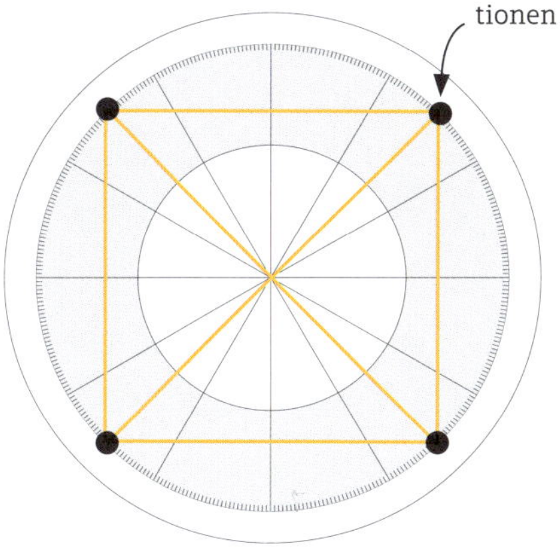

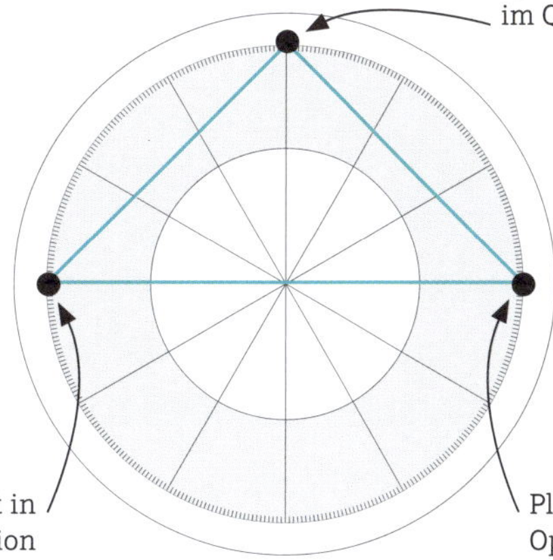

Das Große Kreuz

Das Große Kreuz umfasst zwei Oppositionen, die im rechten Winkel zueinander stehen. Jeder »Schenkel« der Figur steht also auch doppelt im Quadrat. Das deutet auf eine energiereiche Dynamik hin, die immense Arbeit und Anstrengung auslöst, aber ohne den »Fluchtweg« eines Apex-Planeten.

Menschen mit einem Großen Kreuz kann es daher so vorkommen, als sei diese eine Herausforderung stets präsent und ihr Leben komme nie zur Ruhe: sie nehmen sich entweder als Übermensch wahr oder als Opfer der Umstände. Mit zwei Oppositionen sind zwei innere Paradoxe zu lösen. Die vier Quadrate sorgen für ständige Herausforderungen und es ist viel Energie erforderlich beim Versuch die anstehenden Aufgaben zu bewältigen.

Das Große Kreuz kann entweder kardinal, fix oder veränderlich sein. Kardinale Energie bedeutet Fliehkraft, das kardinale Große Kreuz wirkt wie ein Dynamo. Fixe Energie ist dagegen zentripetal, das fixe Große Kreuz bringt viel innere Spannung, die unter extremem Druck zum Explodieren neigt. Das veränderliche Große Kreuz ähnelt dagegen eher einem Tänzer in ständiger Bewegung.

Das T-Quadrat

Hier stehen zwei Planeten in Opposition mit einem dritten im Quadrat zu beiden. Der Planet im Quadrat steht im Brennpunkt (Fokus) und wird auch Apex-Planet genannt.

Die Opposition spiegelt eine innere Spannung wider, einen Konflikt oder ein Paradoxon und den Wunsch, die beiden Planeten in einer Aktivität, einem Talent, einer Erfahrung oder einer Verhaltensweise zu vereinen.

Der Apex-Planet steht doppelt im Quadrat, ein großer Teil der Dynamik findet also hier statt. Er treibt die Aussöhnung und Synthese der Opposition voran, kann aber auch die Spannung zwischen den Planeten verstärken: er kann sowohl als Befreiung wie auch als Hindernis erfahren werden.

T-Quadrate können (sofern sie nicht »dissoziiert« sind) kardinal, fix oder veränderlich sein. Ein kardinales T-Quadrat ist getrieben, dynamisch und kraftvoll, ein fixes T-Quadrat widerstandsfähig und zu anhaltender Anstrengung fähig und ein veränderliches T-Quadrat kann gewaltige Ruhelosigkeit und ein Bedürfnis nach Bewegung und Veränderung erzeugen.

»Menschen mit einem **Großen Kreuz** kann es daher so vorkommen, als sei diese eine **Herausforderung stets präsent** und ihr Leben komme nie zur Ruhe.«

TRIGONFIGUREN

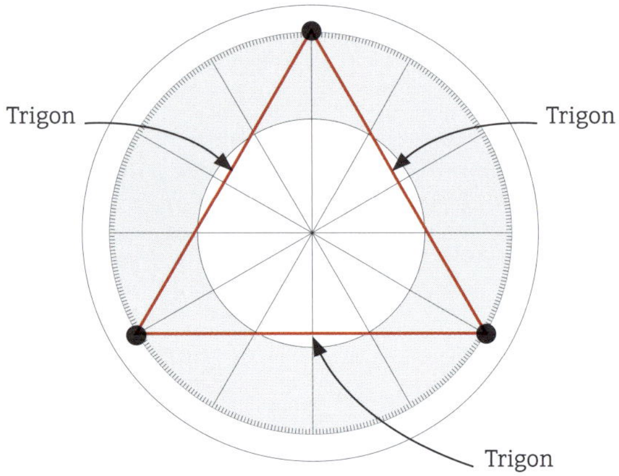

Das Große Trigon

Diese Dreiecksfigur aus drei Trigonen ist von dem leichten Fluss des Trigons charakterisiert. Ein Großes Trigon spiegelt eine Quelle natürlicher Begabung, die mit wenig Anstrengung Erfolge zu bringen scheint. Passend zur stillvergnügten Freude des Trigons beschreibt sie Verhaltensweisen und Aktivitäten, die nicht schwerfallen und häufig als selbstverständlich betrachtet werden.

Sofern nicht einer der »Schenkel« dissoziiert ist, stehen die Planeten in einem Großen Trigon in Zeichen desselben Elements – Feuer, Erde, Luft oder Wasser.

Ein **Feuer-Trigon** kann unbekümmerte Zuversicht bringen und das Gefühl, dass das Leben uns weiterhilft – dies schlägt sich als Risikofreude oder das innere Gefühl, etwas Besonderes zu sein, nieder.

Ein **Erd-Trigon** deutet auf »Glück« in der materiellen Welt hin, eventuell auf Freude durch das Herstellen von Dingen aus diesem Medium und Aktivitäten darin.

Ein **Luft-Trigon** sorgt für natürliche Fertigkeiten in Kommunikation und sozialer Interaktion. Möglich sind breitgefächerte Interessen, Liebe zum Lesen und Lernen sowie Sprachbegabung.

Ein **Wasser-Trigon** weist auf ein großes Reservoir an Empfindsamkeit und Gefühl hin, eine Begabung, emotionale Unterströmungen aufzunehmen und sich auf einer tieferen seelischen Ebene einzulassen.

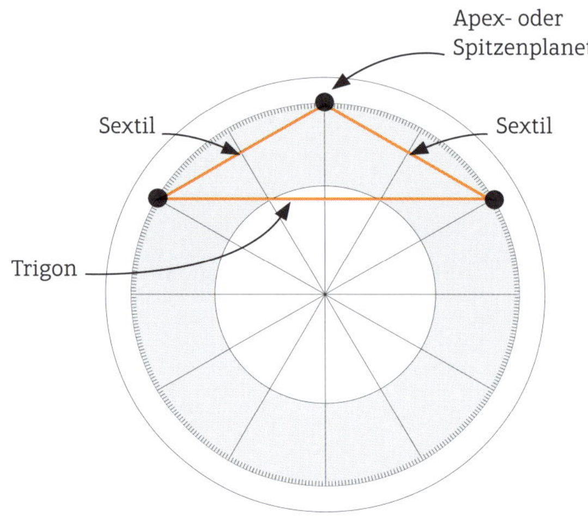

Das Kleine Trigon

Wird von zwei Planeten im Trigon mit einem dritten Planeten im Sextil zu beiden gebildet. Wegen seiner beiden Sextile steht der Apex-Planet für kreative Bewegung und Bemühungen, das Talent des Trigons auszuleben.

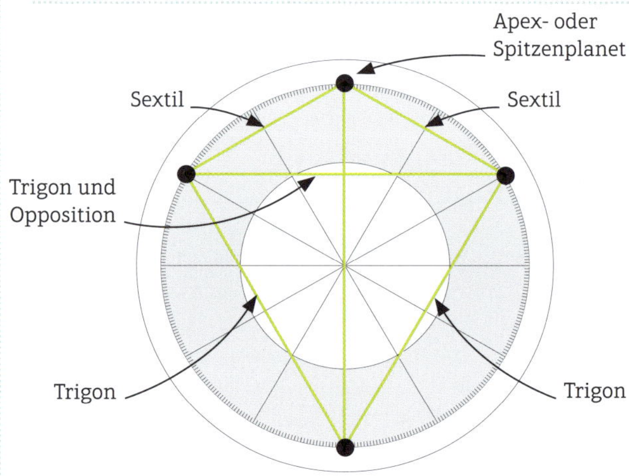

Die Drachenfigur

Ein Großes Trigon und ein Kleines Trigon bilden zusammen einen Drachen. Diese Figur kombiniert die einfach umzusetzenden Möglichkeiten des Großen Trigons mit der geschäftigen Kreativität der beiden Sextile und ein wenig zusätzlicher Spannung aus der Opposition. Es gibt einen eindeutigen Apex-Planeten, der zum Handeln anregt und Motivation für die Entfaltung der latenten Begabungen des Großen Trigons liefert.

RECHTECKFIGUREN

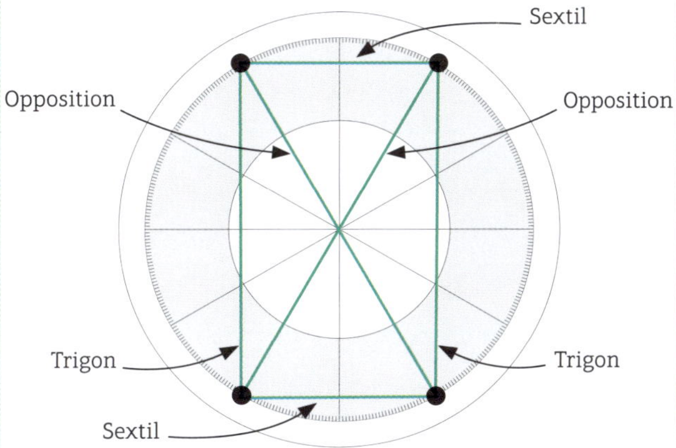

Das Mystische Rechteck
Wird gebildet aus zwei Oppositionen, deren Endpunkte durch zwei Sextile und zwei Trigone miteinander verbunden sind. Die beiden Oppositionen werden durch die Zuversicht und Möglichkeiten der Trigone und Sextile aufgelöst. Diese Figur kann eine Begabung aufzeigen, kreative Lösungen für schwierige Dilemmata zu finden.

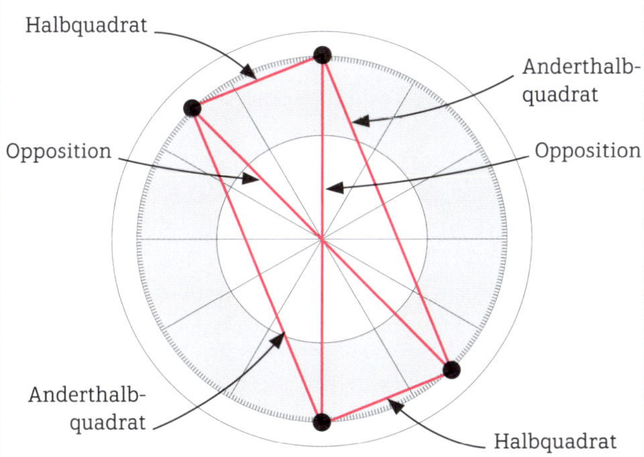

Das Harte Rechteck
Die Endpunkte zweier Oppositionen sind hier durch zwei Halbquadrate und zwei Anderthalbquadrate verbunden. Die vier harten Nebenaspekte lösen ein Gefühl ständiger Spannung aus. Es gibt keinen Apex-Planeten und damit kein Ventil, über das Handeln möglich wäre. So fühlt es sich an, als sei die Arbeit nie ganz getan.

FINGERFIGUREN

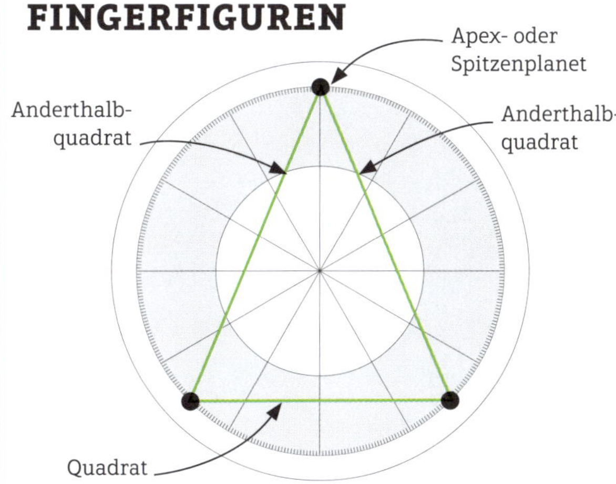

Thors Hammer
Besteht aus zwei Planeten im Quadrat, die beide im Anderthalbquadrat zu einem dritten Planeten stehen, der als Apex fungiert. Hier wird viel bewusste Arbeit und Anstrengung hervorgebracht. Die Entwicklung der Gaben und Eigenschaften des Apex-Planeten kanalisiert die dynamische Spannung der Planeten im Quadrat.

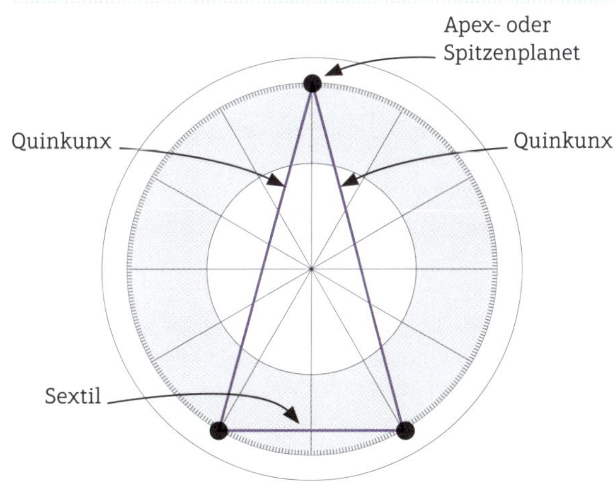

Die Yod-Figur (Finger Gottes)
Hier stehen zwei Planeten im Sextil zueinander und im Quinkunx zu einem dritten Apex-Planeten. Ein Mensch mit dieser Figur hat Mühe, die Gaben des Sextils zum Leben zu erwecken, denn der Apex-Planet kann sich unerreichbar anfühlen. Wir haben das Gefühl, dass erst etwas geschehen muss, bevor wir vorankommen.

ERSTELLEN EINES **GEBURTSDIAGRAMMS**

ZEITPUNKT, DATUM UND ORT

Um ein Horoskop zu erstellen, brauchen Sie Zeitpunkt, Datum und Ort der Geburt. Mit einer Ephemeride (Übersicht über den täglichen Planetenstand) und einer Häusertabelle lässt sich ein Geburtsdiagramm per Hand erstellen. Die meisten Astrologen verwenden heute jedoch eine astrologische Software.

Ihre Geburtszeit

Das eigene Geburtsdatum kennen die meisten und je genauer Sie Ihre Geburtszeit wissen, desto besser. MC und IC bewegen sich in genau zwei Stunden durch ein Zeichen, Aszendent und Dezendent stehen ebenfalls im Durchschnitt zwei Stunden in einem Zeichen. Die Eckpunkte bewegen sich also relativ schnell und schon ein Unterschied von nur einer Stunde kann das Bild eines Horoskops beträchtlich verändern.

Ganz ohne Geburtszeit ist es nicht möglich, ein vollständiges Horoskop zu erstellen. Sie können nur ein »abgespecktes« Diagramm entwerfen, in dem die vier Eckpunkte und die Häuserspitzen nicht angezeigt sind. In diesem Fall fehlt also eine Menge grundlegender Informationen. Die Mondposition ist ebenfalls fraglich, da der Mond täglich im Durchschnitt 13° 11' im Tierkreis weiterzieht.

Es lohnt sich also, die Geburtszeit herauszufinden. In einigen, aber nicht in allen Ländern steht sie auf der Geburtsurkunde, andere bieten eine »Langform« der Urkunde an, die die Geburtszeit enthält. Auch einige Krankenhäuser archivieren die Geburtszeiten. Familienaufzeichnungen und Babybücher können ebenfalls hilfreich sein.

Gibt es keine Dokumente, liefern vielleicht Familienmitglieder bei einem Treffen zum Nachmittagskaffee oder irgendwann abends wenigstens einen Anhaltspunkt. Wenn Sie gar keine Aufzeichnungen haben, können professionelle Astrologen ein Horoskop fachmännisch richtigstellen. Dabei werden wichtige Daten und Ereignisse in Ihrem Leben mit astrologisch signifikanten Konstellationen abgeglichen, um sich der Geburtszeit anzunähern.

Ihr Geburtsort

Auch der Geburtsort sollte möglichst genau bekannt sein. Wenn Sie in einer ländlichen Gegend geboren wurden, reicht die nächste Stadt. Geben Sie eine Stadt ein, listet die astrologische Software meist verschiedene Stadtteile und Vororte auf, um eine genaue Angabe zu ermöglichen. Wenn es keine Stadt in der Nähe gibt, können Sie auch die Koordinaten Ihres Geburtsorts eingeben.

Erstellen Ihres Diagramms

Bevor es astrologische Software gab, berechneten die Astrologen Geburtsdiagramme manuell. Dies kann man natürlich auch heute noch tun. Wie das geht, wird in jedem guten Astrologiekurs vermittelt. Dabei lernt man viel über die Feinheiten eines Geburtsdiagramms und darüber, wie man zu den unterschiedlichen Komponenten kommt. Ein Horoskop von Hand zu zeichnen kann ein magisches Unterfangen sein, das uns mit der Astrologie als traditionellem Kunsthandwerk verbindet. Die meisten Astrologen berechnen und drucken ihre Diagramme jedoch mit einer Software. Einige Hersteller bieten freie Demoversionen an.

Sie können Ihr Horoskop auch im Internet berechnen lassen, ohne einen Astrologen aufzusuchen oder ein Programm zu kaufen. Es gibt mehrere Websites, die diesen Service gratis anbieten. Bei einigen ist das Horoskop für Neulinge etwas schwer zu lesen. Gute Ausgangspunkte sind hier zum Beispiel www. astro.com und www.astroconnect.de (siehe S. 245).

DIE GEBURTSZEIT IST WICHTIG!

Mit der präzisen Geburtszeit ergibt sich das genaueste Geburtsdiagramm. Ohne Geburtszeit lassen sich die Eckpunkte und Häuserspitzen nicht berechnen.

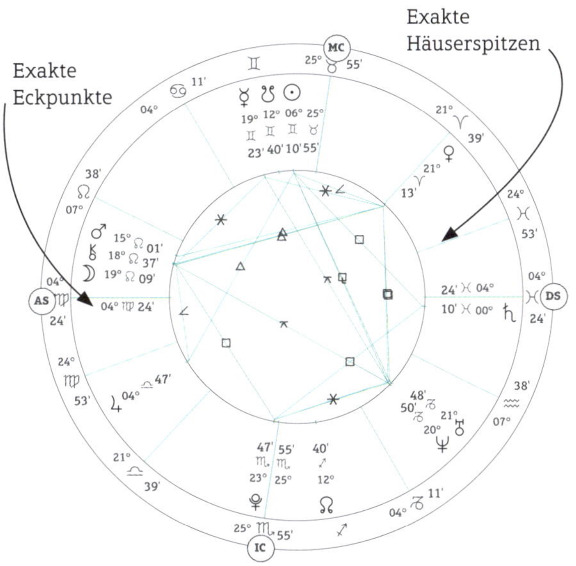

Horoskop mit bekannter Geburtszeit
Dieses Geburtsdiagramm zeigt die vier Eckpunkte und die Häuserpositionen der Planeten.

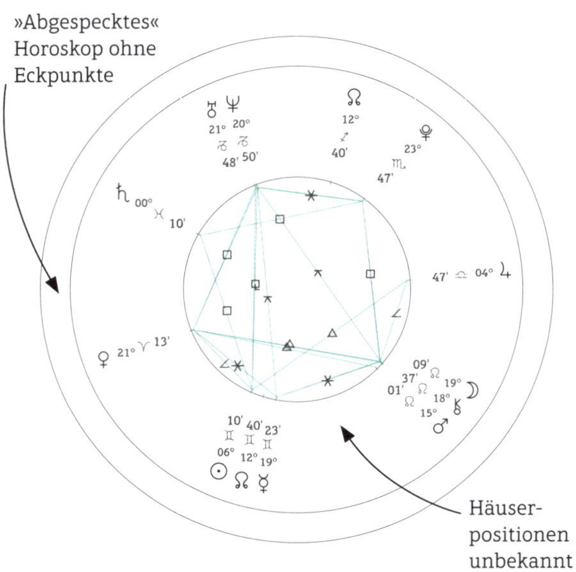

Horoskop mit unbekannter Geburtszeit
Die vier Eckpunkte und die Häuser fehlen im Geburtsdiagramm.

15 MINUTEN UNTERSCHIED

Zwillinge haben sehr ähnliche Horoskope, die aber oft einige bedeutsame Unterschiede zeigen. Diese Zwillinge kamen im Abstand von 15 Minuten auf die Welt.

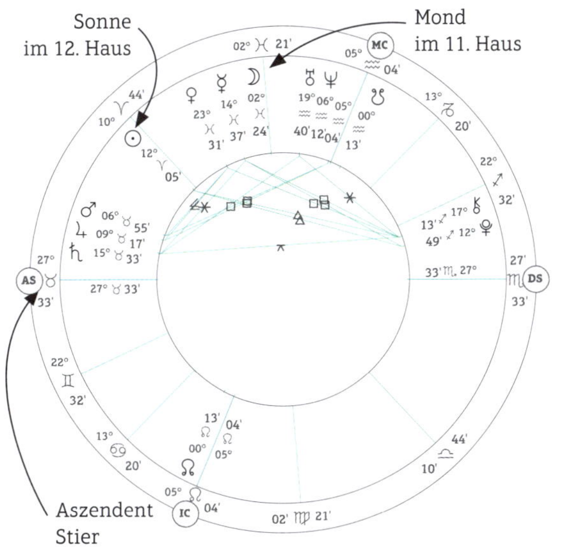

Erster Zwilling
Bei beiden Zwillingen steht das MC in Wassermann, aber der erste Zwilling hat einen Stier-Aszendenten, die Sonne im 12. Haus und den Mond im 11. Haus.

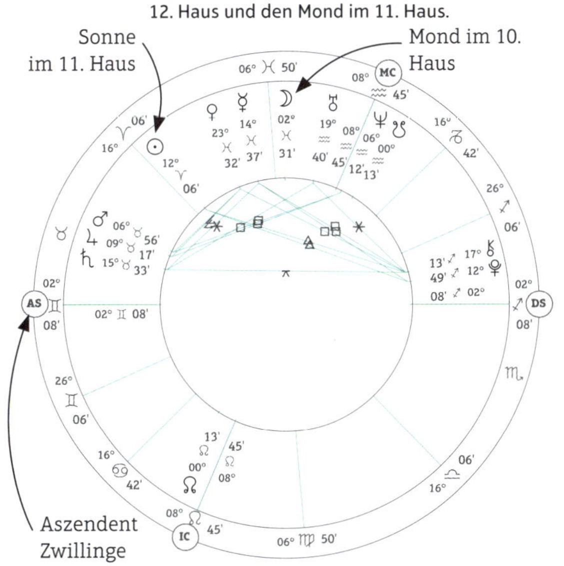

Zweiter Zwilling
Der zweite Zwilling hat einen Zwillinge-Aszendenten, die Sonne im 11. Haus und den Mond im 10. Haus. Auch Neptun steht in einem anderen Haus.

HOROSKOPE RICHTIG LESEN

ERSTE SCHRITTE

Bevor Sie Ihr Wissen nutzen, um Ihr Horoskop zu deuten, sehen Sie sich noch einmal an, welche Rollen die einzelnen Faktoren im Horoskop jeweils für das Abbild Ihres Charakters und Ihrer Lebensgeschichte spielen und was dabei im Einzelnen zu beachten ist. Gehen Sie dabei methodisch vor, machen Sie sich Notizen!

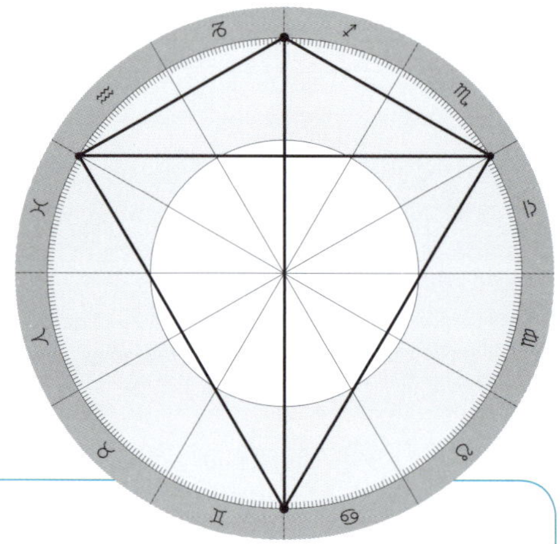

Beispiel Aspektfigur
Suchen Sie nach Aspektfiguren (siehe Schritt 6) wie dieser Drachenfigur. Aspektfiguren üben einen wichtigen Einfluss auf Ihr Horoskop aus.

SCHRITT 1: **ERSTE EINDRÜCKE**

Fehlende Polaritäten, Qualitäten oder Elemente beeinflussen machtvoll Charakter und Motivation eines Menschen. Auch die Verteilung der Planeten im Diagramm sollten Sie betrachten.

› **Polaritäten/Elemente/Qualitäten**
Nur für sieben persönliche/gesellschaftliche Planeten (Sonne bis Saturn) und Aszendent.

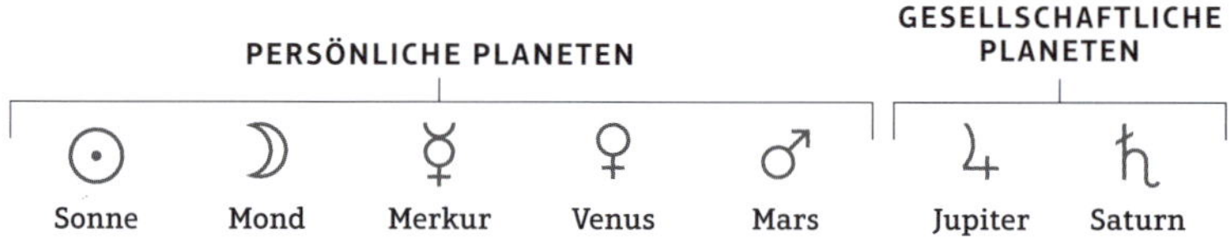

› **Verteilung** der Planeten
Zeigt grundsätzliche Orientierung auf öffentliche/private Sphäre und auf Ich-/Du-Sphäre. Betrachten Sie alle zehn Planeten plus Chiron.

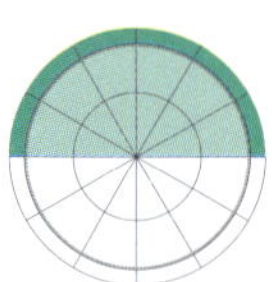

Obere Hälfte
Die obere Hälfte liegt über dem Horizont. Liegen die meisten Planeten hier, deutet das auf eine Orientierung zur Außenwelt und zum öffentlichen Leben hin.

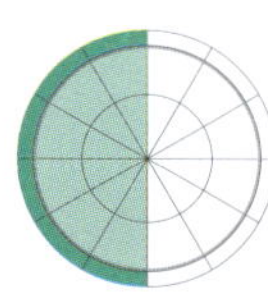

Osten
Eine Mehrheit der Planeten in der östlichen Hälfte zeigt einen Schwerpunkt beim Ich.

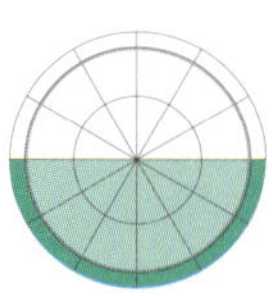

Untere Hälfte
Die untere Hälfte liegt unter dem Horizont. Liegen die meisten Planeten hier, deutet das auf ein Leben außerhalb des Rampenlichts in privaterem Raum hin.

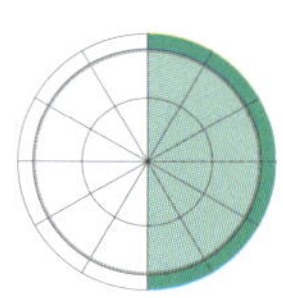

Westen
Eine Mehrheit der Planeten in der westlichen Hälfte zeigt einen Schwerpunkt auf Beziehungen und Zusammenarbeit.

SCHRITT 2: **ECKPUNKTE** UND **HOROSKOPHERRSCHER**

Der Aszendent zeigt, wie Sie der Welt begegnen, und sein Herrscher (der »Horoskopherrscher«) beschreibt ein Gebiet, das für die Entfaltung Ihrer Lebensgeschichte von zentraler Bedeutung ist.

Der Deszendent ergänzt den Aszendenten in der Ich-Du-Achse und die Achse MC-IC zeigt das Zusammenspiel von privatem und öffentlichem Leben. Interpretieren Sie erst jeden Eckpunkt für sich und dann jedes Paar als Achse.

Notieren Sie:

- **Den Aszendenten.**
- **Den Deszendenten.** Vergleichen Sie ihn mit dem Aszendenten.
- **Den Horoskopherrscher.** Notieren Sie, in welchem Zeichen und Haus er steht, sowie seine Aspekte zu anderen Planeten. Überprüfen Sie bei Merkur, Venus, Mars, Jupiter oder Saturn, ob Ihr Horoskopherrscher über ein anderes Haus herrscht.
- **Den Herrscher des Deszendenten** mit Zeichen, Haus und Aspekt.

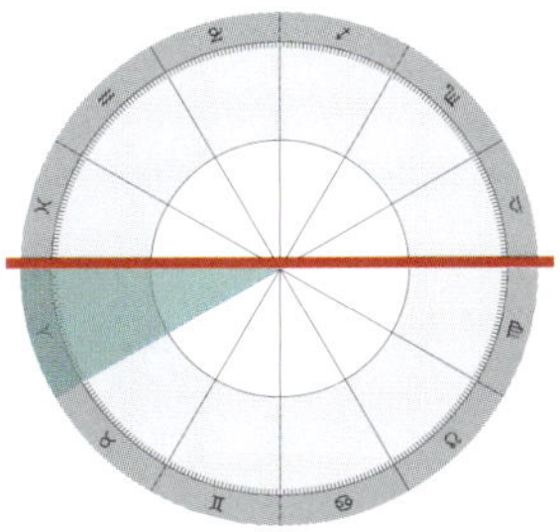

Aszendent
Welches Zeichen steht am östlichen Horizont Ihres Horoskops?

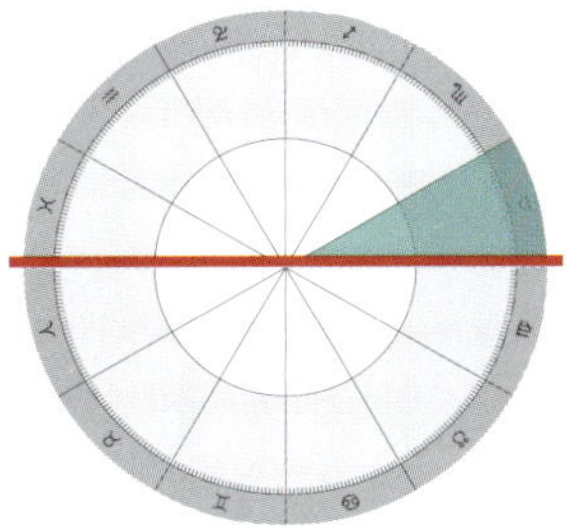

Deszendent
Welches Zeichen steht am westlichen Horizont Ihres Horoskops?

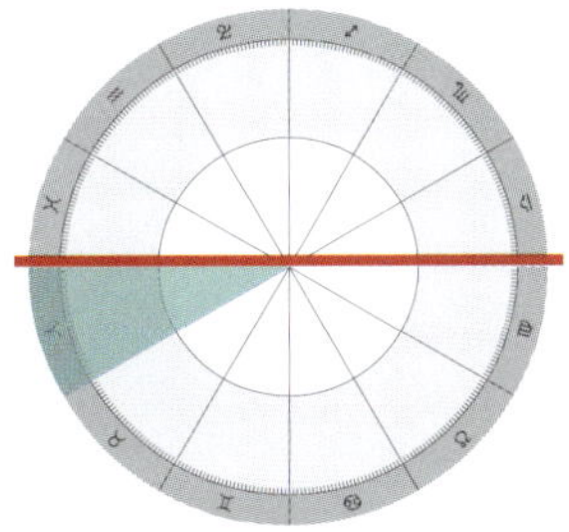

Horoskopherrscher
In welchem Zeichen und Haus steht er?

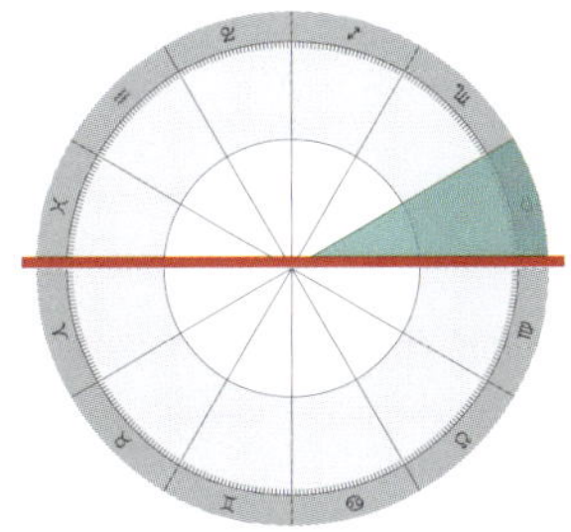

Herrscher Deszendent
In welchem Zeichen und Haus steht er?

Wiederholen für die **Achse MC-IC:**

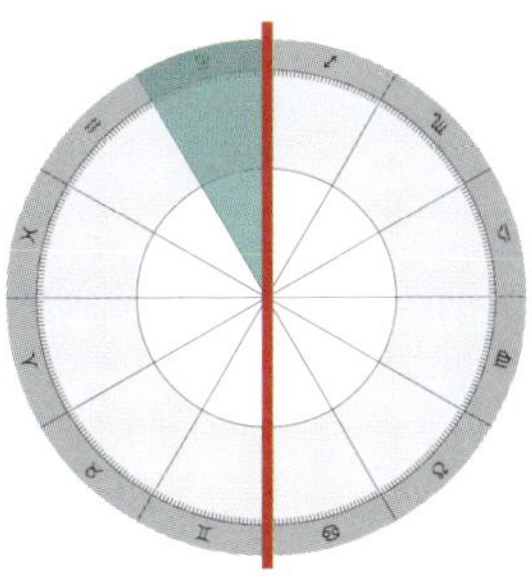

MC
In welchem Zeichen steht die Spitze des 10. Hauses?

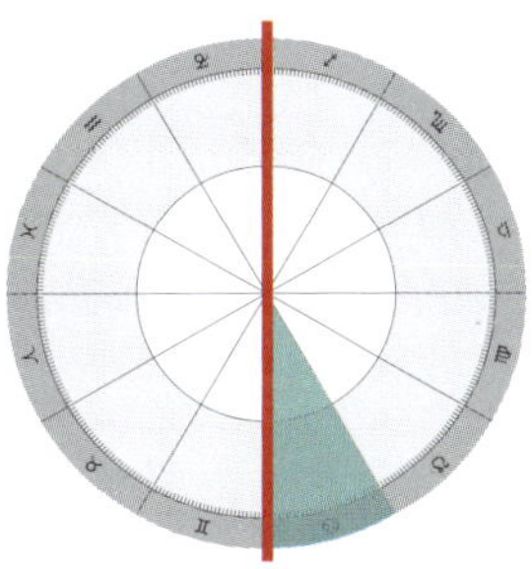

IC
In welchem Zeichen steht die Spitze des 4. Hauses?

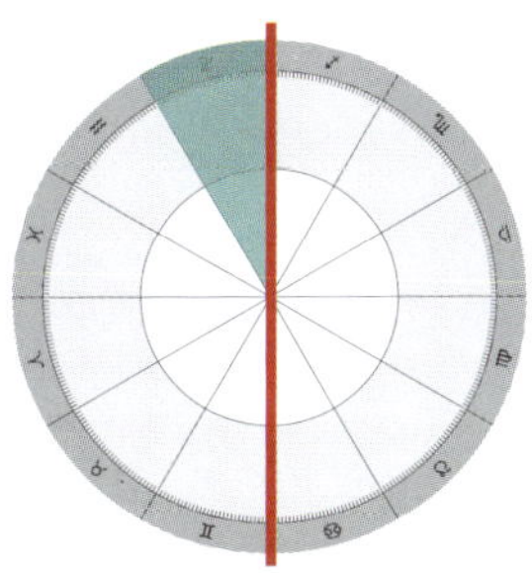

MC-Herrscher
In welchem Zeichen und Haus steht er?

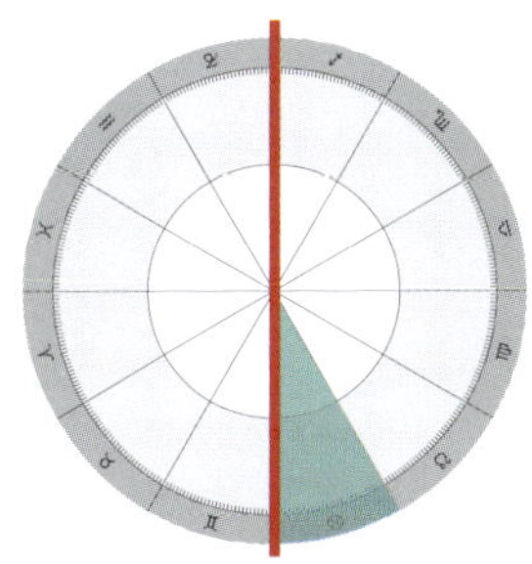

IC-Herrscher
In welchem Zeichen und Haus steht er?

› Konjunktion Planeten–Eckpunkte
Alle Planeten innerhalb eines 8°-Orbis der Eckpunkte (»Eckplaneten«) wirken sich auf Ihre Erfahrung im Zusammenhang mit diesem Eckpunkt kräftig aus.

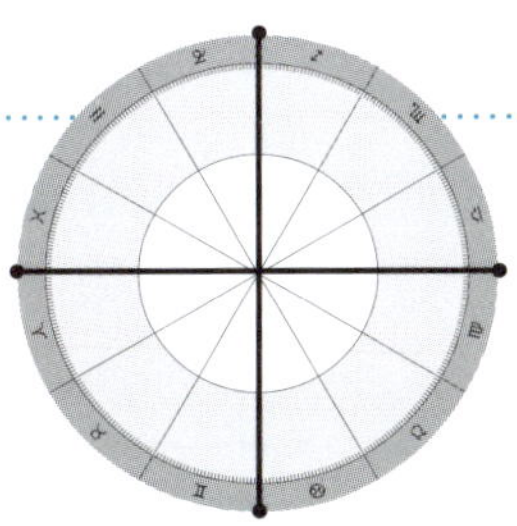

Eckplaneten
Konjunktion innerhalb von 8° eines Eckpunkts

FORTSETZUNG »

SCHRITT 3: **SONNE** UND **MOND**

Neben dem Horoskopherrscher symbolisieren Sonne und Mond Ihre zentralen Energien. Untersuchen Sie Zeichen, Haus und Aspekt und notieren Sie sich das Haus, über das die beiden jeweils herrschen.

ZENTRALE ENERGIEN

☉ Sonne | ☽ Mond

SCHRITT 4: **PERSÖNLICHE** UND **GESELLSCHAFTLICHE PLANETEN**

Untersuchen Sie die übrigen persönlichen Planeten (Merkur, Venus und Mars), um das Bild Ihres Persönlichkeitskerns zu vollenden. Gehen Sie dann zu den gesellschaftlichen Planeten (Jupiter und Saturn) über, die Ihre Erfahrungen im größeren gesellschaftlichen Kontext anzeigen.

PERSÖNLICHKEITSKERN

☿ Merkur | ♀ Venus | ♂ Mars

GESELLSCHAFT

♃ Jupiter | ♄ Saturn

SCHRITT 5: **CHIRON** UND **DIE ÄUSSEREN PLANETEN**

Chiron und die äußeren Planeten wirken besonders kraftvoll, wenn sie Hauptaspekte zu persönlichen Planeten oder Eckpunkten bilden. Notieren Sie Zeichen und Hausposition und ihre Aspekte sowie das Haus, über das die einzelnen äußeren Planeten herrschen.

KOLLEKTIVE THEMEN

⚷ Chiron | ♅ Uranus | ♆ Neptun | ♇ Pluto

SCHRITT 6: **ASPEKTFIGUREN**

Wenn Sie sich einen Überblick über die einzelnen Planeten verschafft haben, erkennen Sie die Aspektfiguren leichter. Nicht jedes Horoskop enthält eine solche, aber wenn ja, erzeugt sie eine bedeutsame Dynamik.

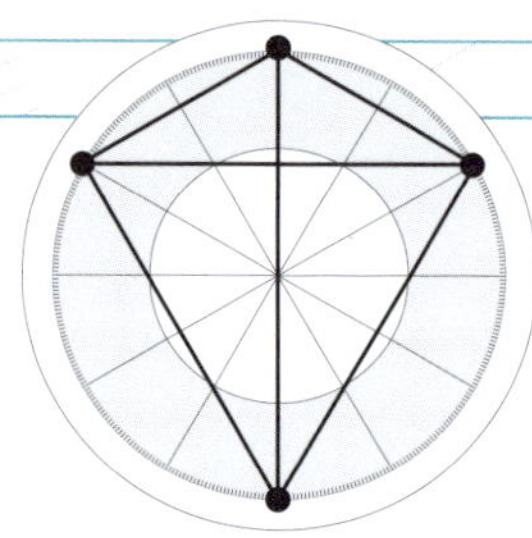

SCHRITT 7: DIE **MONDKNOTEN**

Die Mondknotenachse ist oft leichter zu interpretieren, wenn wir den Rest des Horoskops und seine Themen verstanden haben.

MONDKNOTEN

☊ nördlich | ☋ südlich

DIE THEMEN IN IHREM HOROSKOP

Die Hauptaufgabe bei der Horoskopdeutung besteht darin, die wichtigsten Merkmale herauszuarbeiten. Hier suchen wir nach Fäden, die zusammen ein Themengewebe ergeben, sowie nach den Spannungen und Widersprüchen, die jedes Horoskope enthält.

SCHRITT 1: **ASTROLOGISCHE SCHLÜSSELFAKTOREN**

Aszendent, Horoskopherrscher, Sonne und Mond
Dies sind die vier wichtigsten Faktoren im Horoskop, weil sie Selbstbild und Weltsicht (Aszendent und Horoskopherrscher), heldenhafte Bestimmung (Sonne) und inneres Seelenleben (Mond) definieren. Die Häuser, über die sie herrschen, spiegeln Schlüsselbereiche des Persönlichkeitsausdrucks.

Eckplaneten Jeder Planet in Konjunktion mit einem der Eckpunkte übernimmt eine tragende Rolle, sein Einfluss erstreckt sich auch über das Haus/die Häuser, das/die er in Ihrem Horoskop regiert. Die Eckpunkte sind die grundlegendsten Lebensbereiche: Identität (Aszendent), Beziehungswahl (Deszendent), Heim/Familie (IC) und Berufung (MC). Eine Planetenkonjunktion an diesen Punkten rückt Planet und Eckpunkt in den Fokus.

Unaspektierte Planeten Auch Planeten ohne Aspekte spielen eine wichtige Rolle. Sie spiegeln eine innere Energie, zu der man wenig Zugang hat oder die man schlecht steuern kann.

Aspektfiguren Aspektfiguren zeigen ein komplexes inneres Muster.

Was ist betont, was fehlt? Bei drei oder mehr Planeten in einem Element oder einer Qualität ist das Ihr dominanter Stil. Ein fehlendes Element oder eine fehlende Qualität kann auch durch Abwesenheit dominant sein. Vollbesetzte Häuser oder eine leere Hälfte sind ebenfalls bemerkenswert.

Aspekte mit den engsten Orben
Diese sind meist am stärksten zu spüren. »Eng« ist dabei relativ. Ein Orbis von 1° ist eng für ein Quadrat, wo der Höchstwert 8° beträgt, bei einem Anderthalbquadrat mit einem maximalen Orbis von 2° dagegen nicht. Enge harte Hauptaspekte sind der Kern eines Horoskops – das Sandkorn in der Auster.

SCHRITT 2: **DIE HAUPTTHEMEN ERKENNEN**

Ein Thema zeigt sich deutlich, wenn zwei oder drei Horoskopfaktoren in eine ähnliche Richtung deuten. Am stärksten tritt es hervor, wenn die Schlüsselfaktoren (siehe Aufzählung oben) beteiligt sind. Gleichzeitig betrachten wir die Stärken eines Horoskops – die wichtigsten Fähigkeiten und Talente – sowie die Herausforderungen, Spannungen und Paradoxe, die es enthält. Es gibt kein »gutes« oder »schlechtes« Horoskop. Jedes hat seine schwierigen Bereiche und sein positives Potenzial – und manchmal ist beides ein und dasselbe.

»ES GIBT KEIN **›GUTES‹** ODER **›SCHLECHTES‹** HOROSKOP. JEDES HAT SEINE SCHWIERIGEN BEREICHE UND SEIN POSITIVES POTENZIAL – UND MANCHMAL IST BEIDES **EIN UND DASSELBE**.«

BEISPIEL 1

AMANDA

Anhand des Horoskops von Amanda, Körpertherapeutin und Schriftstellerin, wollen wir uns nun ansehen, wie man ein echtes Horoskop deuten könnte. Amanda interessiert sich für Theater, Psychologie, Spiritualität und die Verbindung zwischen Geist und Körper. Sie ist politisch engagiert und aktive Umweltschützerin.

SCHRITT 1: **ASTROLOGISCHE SCHLÜSSELFAKTOREN**

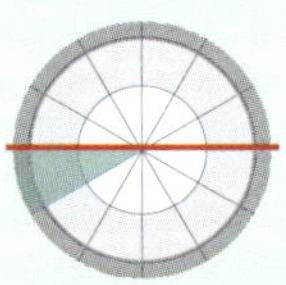

Aszendent & Horoskopherrscher

Aszendent und Horoskopherrscher Ihr **Skorpion-Aszendent** deutet auf eine vorsichtige Herangehensweise und einen starken intuitiven Radar hin, empfänglich für Untertöne und mit dem Wunsch, hinter die Fassade zu sehen. Dank **Mitherrscher Mars** kann Amanda mit ihrer Tiefe durch ausgleichendes Handeln (Mars in Waage) in der Gemeinschaft Wirkung zeigen (Mars im 11. Haus).

Die **Mars-Chiron**-Konjunktion fügt das heilende Element hinzu, das Amandas Körperarbeit durchdringt, und die Konjunktion **Mars-Neptun** sorgt für Kunstsinn und Sensibilität. **Mars** beherrscht das 5. und das 6. Haus, insgesamt also drei Häuser, was seine Bedeutung unterstreicht und eine starke Verbindung zu Kreativität/Kindern (5. Haus) sowie Arbeit und Gesundheit (6. Haus) schafft.

Der andere **Mitherrscher Pluto** steht in Löwe im 9. Haus. Das Zeichen ist für alle aus Amandas Generation gleich, aber **das 9. Haus** ist ihr persönlicher Faktor: Sie wird tief bohren, um endgültige (Pluto) Antworten auf die großen Fragen des Lebens (9. Haus) zu finden.

Sonne und Mond Ihre **Jungfrau-Sonne** steht im MC und weist auf eine prominente öffentliche Rolle und Arbeit als Mittel der Selbstentfaltung hin. **Jungfrau** verheißt Kunstfertigkeit und Präzision. Sie passt ideal zur Körperarbeit und zieht Stolz aus beruflichem Können und der Verbindung zum Körperlichen.

Die Sonne herrscht über kein Haus, aber über die drei Planeten in Amandas **9. Haus.** Der entschlossene Drang zu höherem Wissen wird daher von der **Sonne** über ihre **Konjunktion mit dem MC** aufgenommen und hervorgehoben werden.

Der Mond steht in **Skorpion** im **12. Haus,** eine sehr private Position. Gefühle werden tief empfunden, aber zurückgehalten, was den starken emotionalen Radar verstärkt. Persönliche Bedürfnisse werden vielleicht nicht offen ausgesprochen. Das **Quadrat mit Saturn** ist fast exakt und damit wohl der einflussreichste Aspekt, der das Thema der Autarkie fortführt. Die **Konjunktion mit Jupiter** fügt eine natürliche positive Einstellung hinzu.

Der Mond herrscht über das 9. Haus – wieder liegt der Schwerpunkt auf Reisen und Lernen. Die Herrschaft des Mondes verbindet diese Welt mit Amandas innerem Seelenleben (Mond). Ein Großteil der »Reise« könnte daher innerer und metaphysischer Art sein.

Eckplaneten Neben der Sonne steht **Merkur** in **Konjunktion mit dem MC.** Beide Planeten stehen zudem im Zeichen des jeweils anderen und sind verbunden.

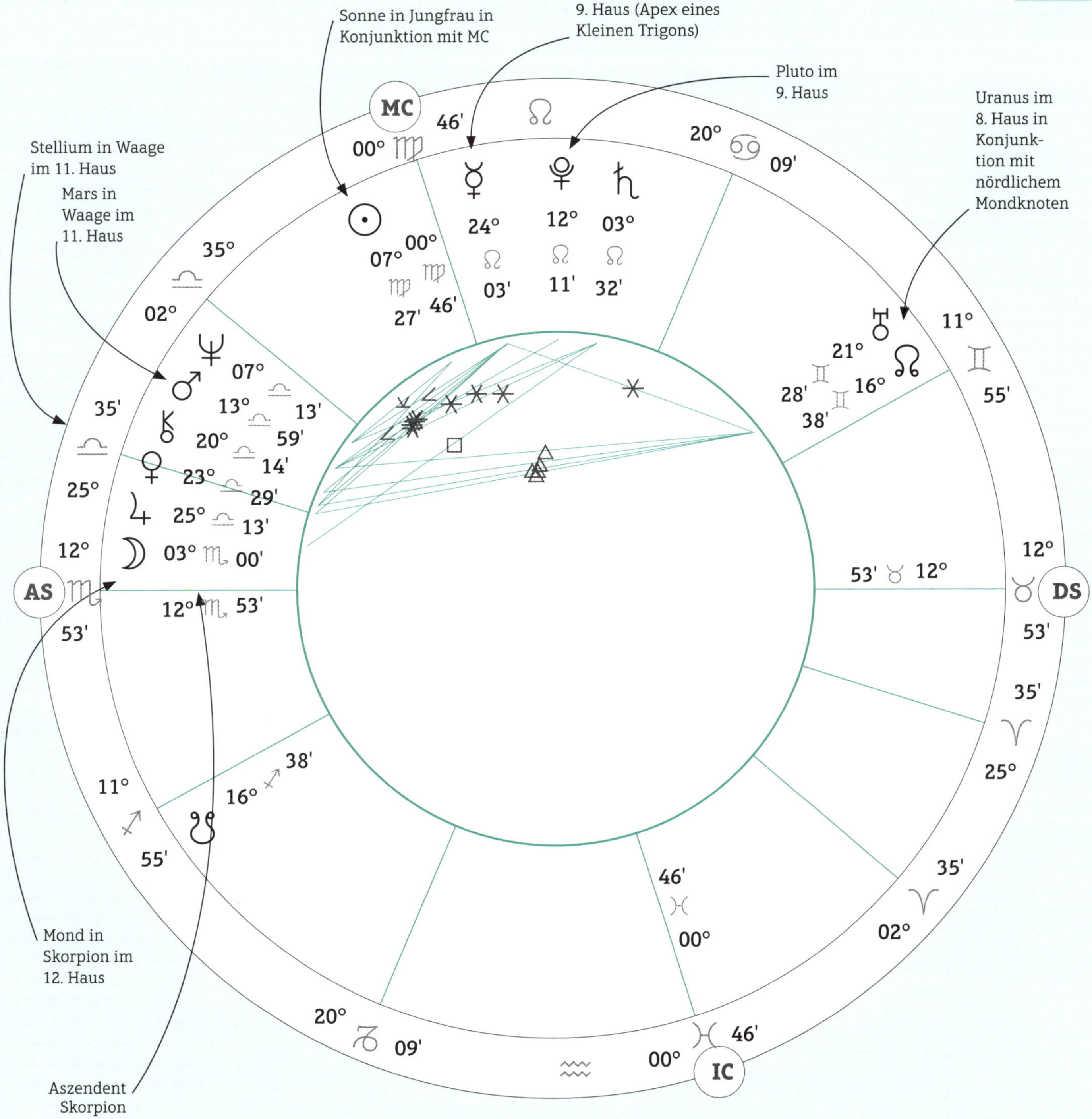

Amandas Geburtsdiagramm
Das 9., 10. und 11. sind die wichtigsten Häuser und verbinden Amanda mit den Bereichen Reisen und Philosophie sowie der Gemeinschaft und dem Bedürfnis nach einer öffentlichen Rolle oder einem öffentlichen Profil.

FORTSETZUNG »

Das stärkt die Geschicklichkeit und Kunstfertigkeit sowie die Entwicklung von Konzepten und Kommunikationsfähigkeiten als Schlüsselelemente von Amandas Karriere.

Unaspektierte Planeten Keine

Aspektfiguren Das **Waage-Stellium im 11. Haus** betont dieses Zeichen und dieses Haus. Fairness und Gleichgewicht sind entscheidende Antreiber, ebenso Beziehungen und soziale Interaktion. Im Zentrum steht dabei die Gemeinschaft. Die Begeisterung und Motivation von **Mars** und **Jupiter,** der Kunstsinn von **Venus** und **Neptun** sowie **Chirons** Aspekt des »verwundeten Heilers« führen zur Wahrnehmung des Lebens als einen schönen, dynamischen und heilenden Tanz.

Kleines Trigon Diese Aspektfigur aus Uranus, Chiron, Venus, Jupiter und Merkur steuert das Bild der »alternativen Heilerin« bei, die zur außergewöhnlichen Leistungen fähig ist (Apex-Planet Merkur in Löwe im 9. Haus).

Was ist betont, was fehlt? Die Sonne trägt die Erde-Aufgabe, daher könnte der Schwerpunkt für Amanda darin liegen, eine Beziehung zum Körperlichen (Erde) als Mittel zur Selbstentfaltung (Sonne) zu entwickeln. Das könnte auch ein Grund für ihre Liebe zur Natur sein. Die Sonne ist darüber hinaus der einzige Planet in einem veränderlichen Zeichen, also stand sie vielleicht vor der Herausforderung, Flexibilität zu entwickeln, eventuell durch ihre Arbeit oder durch ihre Rolle als Mutter (MC).

Die Südhälfte Sie enthält alle Planeten: Amanda ist daher nach außen auf kollektive und interpersonelle Bereiche orientiert. Die Osthälfte ist dominanter als die Westhälfte – obwohl die Planeten in Waage auf ein Bedürfnis nach Beziehungen hindeuten, empfindet sie sich selbst dabei als die treibende Kraft.

Aspekte mit den engsten Orben Neben dem Mond-Saturn-Quadrat bildet Pluto ein enges Quadrat zur AS-DS-Achse. Vielleicht gab es einzelne Kapitel in Amandas Leben, die geprägt waren von dramatischen Transformationen durch Reisen, Bildung oder im Zusammenhang mit ethischen Fragestellungen (Pluto im 9. Haus). Solche Veränderungen können sowohl ihren Identitätssinn (Aszendent) als auch ihre Beziehungen (Deszendent) verändern.

SCHRITT 2: **DIE HAUPTTHEMEN ERKENNEN**

Transformation und Erneuerung

Amanda durchläuft Zyklen der Transformation und Erneuerung, vielleicht ist ihr Leben in Kapitel unterteilt, unterbrochen von Zeiten der Instabilität und Veränderung.

- **Aszendent Skorpion,** Mitherrscher **Pluto** hoch im Horoskop und im engen **Quadrat mit AS-DS**
- **Mond** in **Skorpion**
- **Konjunktion von Uranus** und **Nordknoten** im **8. Haus**
- Eckplanet **Merkur** am **MC** (und verbunden mit der Sonne) regiert **8. Haus**

Philosophisch

Amanda hat wahrscheinlich ein philosophisches Wesen und gräbt gern tief nach Antworten auf komplexe Fragen. Möglicherweise interessiert sie sich für spirituelle und esoterische Themen.

- **Aszendent Skorpion,** Mitherrscher **Pluto** im **9. Haus**
- **Saturn** und **Merkur** ebenfalls im **9. Haus**
- **Saturn** im **9. Haus** regiert **3. Haus**
- **Mond** in **Skorpion** regiert **9. Haus** und in **Konjunktion mit Jupiter** im **11. Haus**
- **Konjunktion Uranus-Nordknoten** im **8. Haus**
- Eckplanet **Merkur** am **MC** regiert **8. Haus**

Beruf Heilerin

Amanda hat sich für einen Heilberuf entschieden. Heilkräfte sind im Horoskop gut vertreten. Das Konzept der körperlichen »Therapie« wird sichtbar: Körperarbeit löst Spannungen und sorgt für Heilung.

- Mitherrscher **Mars** in Konjunktion mit **Chiron**
- Mitherrscher **Mars** regiert **6. Haus**
- **Venus** (Herrscherin **12. Haus**) in **Konjunktion mit Chiron**
- **Aszendent** und **Mond** in **Skorpion**
- Eckplanet **Merkur** regiert **8. Haus**
- **Sonne** in **Jungfrau** am **MC** (einziger Planet in Erdzeichen)

Gesellschaft und Politik

Amanda hat ein starkes gesellschaftliches und politisches Bewusstsein, sie interessiert sich für moralische und ethische Fragen und für soziale Gerechtigkeit. Das könnte ein wichtiger Faktor in ihrem Leben sein.

- Volles **11. Haus** mit einem **Stellium in Waage**, das **Jupiter** mit einschließt
- **Venus** in **Waage** im **11. Haus** regiert **11. Haus**
- Drei Planeten im **9. Haus**
- Herrscher des **9. Hauses (Mond)** in **Konjunktion mit Jupiter**

Empfindsamkeit

Amandas Horoskop deutet auf einen hohen Grad an Empfindlichkeit und einen »sechsten Sinn« hin. Sie kann gut Schwingungen und Unausgesprochenes erfassen und hinter die Fassade der Dinge sehen.

- **Aszendent Skorpion**
- **Mond** in **Skorpion** im **12. Haus**
- **Uranus** im **8. Haus**
- **Merkur** herrscht über das **8. Haus**

Schreiben

Schreiben ist eine potenzielle Begabung. Die prominente Stellung von Sonne und Merkur weist darauf hin, dass Kommunikation für Amanda in ihrer Arbeit und als Ausdruck ihrer Kreativität wichtig ist.

- **Merkur** und **Sonne** am **MC** – sie herrschen übereinander und **Merkur** regiert den **MC**
- **Nordknoten** in **Zwillinge** (Herrscher: **Merkur**)
- **Saturn** im **9. Haus** regiert **3. Haus** und steht im **engen Quadrat zum Mond**

Beziehungen

Beziehungen aller Art sind wahrscheinlich ein durchgehendes Thema, in dem auch einige Spannungen liegen. Venus in Waage (Herrscherin über den Deszendenten) strebt nach einer friedlichen, liebevollen und zärtlichen Beziehung, steht aber auch im Trigon zum unabhängigen Uranus am Mondknoten (»schicksalhafte Begegnungen«). Der Skorpion-Mond im Quadrat zu Saturn ist autark, es besteht ein Planetenübergewicht auf der Ostseite. Das Bedürfnis nach Beziehungen wird also flankiert von einem Bedürfnis nach Freiraum und Autonomie.

- **Stellium in Waage** einschließlich Horoskop-Mitherrscher **Mars** und **Venus** (Herrscherin über **Deszendenten**)
- **Mond in Skorpion** im **Quadrat** zu **Saturn**
- **Venus** im **Trigon** zu **Uranus** und **Nordknoten** im **8. Haus**
- **Osthälfte** ist dominant

BEISPIEL 2

JACK

Anhand des Horoskops von Jack wollen wir uns ein weiteres Mal ansehen, wie man ein echtes Horoskop deuten könnte. Jack ist Immobilienmakler, arbeitet viel, ist karriereorientiert und möchte sich irgendwann selbstständig machen. Er reist gern und träumt davon, in den USA zu leben.

SCHRITT 1: **ASTROLOGISCHE SCHLÜSSELFAKTOREN**

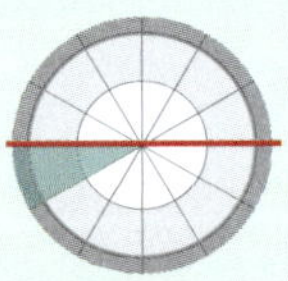

Aszendent & Horoskopherrscher

Aszendent und Horoskopherrscher Jacks Aszendent ist Jungfrau, er geht also effizient, zweckmäßig und mit kritischem Blick an Dinge heran. Mit Deszendent Fische steht er gelegentlich vor der Herausforderung, einen fließenderen und weniger analytischen Ansatz zu entwickeln. Dieses Thema könnte vor allem in Partnerschaften und Beziehungen auftauchen.

☿ **Horoskopherrscher Merkur** Er steht in Wassermann im 5. Haus. Das deutet auf Freude an Informationsnetzwerken und sozialem Austausch hin und darauf, dass Jack seine Kommunikationsbegabung als »Visitenkarte« betrachtet (Merkur als Horoskopherrscher), mit der er seine mentale Kreativität ausleben kann (Merkur im 5. Haus). Merkur in Wassermann neigt zu offener, ehrlicher Kommunikation und zeigt eine Begabung im Bereich Technologie und Innovation. Merkur herrscht auch über den Zwillinge-MC.

☉ ☽ **Sonne und Mond** Die Sonne steht im 6. Haus in Fische in Konjunktion mit dem nördlichen Mondknoten. Das könnte einen ausgeprägten Sinn für das eigene Schicksal und eine lebenslange Reise spiegeln, beständig auf der Suche nach Identität, kreativem Ausdruck und Sinnhaftigkeit (Konjunktion Sonne-Nordknoten), die sich in praktischen Diensten aller Art erfüllen könnte (Fische im 6. Haus). Die Sonne herrscht über sein 12. Haus – Jack glänzt in einer Rolle hinter den Kulissen.

Eckplaneten Keine

Unaspektierte Planeten Keine

Aspektfiguren Zwei T-Quadrate sind zu erkennen. Beide umfassen die Mars-Pluto-Opposition mit dem Mond an der einen und Venus an der anderen Spitze.

»Die **Polarität** zeigt ein leichtes Übergewicht bei den **negativen Zeichen**, sodass Jack eher **introvertiert** als extrovertiert ist.«

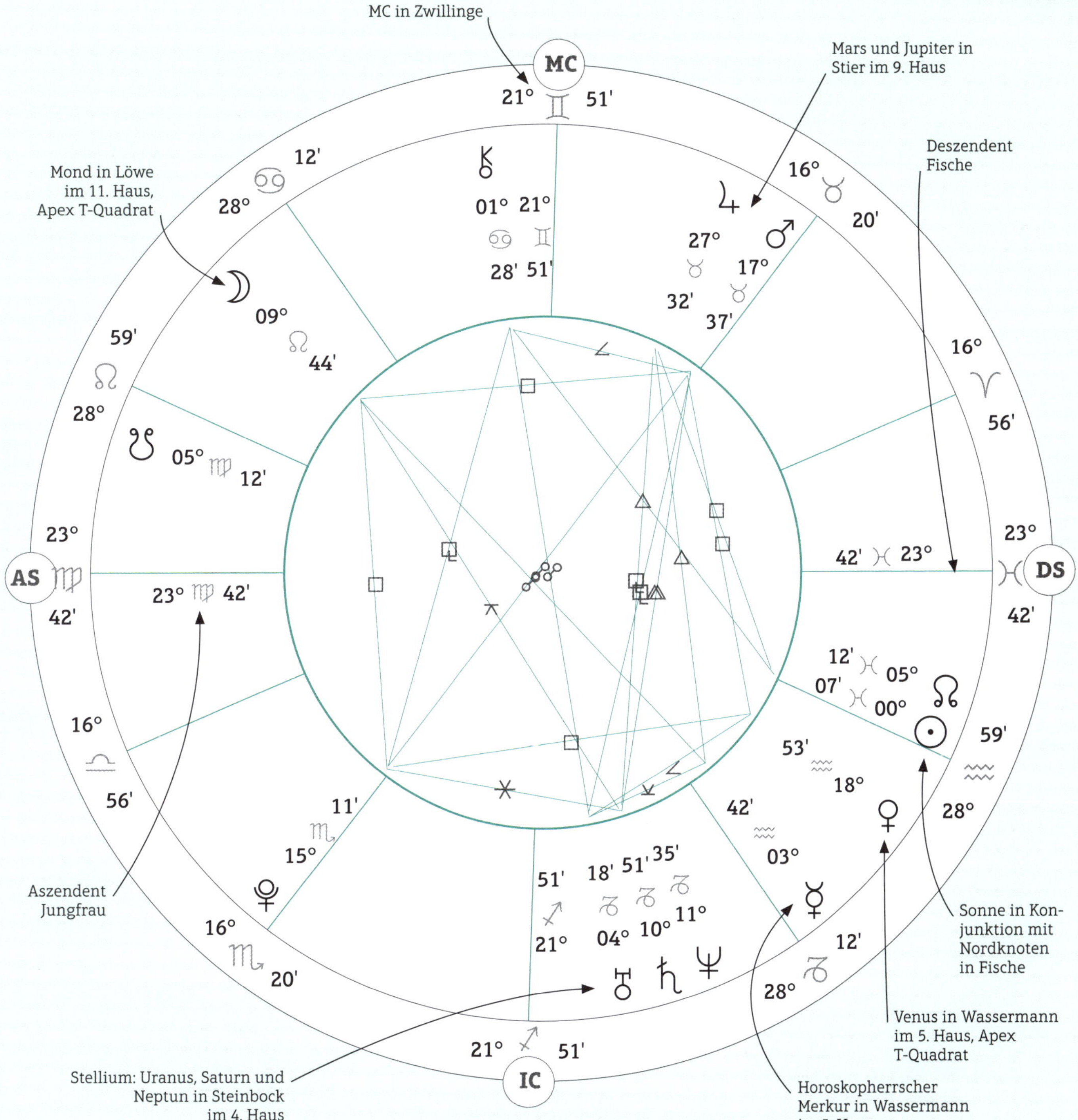

Jacks Geburtsdiagramm

Zwei fixe T-Quadrate sorgen für Durchhaltevermögen, der Löwe-Mond mit Mars/Jupiter im 9. Haus deutet auf einen risikofreudigen Unternehmer hin. Die Fische-Sonne steuert den Geist des Dienstleisters bei.

FORTSETZUNG »

Die Mars-Pluto-Opposition bringt den Wunsch nach finanzieller Macht (Pluto im 2. Haus) durch entschlossenes und gewagtes Betreten von Neuland (Mars im Stier im 9. Haus). Jack ist zäh und resolut. Der Mond in Löwe im 11. Haus ist mutig, extrovertiert und braucht Publikum; Venus in Wassermann im 5. Haus ist gesellig und freundlich. Beide werden von der unnachgiebigen Stärke der Mars-Pluto-Opposition unterstützt. Sie lässt hier ihre Energie fließen, die es leichter macht, Verbindungen zu knüpfen und Anerkennung zu finden.

Was ist betont, was fehlt? Die Polarität zeigt ein leichtes Übergewicht bei den negativen Zeichen, sodass Jack eher introvertiert als extrovertiert ist. Zwar gibt ihm sein Löwe-Mond einen Sinn für Selbstdarstellung, aber insgesamt ist das Horoskop mehr nach innen gewandt. Die fünf Planeten in fixen Zeichen geben Jack Widerstandskraft und Entschlossenheit, er könnte aber auch manchmal dazu neigen, stecken zu bleiben. Von den persönlichen und gesellschaftlichen Planeten steht nur Saturn in einem Kardinalzeichen, es könnte also bei jedem neuen Projekt und jeder neuen Lebensphase eine Weile dauern, bis er aus den Startlöchern kommt.

Erde ist das am stärksten betonte Element, gefolgt von Luft – Jack wirkt vielleicht etwas »trocken« und neigt nicht zu Dramen oder Gefühlsausbrüchen. Mit der Sonne als einzigem Planeten in einem Wasserzeichen am Nordknoten könnte es zu seinen Lebensaufgaben gehören, Wege zur Entfaltung seiner gefühlvollen Seite zu finden.

Das 4., 5., 6. und 9. Haus sind betont, jedes enthält mehr als einen Planeten oder Horoskop-Punkt. Uranus, Saturn und Neptun im 4. Haus deuten an, dass Heim und Familie ein zentraler Bereich für Jack sind, wenn auch in ständiger Unruhe: Uranus weist auf rastlose Umzüge hin, Saturn dagegen auf ein Bedürfnis nach Verankerung an einem Ort und Neptun auf die Sehnsucht nach dem »idealen Zuhause«.

♂♃ **Mars und Jupiter** im 9. Haus spiegeln Jacks Wunsch, zu reisen und die Welt zu sehen – vielleicht bevorzugt er die USA als »Land der Möglichkeiten« (Jupiter im 9. Haus), fühlt sich aber allgemein von Abenteuern an neuen Orten hingezogen (Mars und Jupiter im 9. Haus).

Aspekte mit den engsten Orben
Die Saturn-Neptun-Konjunktion ist der einzige Hauptaspekt mit weniger als 1°. Das Venus-Mars-Quadrat und das Sonne-Chiron-Trigon liegen bei etwas über 1°. Dies könnten die einflussreichsten Aspekte in Jacks Horoskop sein.

SCHRITT 2: **DIE HAUPTTHEMEN ERKENNEN**

Entschlossenheit

Die beiden T-Quadrate sorgen für einen Großteil der inneren Horoskopdynamik. Sie weisen auf Spannung hin, aber auch auf die Fähigkeit zu harter Arbeit. Der Drang nach gesellschaftlichen Verbindungen und Einfluss (Mond und Venus) ist mit einer Fähigkeit zu entschlossenem Durchhalten trotz widriger Umstände (Mars-Pluto) verknüpft. Zusätzlich stehen beide in fixen Zeichen. Möglicherweise setzt Jack sich Ziele, die viel Durchhaltevermögen erfordern.

- Zwei fixe **T-Quadrate**

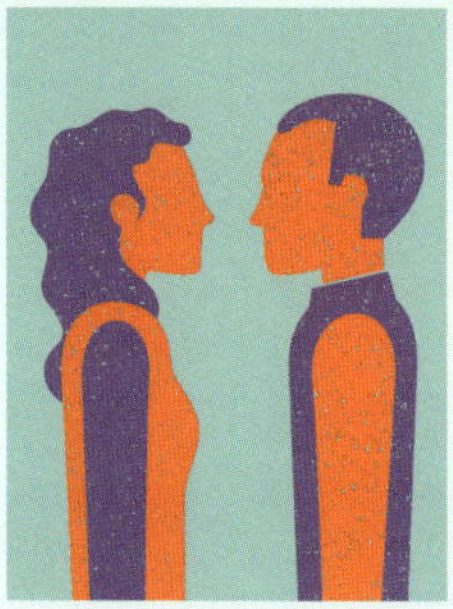

Soziale Verbindung

Soziale Verbindungen sind wichtig. Als einziger Planet in Feuer kommt der Mond gelegentlich übertrieben zum Ausdruck in dem Bedürfnis, in der Gruppe gesehen zu werden und sich besonders zu fühlen. Die Planeten in Wassermann sorgen für eine demokratischere Gesinnung, sie sehnen sich nach menschlichem Kontakt.

- Horoskopherrscher **Merkur** in **Wassermann** im **5. Haus, Merkur** regiert auch den **MC**
- **Venus** in **Wassermann** im **5. Haus**
- **Mond** in **Löwe** im **11. Haus**
- **Mond** regiert **11. Haus**

Arbeit

Aufgaben im Dienste eines Ideals, hinter den Kulissen oder als Unterstützer könnten für Jack interessant sein. Durch seine aktuelle Arbeit als Immobilienmakler scheint der Schwerpunkt auf seinen Planeten im 4. Haus zu liegen, vor allem bei der Verankerung durch die Sicherheit von Saturn in Steinbock im 4. Haus, doch später können noch andere Horoskopbereiche im Leben in den Vordergrund treten. Chiron in Krebs im 10. Haus könnte auf eine Mentorenrolle hinweisen, ausgestattet mit Mitgefühl und Sorge – das enge Trigon zu seiner Sonne in Fische könnte dies sogar ins Zentrum seines Lebens rücken.

- **Sonne** in **Fische, Sonne** regiert **12. Haus**
- **Aszendent Jungfrau**
- **Chiron** in **Krebs** im **10. Haus, Trigon** zur **Sonne** in **Fische**

Spirituelle Suche

Vielleicht sucht Jack nach Glaube und Bedeutung, wobei Prüfungen und Herausforderungen auf ihn warten. Nichts in diesem Bereich scheint einfach – beide T-Quadrate sind mit dem 9. Haus verknüpft (wo wir nach Bedeutung suchen), die Mondknoten verstärken das Quadrat zwischen Fische-Sonne und Jupiter im 9. Haus, dem Planeten der Überzeugungen. Irgendwann könnte das in eine spirituelle oder religiöse Krise oder Suche münden.

- **Venus** regiert **9. Haus,** Apex **T-Quadrat**
- **Mars** und **Jupiter** im **9. Haus.** Mars ist Teil beider **T-Quadrate, Jupiter** steht im **Quadrat** zu den **Mondknoten**
- **Konjunktion Sonne** und **Nordknoten in Fische** (und Quadrat **Sonne-Jupiter**)
- Wenig **Feuer** – nur der **Mond** steht in einem Feuerzeichen

Heim und Familie

Heim und Familie sind betont, es gibt aber widerstreitende Bedürfnisse in diesem Lebensbereich. Uranus im 4. Haus sucht Freiheit und Veränderung, aber Saturn (vor allem im sensiblen Steinbock) will sich geerdet und sicher fühlen. Jacks IC liegt in Schütze, beherrscht von Jupiter im 9. Haus – kein Wunder also, dass er gern im Ausland leben würde. Dies könnte aber ein Gefühl der Fremdheit und Ferne von den Wurzeln (Uranus im 4. Haus) und Heimweh (Neptun im 4. Haus) mit sich bringen.

- **Stellium** im **4. Haus** – **Uranus, Saturn** und **Neptun**
- **Saturn-Neptun** engster Aspekt im Horoskop
- **IC** in **Schütze,** regiert von **Jupiter** im **9. Haus**

Reisen

Jack möchte ins Ausland gehen. Im 9. Haus der Reise stehen zwei Planeten, Jupiter und Mars. Jupiter ist der Planet der Entfernungen und deutet hier auf Begeisterung für ferne Länder hin – er bildet einen Aspekt zur Fische-Sonne (und ist Mitherrscher über sie) und herrscht über den Schütze-IC – ein perfektes Sinnbild für das Auslandsleben. Mars bringt kühnen Entdeckergeist und ist mit dem Mond (unserem Zielsuche-Instinkt) und Venus, Herrscherin über das 9. Haus, verknüpft. Das verstärkt das Reisethema.

- **Mars** und **Jupiter** im **9. Haus**
- **Jupiter regiert das IC,** bildet **Quadrat** zu/regiert **Sonne**
- **Mars: Quadrat** zu **Mond** und **Venus** (Herrscherin 9. Haus)

»**Uranus, Saturn** und **Neptun** im **4. Haus** zeigen, dass **Heim und Familie** ein zentrales Thema für Jack sind.«

KAPITEL

6

SICH SELBST **VERSTEHEN**

SICH SELBST VERSTEHEN ÜBERBLICK

DIE POTENZIALE DES HOROSKOPS NUTZEN

Die Astrologie kann alle Aspekte des Lebens erhellen – von den alltäglichsten Angelegenheiten bis hin zu denen mit größter Bedeutung, die den Verlauf unseres Lebens fomen. Sie kann uns die Richtung weisen, wann immer wir Hilfe brauchen.

Sie selbst sein

Keiner ist wie Sie. Das bestätigt die Astrologie und zeigt auf, was für Sie als Individuum wichtig ist. Das Leben ist selten einfach und wir müssen uns ständig anpassen, um unseren Platz in den Familien, Gruppen und Gemeinschaften, denen wir angehören, zu finden. Ihr Horoskop ist eine Erinnerung an Ihr inneres Bild von Charakter und Berufung und hat das Potenzial, Sie wieder zu sich zurückzuführen.

Es erinnert Sie zudem daran, dass auch Ihre Psyche eine Rolle spielt und die Situationen mitgestaltet, in denen wir uns wiederfinden. Wir fühlen uns schnell in den Umständen gefangen und glauben, dass sich nie etwas ändern wird und dass sich unsere Wünsche nie erfüllen. Die Astrologie bietet hier eine alternative Sichtweise: Selbsterkenntnis kann Ihre mächtigste Waffe sein, wenn Sie sich auf den Weg machen möchten, um Ihre Ziele zu erreichen, authentisch zu leben und Ihre eigene Version von Glück und Erfüllung zu finden.

Symbolische Information

Astrologie basiert auf Symbolen. Es leuchtet daher ein, dass ein Horoskop nur symbolische Informationen liefert. Es bietet Hinweise und Konzepte an, Geschichten, denen man folgen, Themen, die man erkunden kann. Symbole bedeuten, dass in unserem Leben kein festgelegtes Schicksal mit nur einem möglichen Ausgang am Werk ist. Jedes Symbol in einem Horoskop hat mehrere Ebenen und Ausdrucksmöglichkeiten und jedes enthüllt seine Geschichte, während wir unser Leben leben. Wie wir in diesem Buch gesehen haben, muss jedes Symbol zwar auf seine Weise gedeutet werden (Venus-Dinge sind keine Mars-Dinge, Schütze ist nicht Steinbock), aber jedes liefert uns eine Palette von Möglichkeiten. Symbole bedeuten, dass wir die Wahl haben.

Beim eigenen Horoskop ist es wichtig, die Muster auf einer tieferen Ebene zu begreifen, und zu verstehen, wie es Ihre Verhältnisse und bisherigen Entscheidungen spiegelt – und was Sie bei künftigen Entscheidungen motivieren könnte.

Lebensbereiche erkunden

Jeder Mensch hat in jedem Bereich seine ganz individuellen Bedürfnisse und seinen eigenen Stil. Die folgenden Seiten sind ein Leitfaden zur Erkundung dieser Bereiche, keine umfassende Darstellung, was für Sie persönlich gilt. Für jedes Thema werden die relevantesten Horoskopfaktoren aufgeführt. Nutzen Sie Ihre Fantasie, um die Konzepte auf Ihr eigenes Horoskop anzuwenden.

»Ihr Horoskop ist eine Erinnerung an Ihr **inneres Bild von Charakter und Berufung** und hat das Potenzial, Sie wieder zu sich zurückzuführen.«

IDENTITÄT

MIT SICH SELBST GLÜCKLICH SEIN

Als Abbild Ihres einzigartigen Charakters und Ihrer unverwechselbaren Ansichten können wir das ganze Horoskop heranziehen, um Ihre »Identität« zu betrachten. Einige Bereiche liefern jedoch sehr spezielle Informationen über Ihr Selbstgefühl. Im Zentrum stehen dabei Aszendent, 1. Haus und Sonne.

IHRE **HÄUSER**

Aszendent und 1. Haus

Dieser Horoskopbereich symbolisiert Ihren Körper als Gefäß Ihrer Lebenskraft und zeigt damit Ihr Selbstgefühl als körperlich eigenständiges Individuum. Als Bild des Geburtsmoments beschreibt er auch Ihre Ankunft in der Welt und die Reaktionsmuster, die sich daraus ergeben.

Ihr Aszendent ist ein starker Indikator dafür, wie Sie sich selbst sehen. Ein **Zwillinge-Aszendent** etwa bringt ein leichtes und bewegliches Selbstgefühl, ein **Skorpion-Aszendent** dagegen eine deutlich verhaltenere Ich-Rolle.

Planeten im 1. Haus zeigen sich nach außen oft am offensichtlichsten: Über sie präsentieren wir uns der Welt. Mit **Venus** im 1. Haus wirken Sie vermutlich charmant, wollen mit allen gut auskommen und Dinge erleichtern. Dagegen kommt **Mars** hier oft angrifflustig rüber. Dieses Muster könnte Notsituationen in der Geburtserfahrung oder die frühe Gegenwart eines Rivalen widerspiegeln.

Planeten in Konjunktion in Ihrem Aszendenten, ob im 1. oder im 12. Haus, färben auf Ihre Identität ab und auch auf Ihre Wahrnehmung, wie die Welt auf Sie reagiert.

Das 5. Haus – das innere Kind

Im Zentrum des 5. Hauses steht das Konzept unserer Lebenskraft. Wir geben diese Energie mit der DNA an unsere Kinder weiter und geben sie in unsere kreativen Projekte. In diesem Haus erschaffen wir Dinge, die unsere Individualität und kreative Kraft ausdrücken. Planeten spiegeln hier das Wesen dieser inneren Gabe.

» **1. Haus** siehe S. 90–91
5. Haus siehe S. 98–99

»Planeten im 1. Haus zeigen sich nach außen oft **am offensichtlichsten:** Über sie **präsentieren wir uns der Welt.**«

IHRE **PLANETEN**

☉ **Die Sonne** symbolisiert, wo wir glänzen, Leistung erbringen und stolz sein wollen. Gemäß Zeichen und Haus, den Aspekten der Sonne und dem Haus, das sie regiert (an dessen Spitze Löwe steht), können wir dieses Bild verfeinern.

Steht Ihre Sonne beispielsweise im 9. Haus in **Steinbock,** wählen Sie vielleicht die Rolle als Lehrerin, Philosophin oder Entdeckerin und die Sonne strahlt mit jeder unternommenen Reise oder jedem gemeisterten Thema heller. Mit einem Quadrat zu **Pluto** im 12. Haus bringen solche Erfolge mit sich, dass Sie zeitweise mit Ihren inneren Dämonen kämpfen müssen – ideal etwa für einen Psychologen, der in die Tiefen des Unbewussten abtaucht.

Der Horoskopherrscher ist der Planet, der Ihren Aszendenten regiert, er gibt weitere Informationen darüber, wie es sich anfühlt, Sie zu sein. Mit einem **Widder-Aszendenten** etwa sehen Sie sich vielleicht als Krieger – **Mars** in Ihrem Horoskop zeigt Ihnen dann, was für ein Krieger Sie sind und was Sie zum Kämpfen bringt.

» **Die Planeten** siehe S. 65–85
Horoskopherrscher siehe S. 120

IHRE **ZEICHEN**

Kein Zeichen symbolisiert die Identität stärker als ein anderes – die Mischung der Zeichen, in denen die Planeten in Ihrem Horoskop stehen, skizziert Ihr Temperament. Wer etwa alle persönlichen und gesellschaftlichen Planeten in **Waage** und **Skorpion** hat, unterscheidet sich in seiner Persönlichkeit klar von jemandem mit viel **Zwillinge** und **Krebs** im Horoskop. Schon ein Blick auf die Zeichenmischung (und die Verteilung von Polarität, Qualitäten und Elementen) liefert Ihnen ein erstes Bild von sich selbst.

♌ **Löwe** ist allerdings die Ausnahme – das Haus mit Löwe an der Spitze wird von der Sonne beherrscht und ist zentral für Ihre Identität und Selbstentfaltung.

WANDEL

MIT DEN WENDEPUNKTEN DES LEBENS UMGEHEN

Wandel gehört unausweichlich zum Leben dazu – viele von uns suchen ihn sogar aktiv. Jeder geht mit Veränderungen anders um. Einige heißen sie willkommen und schauen grundsätzlich nach vorn, andere empfinden sie als unerwünschte Turbulenzen.

IHRE **ZEICHEN**

Bestimmte Zeichen kommen mit dem Wandel besser zurecht als andere. Vor allem **Stier, Krebs** und **Skorpion** brauchen Sicherheit in irgendeiner Form und halten Dinge lieber fest, als alles fließen zu lassen. Mit persönlichen Planeten in diesen Zeichen fühlt sich Veränderung für Sie beruhigender an als ein Kulissenwechsel. **Widder** oder **Zwillinge** dagegen brauchen regelmäßige etwas Neues.

Die kardinalen Zeichen Widder kommt mit seinem feurigen Schwung des ersten Zeichens am besten mit Wandel zurecht. Krebs, Waage und Steinbock können sich anpassen, aber Kardinalzeichen haben gern die Kontrolle. Für jemanden mit persönlichen Planeten in kardinalen Zeichen ist Wandel meist nur dann willkommen, wenn er ihn selbst angestoßen hat.

Die fixen Zeichen Viele fixe Zeichen in einem Horoskop deuten auf eine Tendenz hin, auf Biegen und Brechen beim Bekanntem zu bleiben. Instinktiv wollen fixe Zeichen stabilisieren: Auch wenn ein frischer Wind bläst, bleiben sie fest verankert.

Die veränderlichen Zeichen Sie reagieren meist positiv, wenn Wandel in der Luft liegt. Wer persönliche Planeten in diesen Zeichen hat, mag es wahrscheinlich nicht, wenn Dinge statisch sind. In diesem Fall erzeugen Sie spontan Bewegung, um sich zu versichern, dass es immer eine Alternative gibt – selbst wenn Sie nur von Zeit zu Zeit die Möbel umstellen oder ein anderes Urlaubsziel wählen.

»Instinktiv wollen **fixe Zeichen** stabilisieren.«

IHRE **PLANETEN**

☽ **Der Mond** ist ein wichtiger Planet in Ihrem Horoskop, weil er auf die vertrauten Rhythmen und Rituale verweist, die Ihnen Trost und Sicherheit geben. Wo der Mond steht, horten und sammeln wir gern. Mit dem Mond in **Zwillinge** etwa heben wir Bücher und Zeitschriften auf (vielleicht möchten wir sie in zehn Jahren ja noch mal lesen!) und mit dem Mond in **Krebs** sämtliche Postkarten, Fotos und Erinnerungsstücke. Im Extrem deuten zwanghaftes Horten oder Rückfall in bestimmte Verhaltensmuster auf eine Furcht hin, sich weiterzubewegen.

♂ **Mars** kann Ihr Verbündeter sein, wenn Veränderungen anstehen, und unter Berücksichtigung seiner besonderen Energie können Sie so reagieren, dass sie gut zu bewältigen sind. Mars in **Steinbock** etwa verleiht Ihnen die Fähigkeit, entschlossen voranzugehen. Mit Mars in **Fische** finden Sie es vielleicht schwierig, mit dem Druck umzugehen, Entscheidungen treffen zu müssen.

♅ Zu **Uranus** gehört der radikale Wandel. Wo immer er in Ihrem Horoskop steht, wird es regelmäßig nötig sein, das dazugehörige Thema aufzuarbeiten, oder die Umstände verändern sich plötzlich. Hier streben Sie nach Freiheit von Konventionen und spüren, dass immer eine aufregendere Möglichkeit wartet. Der Wandel scheint von außen zu kommen, fällt aber oft mit einem inneren Bedürfnis nach einem Neustart zusammen – ob Ihnen das bewusst ist oder nicht.

» **Der Mond** siehe S. 64–65
Mars siehe S. 70–71
Uranus siehe S. 78–79

IHRE **HÄUSER**

Aszendent und 1. Haus – neue Kapitel

Ihr Aszendent und 1. Haus zeigen die Energie an, die zu Beginn jedes neuen Lebenskapitels herrscht. Wenn ein Wandel ansteht, sind 1. Haus und Horoskopherrscher die Hände am Steuer und zeigen, wie Sie den neuen Kurs setzen.

Mit einem **Jungfrau-Aszendenten** etwa schauen Sie vielleicht etwas ängstlich darauf, wie sich die Dinge entwickeln. Eine gute Strategie wäre es, alle Details Ihrer neuen Reise weit im Voraus zu organisieren. Wenn Sie dagegen einen **Fische-Aszendenten** haben, beginnt jede neue Phase mit einer inneren Vision, an der Sie vielleicht festhalten müssen, bis Sie wieder Land sehen.

» **1. Haus** siehe S. 90–91

» **Tierkreiszeichen** siehe S. 32–57

UNGEWISSHEIT

DEM UNBEKANNTEN IM LEBEN BEGEGNEN

Wie entschlussfreudig Sie auch sein mögen – wir alle erleben Zeiten des Zweifels, wenn der Weg alles andere als klar vor uns liegt. Ihr Horoskop zeigt die Problemfelder, in denen Ungewissheit entstehen kann, und wie Sie Ihren Weg durch sie hindurch finden.

IHRE **PLANETEN**

♂ **Mars** zeigt, wie wir schwere Zeiten durchstehen. Zum Beispiel können wir Zwillinge, Waage und Fische als eher unentschlossene Zeichen betrachten. Wenn Mars in einem dieser Zeichen steht, gehört Entschlussfreudigkeit vielleicht nicht zu Ihren Stärken, doch er bietet trotzdem eine Strategie für die Planeten in ihm an.

Mit Mars in **Zwillinge** können Sie Entscheidungen treffen, müssen aber erst Ihre Bedenken äußern. Vielleicht spielen Sie als Advocatus Diaboli in eigener Sache alle Möglichkeiten durch, bis sich die richtige Antwort herauskristallisiert.

Mars in **Waage** möchte unparteiisch handeln. Was wie ein Ausweichmanöver aussieht, ist vielleicht eher ein innerer Prozess, alle Aspekte gleichermaßen zu bedenken.

Fische scheint im Widerspruch zur drängenden Mars-Energie zu stehen. Mit Mars in diesem Zeichen fühlen Sie sich vielleicht oft nicht handlungsfähig. Sie haben aber auch starke Instinkte und sollten Ihrer Intuition vertrauen.

♃ **Jupiter** zeigt unsere Vision und Inspiration und worauf unsere Zuversicht beruht. Mit Jupiter in **Widder** entscheiden Sie wahrscheinlich selbstbewusst, mit Jupiter in **Steinbock** dagegen dürfen neue Unternehmungen Ihnen nicht entgleiten – durch genaue Planung erhalten Sie sich das Gefühl der Kontrolle. Wenn Sie Ihren Jupiter verstehen, können Sie mit Risiken auf Ihre Weise umgehen.

Die Planetenzyklen erinnern uns daran, dass es Zeiten zum Handeln gibt und Zeiten, in denen wir besser abwarten sollten. Entscheidend ist auch der Fingerzeig durch die Astrologie, dass es nicht hilft, wenn wir uns unter Druck setzen, um der Welt zu beweisen, dass wir uns zusammengerissen und alles Mögliche getan haben. Manchmal ist es mutiger und kreativer, sich Zeit zum Rückzug zu geben und über aktuelle Probleme nachzudenken.

» **Mars** siehe S. 70–71
Jupiter siehe S. 74–75

»Die **Planetenzyklen** erinnern uns daran, dass es Zeiten zum Handeln gibt und Zeiten, in denen wir besser abwarten sollten.«

IHRE **ZEICHEN**

Die Elemente

Feuer Dieses Element gibt Ihnen natürlichen Schwung. Je mehr davon Ihr Horoskop enthält, desto stärker ist wahrscheinlich Ihre Zuversicht, dass in jeder Situation irgendwie alles gut wird. Fehlt Ihnen Feuer, so nehmen die stark vertretenen Elemente seine Stelle ein.

Luft Ohne Feuer, aber mit mehreren Planeten in Luftzeichen gehen Sie Unbekanntes an, indem Sie es artikulieren – Sie reden darüber, erstellen Mindmaps, schreiben Listen und schmieden Pläne.

Erde Mit vielen Planeten in Erdzeichen fühlen Sie sich nur mit einem Notfallplan in der Tasche wohl – Ungewissheit begegnen Sie mit Sparplänen und einer guten Versicherungspolice.

Wasser Mit mehreren Planeten in Wasserzeichen tritt Ungewissheit oft in Zeiten emotionaler Krisen auf – ein gutes Unterstützernetzwerk aus Freunden und Familie ist hier der entscheidende Faktor, um mit solchen Situationen umgehen zu können.

» **Elemente** siehe S. 30–31

IHRE **HÄUSER**

Das 9. Haus – der Glaube an das Unsichtbare

Die Planeten im 9. Haus weisen darauf hin, wie Sie dem Unbekannten begegnen. Wenn wir Pläne für unsere Zukunft schmieden, zu einer langen Reise aufbrechen oder eine Vision von etwas Zukünftigem aufrechterhalten müssen, kommt das 9. Haus zum Tragen. Die Planeten hier und das Zeichen an der Häuserspitze vermitteln diese Themen für Sie. Mit **Saturn** etwa haben Sie von Natur aus nicht viel Vertrauen, dass alles gut wird. Mit **Uranus** dagegen suchen Sie vielleicht aktiv die Aufregung des Fremden und Unvertrauten.

» **9. Haus** siehe S. 108–109

SCHWERE ZEITEN

MIT DEN SCHWIERIGKEITEN IM LEBEN KLARKOMMEN

»Nur die Harten kommen in den Garten«, so sagen wir scherzhaft. Aber jeder von uns hat seine eigene Methode, Stürme zu überstehen. Dabei können wir nur auf das zurückgreifen, was in uns ist, um uns durch schwere Fahrwasser zu manövrieren.

IHRE **HÄUSER**

Das 8. Haus – Krise und Transformation

Zwar sind nicht alle unsere Schwierigkeiten mit dem 8. Haus verknüpft, aber hier finden wir Hinweise darauf, wie wir auf Druck reagieren. Genauer gesagt: Es geht um eine Reise an dunkle Orte, etwa eine Scheidung, eine finanzielle Krise oder Erfahrungen mit Trauer und schmerzlichem Verlust.

Das 8. Haus ist die Drachenhöhle und alle Planeten, die dort stehen, werden durch die Hitze geformt. Auch ohne Planeten verraten Ihnen das Zeichen an der Häuserspitze und der Planetenherrscher über dieses Zeichen, wie Sie extreme Lebenserfahrungen angehen und worauf Sie zurückgreifen können, wenn alles auseinanderzubrechen scheint.

Wenn Sie zum Beispiel **Merkur** im 8. Haus haben, könnte Ihnen ein Führer in die Unterwelt guttun – ein Berater oder Therapeut, Freunde, die gut zuhören können oder sich auf dem Gebiet auskennen – oder auch das Führen eines Tagebuchs, um Ihre emotionalen Erfahrungen zu sortieren und zu verstehen. Letztendlich ist Ihr angestammter »Schatz« das Wissen (Merkur) um verborgene Dinge (8. Haus), und das kann gleichzeitig ein Segen sein und der Grund dafür, dass Sie überhaupt in stürmische Gewässer geraten.

Mit **Steinbock** an der Spitze des 8. Hauses wiederum gehen Sie ohne Zweifel und stoisch an schwere Zeiten heran. Ihre eigenen Gefühle können Sie beiseiteschieben, wenn jemand anderes Ihre Hilfe braucht. Die Position von **Saturn** als Herrscher über das 8. Haus in Ihrem Horoskop gibt Hinweise darauf, wie Sie diesen Gleichmut so einsetzen können, dass er Sie stabilisiert und Sie sich verankert und sicher fühlen.

» **8. Haus** siehe S. 106–107

IHRE **PLANETEN**

Der Mond Er ist das Barometer Ihrer inneren Gefühle und beschreibt instinktive Reaktionen. Er zeigt, was Sie brauchen, um sich genährt und sicher zu fühlen. Ängste entstehen, wenn der Mond unter Druck gerät. Mit dem Mond in **Skorpion** etwa wollen Sie mit Schwierigkeiten allein fertigwerden und kapseln sich ab, um allein aus Ihren eigenen Ressourcen zu schöpfen. Mit dem Mond in **Waage** dagegen können Sie für sich sorgen, indem Sie Harmonie und Gleichgewicht erzeugen, und wenn es nur einmal pro Woche im Yogakurs ist. Je schwieriger das Leben wird, desto mehr müssen wir auf die Stimme des Mondes hören, und zwar in den ihm zugehörigen Bereichen Nahrung, Ruhe und Selbstfürsorge.

Die Sonne Das Ziel im Auge zu behalten kann eine gute Strategie sein, um schwierige Zeiten zu überstehen. Von jeher kennt man in der östlichen wie in der westlichen Tradition das Konzept, dass das Menschenleben sich entfaltet, wir als Samenkorn mit eigenem Lebensziel beginnen und die Irrungen und Wirrungen, denen wir begegnen, ein unabdingbarer Teil unserer Reise sind.

Natürlich symbolisiert das ganze Horoskop die Idee des Samens und die Entfaltung des Lebens, aber die Sonne spielt als zentrales Licht eine besondere Rolle in Ihrem Diagramm, wozu auch immer Sie gerade werden.

» **Planeten** siehe S. 62–85

»Der **Mond** ist das Barometer Ihrer **inneren Gefühle** und beschreibt instinktive Reaktionen.«

IHRE **ZEICHEN**

Elemente Die **Feuerzeichen** sind eher zuversichtlich, Licht am Ende des Tunnels zu finden. Dagegen konzentrieren sich die **Erdzeichen** mehr auf die Gegenwart – die Beschäftigung mit praktischen Vorkehrungen kann für Sicherheit sorgen. Mit Planeten in **Luftzeichen** ist Ihre wichtigste Stärke Objektivität, mit Planeten in **Wasserzeichen** müssen Sie Ihren verborgenen Gefühlen ausreichend Beachtung schenken.

Qualitäten Die **kardinalen Zeichen** übernehmen bei Schwierigkeiten meist die Kontrolle und versuchen voranzukommen. Die **fixen Zeichen** verfügen über Resilienz und Durchhaltevermögen. Sind dagegen **veränderliche Zeichen** stark, laufen Sie vielleicht am liebsten weg – Sie können aber auch Ihre Vielseitigkeit und Anpassungsfähigkeit nutzen.

» **Tierkreiszeichen** siehe S. 32–57

GEWOHNHEITEN

UNGUTES VERHALTEN ERKENNEN UND ÄNDERN

Manchmal kann aus einer guten Angewohnheit eine schlechte werden, nämlich dann, wenn sie keinen Nutzen mehr hat. Ihr Horoskop zeigt, in welche Gewohnheiten Sie verfallen und wie Sie sich daraus befreien, sobald Ihr Verhalten Ihr Wohlbefinden beeinträchtigt.

IHRE **PLANETEN**

☽ **Der Mond** als der Teil von uns, der die alltäglichen Bedürfnisse, Verbindungen und sicheren Häfen bestimmt, sagt viel über die Gewohnheitsmuster aus, die wir ausbilden. Häufig sind wir uns dessen nicht bewusst. Vieles davon hat wahrscheinlich seinen Ursprung in der Kindheit. Frühe Stimmungen und Dynamiken in unserer Geburtsfamilie, vor allem Sorgen und Ungewissheiten, erlernte Verhaltensweisen, Trennungs- oder Verlassensängste, fehlende Sicherheit oder die Nichterfüllung unserer Bedürfnisse, können sich im späteren Leben in negativen Verhaltensmustern niederschlagen. Das betrifft insbesondere die lunaren Bereiche wie Essgewohnheiten und emotionale Intimität. Die Mondmuster sind daher am schwersten zu durchbrechen, weil sie wahrscheinlich am tiefsten verankert sind. Sie zu erkennen ist jedoch schon ein guter Anfang.

Mit dem Mond in **Stier** beispielsweise schalten Sie unter Stress vielleicht auf stur und verharren unbeweglich oder Sie trösten sich mit Essen, Sex oder Körperkontakt. Mit dem Mond in **Zwillinge** fühlen Sie sich in sehr emotionalen Situationen oft gestresst und ziehen sich zurück, wenn es zu hitzig wird. Dort, wo der Mond in Ihrem Horoskop steht, können Sie die Gewohnheiten untersuchen, die Sie in diesem Bereich entwickelt haben. Versuchen Sie herauszufinden, woher sie stammen. Wenig hilfreiche Muster und Süchte können sich auch um die harten Aspekte in einem Horoskop bilden. **Venus** im Quadrat zu **Saturn** deutet an, dass der Aspekt des Begehrens nicht ausreichend Raum zum Wachsen hatte, was in Beziehungen die Intimität behindern kann oder zu dem Glauben führt, nicht liebenswert zu sein. **Neptun** in Opposition zur **Sonne** könnte das Gefühl spiegeln, die Verbindung zum Vater verloren zu haben, und damit das Verlangen nach der maskulinen Kraft, für die die Sonne steht. Solche tieferen Dynamiken können sich als festgefahrene Ansichten über uns, andere Menschen oder das Leben an sich manifestieren. Durch Selbsterfahrung können wir uns davon befreien.

»Der Mond als der Teil von uns, der die alltäglichen Bedürfnisse, Verbindungen und sicheren Häfen bestimmt, sagt viel über die **Gewohnheitsmuster** aus, die wir ausbilden.«

IHRE **HÄUSER**

Das 6. Haus – Rituale und Routinen

Das 6. Haus beschreibt die alltäglichen Abläufe, die Planeten darin stehen deshalb im Zentrum unserer Gewohnheiten und Rituale. **Mars** könnte hier zum Beispiel zu täglichen Besuchen im Fitnessstudio anregen, mit **Neptun** im 6. Haus brauchen Sie vielleicht Zeit zum Tagträumen oder Musikhören.

Solche Rituale helfen uns – solange sie nicht zwanghaft werden oder wir damit unbewusste Ängste im Zaum halten. Die extreme Version von Mars im 6. Haus wäre der 18-Stunden-Arbeitstag oder endlose Workouts, hinter denen ein Gefühl des Kontrollverlusts steckt. Mit Neptun im 6. Haus funktionieren Sie im Extrem nicht ohne Ihre tägliche Meditation oder wenn Ihre Lebensweise nicht einem vorgefassten Ideal spiritueller Reinheit entspricht. Schädliche Gewohnheiten können sich überall im Horoskop zeigen, aber vor allem im 6. Haus neigen die Planeten zu monotonen Ritualen.

» **6. Haus** siehe S. 100–101

IHRE **ZEICHEN**

Kein Zeichen neigt mehr zu negativen Gewohnheiten als ein anderes – man könnte eher sagen, dass jedes seine potenziellen Fallstricke hat. Für **Widder** beispielsweise haben schlechte Gewohnheiten vielleicht mit Ungeduld zu tun, für **Stier** mit Unbeweglichkeit, für **Zwillinge** mit nervöser Spannung und für **Krebs** mit dem Bedürfnis nach einer metaphorischen Kuscheldecke.

Wir können allerdings **Jungfrau** als das Zeichen mit der vielleicht größten Nähe zu Ritualen hervorheben. Ihre Planeten oder Häuserspitze in Jungfrau könnten der Lebensbereich sein, in dem Sie nach einer festgelegten Formel oder Methode arbeiten. Das kann für alle drei Erdzeichen gelten, aber Jungfrau hängt besonders an Regeln und festen Prozeduren fest. Sie wiederholt die Dinge immer und immer wieder, um Perfektion zu erreichen.

» **Der Mond** siehe S. 64–65

»KEIN ZEICHEN NEIGT MEHR ZU **NEGATIVEN GEWOHNHEITEN** ALS EIN ANDERES – MAN KÖNNTE EHER SAGEN, DASS JEDES SEINE **POTENZIELLEN FALLSTRICKE** HAT.«

GESUNDHEIT UND WOHLBEFINDEN

KÖRPER UND GEIST IM GLEICHGEWICHT HALTEN

Das 6. Haus ist traditionell das Haus, das für dieses Thema steht. Sie können in dieser Hinsicht aber auch jeden Teil Ihres Horoskops einzeln betrachten. Ihr Geburtsdiagramm zeigt Ihre Gesamtverfassung, alles darin trägt zu Ihrer Gesundheit und Ihrem Wohlbefinden bei.

IHRE **HÄUSER**

Das 6. Haus ist ein sinnvoller Ansatzpunkt, hierhin gehört Ihr täglicher Gesundheitsplan. Es ist daher hilfreich, die Planeten (und/oder das Zeichen an der Spitze) Ihres 6. Hauses in die Planung einzubeziehen. Manchmal kommt es dabei zu Widersprüchen, wenn beispielsweise sowohl **Jupiter** als auch **Saturn** in diesem Haus zu finden sind. Doch das bedeutet nur, dass Sie beiden Aufmerksamkeit schenken und sie dazu bringen müssen, zusammenzuarbeiten.

Selbst wenn **Chiron** oder **Uranus** hier stehen, können Sie einen Weg finden, deren Prinzip im Alltag zu beachten. Mit Chiron im 6. Haus interessieren Sie sich vielleicht für komplementäre Gesundheitspraktiken, mit Uranus darin könnte es gut sein, kurz und intensiv zu trainieren und auf andere Arten die starke nervöse Anspannung dieses Planeten abzuleiten.

Das 12. Haus galt traditionell als das Haus der Krankheit. Hier verlieren Planeten ihre Vitalität und kommen »schwach« zum Ausdruck. Im Zusammenhang mit diesem Haus sprechen Astrologen von Karma und »früheren Leben«. Ein psychologischer Ansatz hilft, das zu erklären.

Planeten im 12. Haus sind nicht sichtbar – unsere Motivationen und unsere Verhaltensmuster im Zusammenhang mit ihnen sind daher meist unbewusst. Die »früheren Leben« können auch die unserer Vorfahren sein. Planeten deuten hier möglicherweise auf Komplexe oder Traumata vergangener Generationen hin, die wir geerbt haben.

Diese verborgenen Gefühle äußern sich oft psychosomatisch als körperliche Symptome. Ein Beispiel wäre **der Mond,** der hier auf Erfahrungen mit fehlender Versorgung oder Pflege verweist, was als Sehnsucht zutage treten kann, behütet zu sein. Ein weiteres Beispiel: **Merkur** könnte die Erfahrung spiegeln, nicht sprechen zu dürfen, was sich als eine Störung am Stimmapparat manifestieren kann.

» **6. Haus** siehe S. 100–103
12. Haus siehe S. 114–115

»Jedes Zeichen kommt **auf seine eigene Weise** zum Ausdruck – wenn wir das nicht anerkennen und berücksichtigen, leidet unser **Wohlbefinden** darunter.«

IHRE **PLANETEN**

Der Mond symbolisiert, was wir für unser grundlegendes emotionales und körperliches Wohlbefinden brauchen. Zeichen und Haus, in dem der Mond in Ihrem Horoskop steht, und seine Aspekte mit anderen Planeten zeichnen zusammen ein Bild davon, womit Sie glücklich und entspannt sind. Wenn wir uns nicht selbst »nähren« können, im wörtlichen oder übertragenen Sinne gemäß den Bedürfnissen unseres Mondes, kann das zu Ängsten und Krankheiten führen.

Jeder Planet in einem Horoskop enthält sowohl positive als auch negative Potenziale. Die Astrologie geht von einer wechselseitigen Beziehung zwischen unserer körperlichen sowie unserer mentalen, emotionalen und seelischen Gesundheit aus, weil jeder Planet all diese Bedeutungsebenen umfasst.

♂ An **Mars** lässt sich das gut illustrieren. Wenn Sie Sport treiben, nehmen Sie Verbindung zu Ihrem Mars auf – eine Aktivität, die zu seinem Zeichen und Haus passt, kann diesen Planeten auch auf anderen Ebenen für Sie stärken und Sie mental und emotional kräftigen. Wenn Sie solche Pläne nicht umsetzen können, kann das zu körperlicher Erschöpfung und Apathie führen.

» **Der Mond** siehe S. 64–66
Mars siehe S. 70–71

»Die Astrologie geht von einer wechselseitigen Beziehung zwischen unserer **körperlichen** sowie unserer **mentalen, emotionalen** und **seelischen** Gesundheit aus.«

IHRE **ZEICHEN**

Es gibt keine Zeichen mit einer speziellen Verbindung zur Gesundheit – aber es ist wichtig, welche Zeichen in Ihrem Horoskop besetzt und betont sind. Jedes Zeichen kommt auf seine eigene Weise zum Ausdruck – wenn wir das nicht anerkennen und berücksichtigen, leidet unser Wohlbefinden darunter. Wenn zum Beispiel Ihr **Aszendent Löwe** ist, kann es von zentraler Bedeutung für Ihr Wohlbefinden sein, eine Situation im Leben zu finden, in der Sie öffentlich glänzen können und wahrgenommen werden. Mit dem **Aszendenten Skorpion** dagegen setzen Sie öffentliche Auftritte unter Stress, Sie bleiben lieber für sich. Mit Planeten in **Stier** können Sie Ängste entwickeln, wenn Sie sich gehetzt fühlen, mit Planeten in **Schütze** geraten Sie schnell unter Druck, wenn Sie sich an einen vorgefertigten Plan anpassen müssen.

» **Tierkreiszeichen** siehe S. 32–57

FREIZEIT

AUS HOBBYS, SPORT UND FREIZEITVERGNÜGEN DAS BESTE MACHEN

Das 5. Haus umfasst das Konzept von Hobby und Freizeit. Mars verweist darauf, wie wir unsere Energie einsetzen. Wenn Sie eine Sportart gefunden haben, die zu Ihrer Mars-Position passt, werden Sie sich damit wohl genug fühlen, um dabeizubleiben.

IHRE **HÄUSER**

Das 5. Haus – Sport und Freizeit
Im 5. Haus gehen wir aus uns heraus und haben Spaß. Hier können Sie erkennen, welche Aktivitäten bei Ihnen für Freude und Entspannung sorgen. Das Wesen dieses Hauses ist das Vergnügen. Seine Planeten und das Zeichen an der Spitze (und natürlich sein Herrscher) zeigen Ihnen, was das für Sie bedeutet.

Einige Planeten scheinen besonders zu diesem Haus zu passen – **Sonne, Venus** und **Jupiter** sind von Natur aus mit dem Amüsieren verknüpft. Venus im 5. Haus etwa könnte auf Tanzen oder Nähen als Hobby hindeuten, Jupiter regt Sie eher zu Hobbys an, die das Lernen und andere Formen der Bereicherung fördern.

Andere Planeten scheinen weniger zum 5. Haus zu passen und doch kann alles, was Sie hier finden, die Grundlage für Freizeitaktivitäten sein, die den Geist erfrischen und erneuern. Mit **Saturn** in diesem Haus könnten Sie sich beispielsweise Respekt als Schiedsrichter für die örtlichen Fußballmannschaften verschaffen. Mit dem Zentauren Chiron könnten Sie es mit Bogenschießen probieren.

» **5. Haus** siehe S. 98–99

» Wenn Sie mit einer neuen **Sportart** beginnen möchten, lohnt es sich, dabei Ihren **Mars** einzubeziehen und auf seine Stärken zu setzen. «

IHRE **PLANETEN**

♂ **Mars** Wenn Sie mit einer neuen Sportart beginnen möchten, lohnt es sich, dabei Ihren Mars einzubeziehen und auf seine Stärken zu setzen. Mit Mars in **Jungfrau** im 3. Haus etwa geht es Ihnen vielleicht mit einer Einzelaktivität (Jungfrau ist ein autarkes Zeichen) am besten, bei der Sie die Umgebung erkunden können – Spazierengehen würde gut passen. Mit Mars in **Widder** bevorzugen Sie vielleicht etwas Hitzigeres mit mehr Wettbewerb wie Boxen oder Leichtathletik. Zu Mars in **Waage** passt Fechten oder Tennis (zwei Gegner, die sich gegenseitig höflich und regelgemäß übertrumpfen). Mit Mars in **Schütze** passt Langstreckenlauf besser zu Ihnen.

Mars zeigt Ihnen, wie Sie gern ins Schwitzen kommen – und ob überhaupt. Einige bleiben eher bei langsamen Daueraktivitäten bei der Stange als bei einem militärischen Workout.

Hobby oder Sportart wählen

Neben dem 5. Haus und Mars gibt ihr übriges Horoskop weitere Hinweise darauf, was Sie in Ihrer Freizeit gern tun oder für welche Sportart Sie sich am besten eignen.

Wenn etwa Ihr **Neptun** betont ist, könnten Sie eine eifrige Fotografin sein oder gern schwimmen gehen. Mit **Saturn** in einer kraftvollen Position ist vielleicht Bergsteigen genau das Richtige für Sie. Schach passt zu strategischen Geistern, vielleicht zu **Merkur** in **Steinbock.** Kalligrafie als »schönes Schreiben« spricht Menschen mit einer Verbindung von **Merkur** und **Venus** oder mit **Venus** im 3. Haus an.

Wie in fast allen anderen Lebensbereichen spielen bei der Hobbywahl viele Aspekte Ihres Horoskops eine Rolle. Die meisten Menschen kombinieren eine Reihe verschiedener Ideen, um für perfektes Freizeitvergnügen zu sorgen.

» **Planeten** siehe S. 62–85

IHRE **ZEICHEN**

Die Mischung von Zeichen in Ihrem Horoskop macht Ihr Grundtemperament aus, demnach sprechen Sie manche Aktivitäten eher an als andere.

Die **Feuerzeichen** sind von Natur aus etwas verspielt, vor allem **Löwe. Schütze** braucht dabei offene Räume und **Widder** den Schlagabtausch im Wettbewerb.

Die **Erdzeichen** sind pragmatisch und auf das Körperliche konzentriert. **Stier** neigt eher zur Gartenarbeit, **Jungfrau** zu Basteleien oder Handarbeiten und **Steinbock** zum Modellbau oder Heimwerken.

Die **Luftzeichen** bevorzugen meist zivilisierte oder gesellige Vergnügungen. **Zwillinge** mag Lesen und besucht gern Kurse, **Waage** gefallen oft die sanften Bewegungen von Yoga oder Tai-Chi und **Wassermann** braucht etwas, das intellektuelle Bildung verspricht.

Die **Wasserzeichen** nutzen in ihrer Freizeit gern Fantasie und Emotionen. Für **Krebs** gibt es nichts Schöneres als einen Tag am Meer, **Skorpion** neigt zu Aktivitäten, die Ausdauer verlangen, und **Fische** (wie ihr Herrscher Neptun) haben gern mit Bildern zu tun, etwa beim Aquarellmalen oder Fotografieren.

PERSÖNLICHE PROJEKTE

DER FANTASIE FREIEN LAUF LASSEN

Fernab vom Druck des Alltags können wir aufleben, wenn wir unser kreatives Potenzial anzapfen. Die Sonne und das 5. Haus spiegeln unser Lebensgefühl wider, Neptun und das 12. Haus die Welt der Fantasie.

IHRE **HÄUSER**

Das 5. Haus – der kreative Impuls

Das 5. Haus wird traditionell mit Kreativität verknüpft. Der grundlegendste Schöpfungsakt ist die Geburt eines Kindes, daher gehören Kinder ebenso in dieses Haus wie alle anderen kreativen Aktivitäten, die unseren Lebensfunken in die Welt bringen.

Pluto im 5. Haus könnte eine Begabung zum Schreiben guter Krimis bringen. **Uranus** an dieser Stelle könnte bedeuten, dass kreative Ideen wie Funken vom Himmel fallen und einen Ort finden wollen, um zu landen und Wurzeln zu schlagen. Weitere Informationen ergeben sich aus dem Zeichen an der Häuserspitze und seinem Planetenherrscher und natürlich aus den Aspekten der Planeten im 5. Haus. Insgesamt zeichnen sie ein Bild davon, was Kreativität für Sie bedeutet.

Das 12. Haus – Bild und Fantasie

Im 12. Haus können Sie Bilder heraufbeschwören und Verbindung zu ungewöhnlichen Welten aufnehmen. Mit **Merkur** an dieser Position interessieren Sie sich vielleicht für Mythen und Märchen oder für Symbolsprachen (wie die Astrologie!). Steht **Venus** hier, reizen Sie möglicherweise Kunst oder Fotografie oder Sie schwelgen gern in Liebesromanen (oder schreiben sie sogar). Selbst **Saturn** geht in diesem Haus ins Geistige – er kann Ihnen hier nützlich sein, wenn Sie Designer, Komponistin oder Kunstgalerist sind, indem er fantasievollen Konzepten Form und Substanz verleiht.

» **5. Haus** siehe S. 98–99
12. Haus siehe S. 114–115

IHRE **PLANETEN**

Die Sonne Sie ist das Zentrum und ihr Symbol erinnert daran: ein zentraler Lichtpunkt in einem Kreis. Mit Zeichen, Haus und Aspekten vermittelt Ihre Sonne daher ein Bild davon, was Sie in die Welt bringen möchten, damit es Ihre Einzigartigkeit und Ihre speziellen Gaben bezeugt.

In der Sonne sind wir alle kreativ – steht sie beispielsweise in **Zwillinge,** müssen Sie vielleicht Ihre sprachlichen Fähigkeiten entwickeln, damit Sie damit glänzen und Bewunderung ernten können. Bildet Ihre Sonne dagegen einen Aspekt zu **Chiron,** ist es wohl Ihr Schicksal, einen Aspekt der Zentaurengeschichte als verwundeter Heiler und erfindungsreicher Außenseiter zu leben und nur zu eigenen Bedingungen kreativ zu werden.

Neptun Durch ihn betreten wir das Reich der Fantasie. Neptun verzerrt die Realität so weit, dass wir einen märchenhafteren Seelenzustand erreichen, alle Planeten oder Eckpunkte, die er aspektiert, werden durch die Linse Ihrer Fantasie betrachtet und in einen Traum oder eine Romanze hineingehoben.

» **Die Sonne** siehe S. 62–63
Neptun siehe S. 80–81

»**Neptun** verzerrt die Realität so weit, dass wir einen **märchenhaften** Seelenzustand erreichen.«

IHRE **ZEICHEN**

Kein Zeichen hat den Alleinanspruch auf Kreativität – der Tierkreis ist das Symbol der jährlichen Reise der Sonne und alle zwölf Zeichen sind auf ihre Weise kreativ. Einige Astrologen beschreiben **Löwe** als »kreativ« und **Waage** oder **Fische** als »künstlerisch«, aber erst die besondere Mischung der Zeichen in Ihrem Horoskop erzeugt Ihre einzigartige Kreativität. Menschen mit Feuer- und Wasserzeichen leben ihre Fantasie meist gern aus: Feuer mit dem Schwerpunkt auf Visionen und Wasser auf Gefühlen. Doch alle zwölf Zeichen haben ihre eigene Gabe, wie sie ihre Kreativität zum Ausdruck bringen.

Mit Planeten in **Krebs** und **Waage** etwa konzentriert sich Ihre Kreativität vielleicht auf die häusliche Umgebung (Krebs), wo Sie sich mit ästhetischem Blick (Waage) an der Inneneinrichtung versuchen. Mit Planeten in **Jungfrau** und **Steinbock** finden Sie womöglich Gefallen an der Gartengestaltung, die Ihre Liebe zu Pflanzen mit praktischer Baukunst verbindet. Wie immer in der Astrologie ist es wichtig, sich für die Möglichkeiten jedes Symbols zu öffnen.

BEZIEHUNGEN

WIE WIR UNS MIT ANDEREN VERBINDEN

Beziehungen stehen im Zentrum des Lebens. Wir identifizieren uns über sie – wir sind jemandes Frau, Mutter, Cousin, Freund, Chefin, Kollege oder Feindin. Die Astrologie kann beleuchten, wie wir Verbindung zu anderen aufnehmen und welche Probleme dabei entstehen können.

IHRE **ZEICHEN**

Kompatibilität

In Astrologiebüchern für Laien liest man oft, dass bestimmte Zeichen gut miteinander auskommen und bei anderen Kombinationen die Katastrophe vorprogrammiert ist – dass etwa zwei Menschen mit der **Sonne** in Luftzeichen kompatibel sind, aber ein Paar mit unterschiedlichen **Mond**zeichen zwangsläufig Probleme bekommt.

Die Realität gestaltet sich komplexer. Eine Beziehung lässt sich nur im Kontext des gesamten Geburtsdiagramms und der Lebensgeschichte der betreffenden Personen verstehen. Der Begriff der Kompatibilität ist kompliziert und da Beziehungen das vielleicht mächtigste Mittel für unser Wachstum und unsere Selbstentfaltung sind, dürfen wir nicht vergessen, dass wir uns am stärksten zu Menschen hingezogen fühlen, die diesen Prozess in uns beeinflussen. Es geht also letztendlich um die Beziehung zu uns selbst, aber wir führen sie über andere und möchten mit ihnen zusammensein, weil sie etwas haben, was wir brauchen oder wollen oder versuchen zu verarbeiten oder zu akzeptieren.

Das gilt vor allem in Liebesbeziehungen und langfristigen Partnerschaften, wo Komplexe und verankerte Familienmuster oft neu erwachen, aber auch in Beziehungen zwischen Chefin und Angestelltem oder Kollegen oder mit anderen Menschen, mit denen Sie Zeit verbringen.

Wachstum durch Beziehungen

Welche Arten von Beziehungen Sie auch erlebt haben, Sie können sie als wichtigen Teil Ihres Prozesses begreifen, sich selbst zu verstehen und Sie selbst zu werden. Dabei ist die Frage der Kompatibilität weniger wichtig als die, warum Sie sich von dieser einen bestimmten Person überhaupt angezogen fühlen. Mögen Sie sie, fragen Sie sich, warum Sie diesen Menschen so lieben oder bewundern. Falls nicht, können Sie ebenfalls nach dem Grund fragen und danach, was Ihr emotionales Interesse daran sein könnte, den Kontakt zu ihm dennoch zu halten.

> »Eine **Beziehung** lässt sich nur im Kontext des gesamten Geburtsdiagramms und der **Lebensgeschichte** der betreffenden Personen verstehen.«

IHRE **PLANETEN**

Der Mond ist velleicht der wichtigste Beziehungsplanet, weil er zeigt, wie wir emotionale Bindungen eingehen. Und er zeigt, wie wir für andere sorgen und was wir im Gegenzug von ihnen brauchen, um uns sicher und behaglich zu fühlen. Steht Ihr Mond etwa in einem **Feuerzeichen,** muss das Leben für Sie bunt und voller Risiken und Potenziale sein. Steht der Ihres Partners oder Chefs in einem **Erdzeichen,** könnte Ihre Begeisterung eine aufreizend vernünftige und wenig risikobereite Reaktion hervorrufen, die bei Ihnen ein schales Gefühl hinterlässt. Was den Mond angeht, sind wir alle von unseren Grundinstinkten getrieben.

Venus steht für eine erwachsenere Ebene von Zuneigung und Bindung, dafür, was andere an uns schätzen und bewundern sollen. Ihre Position nach Zeichen und Haus sowie ihre Aspekte zu anderen Planeten zeigen, was Sie attraktiv finden und was Sie brauchen, um mit jemandem gut auszukommen – damit eine Beziehung funktioniert, muss das Verlangen des anderen seinem Wesen nach anerkannt werden. Das ist natürlich schwieriger, wenn Ihre Venus etwa in **Steinbock** oder in einem Aspekt zu **Saturn** steht (eher kontrollierter, autarker Bindungsstil) und die Ihres Partners oder Ihrer Freundin in **Schütze** oder mit einem Aspekt zu **Jupiter** (eher extrovertierter, lebensfroher Ästhet).

» **Die Planeten** siehe S. 62–85

IHRE **HÄUSER**

Bestimmte Häuser spiegeln gewisse Arten von Beziehungen wider. Das **7.** und **8. Haus** stehen für Eins-zu-eins-Begegnungen und haben besonders bei längerfristigen Partnerschaften und Ehen Bedeutung. Planeten im 7. Haus sowie das Zeichen an seiner Spitze (Ihr Deszendent) zeigen, was Sie im anderen suchen, weil dieser Aspekt in Ihnen nicht von Beginn an gut entwickelt ist: Beziehungen haben die Macht, ihn zum Leben zu erwecken. Planeten in Ihrem 8. Haus (und das Zeichen an der Spitze) deuten auf die Dynamiken tieferer emotionaler Verbindungen hin. Je mehr Planeten Sie hier haben, desto stärker könnten Sie sich zu Beziehungen hingezogen fühlen, die bei Ihnen Veränderungen bewirken können.

Das 5. Haus steht für Romantik und Kinder, das **4. Haus** für die Familie. Tatsächlich verweisen alle Häuser auf irgendeine Art von Beziehung, ausgenommen sind vielleicht das 1. und 2. Haus, die nur für die Beziehung zu sich selbst und zu den eigenen persönlichen Ressourcen stehen.

» **Die Häuser** siehe S. 90–115

FAMILIE

DIE DYNAMIK DES FAMILIENLEBENS VERSTEHEN

Viele Horoskop-Faktoren spielen eine Rolle in der Komplexität des Familienlebens – das 4. Haus als Ort von Haus und Heim, das 10. Haus und Saturn als elterliche Autorität sowie Sonne und Mond als Vater und Mutter, ergänzt durch die Geschwister im 3. und die Kinder im 5. Haus.

IHRE **HÄUSER**

Das 4. Haus verweist auf Ihr ursprüngliches Zuhause, ebenso auf das Heim, das Sie für sich geschaffen haben (oder schaffen werden). Dabei geht es sowohl um das tatsächliche Gebäude als auch um die Atmosphäre und Dynamik in der Familieneinheit. Dieses Haus ist auch der Zugang zu Ihrer Geschichte, Ihrem Familienstammbaum. Die Planeten hier und die in Konjunktion zum IC (der Spitze des 4. Hauses) bilden Ihr Fundament.

MC und 10. Haus liegen dem 4. Haus gegenüber: das Paar beschreibt das Konzept der Eltern – traditionell gehört die Mutter ins 10. und der Vater ins 4. Haus. Wir können aber auch sagen, der Elternteil, der die Themen des 4. Hauses bediente (Sicherheit, Abstammung, Nachname), gehört ins 4. Haus und der Teil, der für die Themen des 10. Hauses zuständig war (Sozialisierung, Autorität, Zukunftspläne), gehört ins 10. Haus – für die meisten von uns sind das wohl jeweils beide Eltern. Wie das 4. Haus das Heim beschreibt, das wir für uns schaffen, so beschreibt das 10. Haus, was für eine Art von Elternteil Sie werden könnten, indem Sie Kontrolle und Verantwortung übernehmen.

Das 3. Haus beschreibt unsere Geschwister und Cousins/Cousinen. **Mars** deutet hier auf Rivalität hin, **Uranus** auf ein Gefühl der Abspaltung, **Chiron** auf Verlust oder Einsamkeit. Es verweist auf unserer Geschwisterdynamiken, die später oft als Themen in unseren Beziehungen zu anderen Erwachsenen auftauchen.

Das 5. Haus und das Zeichen an seiner Spitze beschreiben wesentliche Merkmale Ihrer Beziehung zu Ihren Kindern einschließlich Ihrer Gefühle zum gesamten Vorgang von Empfängnis, Schwangerschaft und Geburt. **Saturn** in diesem Haus bedeutet nicht unbedingt, dass Sie die Geburt oder Erziehung Ihrer Kinder als negativ empfinden – vielleicht spüren Sie nur die Ernsthaftigkeit und Verantwortung dahinter. Sind hier keine Planeten, bedeutet das nicht, dass Sie kinderlos bleiben, sondern dass andere Bereiche Ihres Lebens wahrscheinlich transformativer sein und Sie mehr fordern werden.

» **Die Häuser** siehe S. 90–115

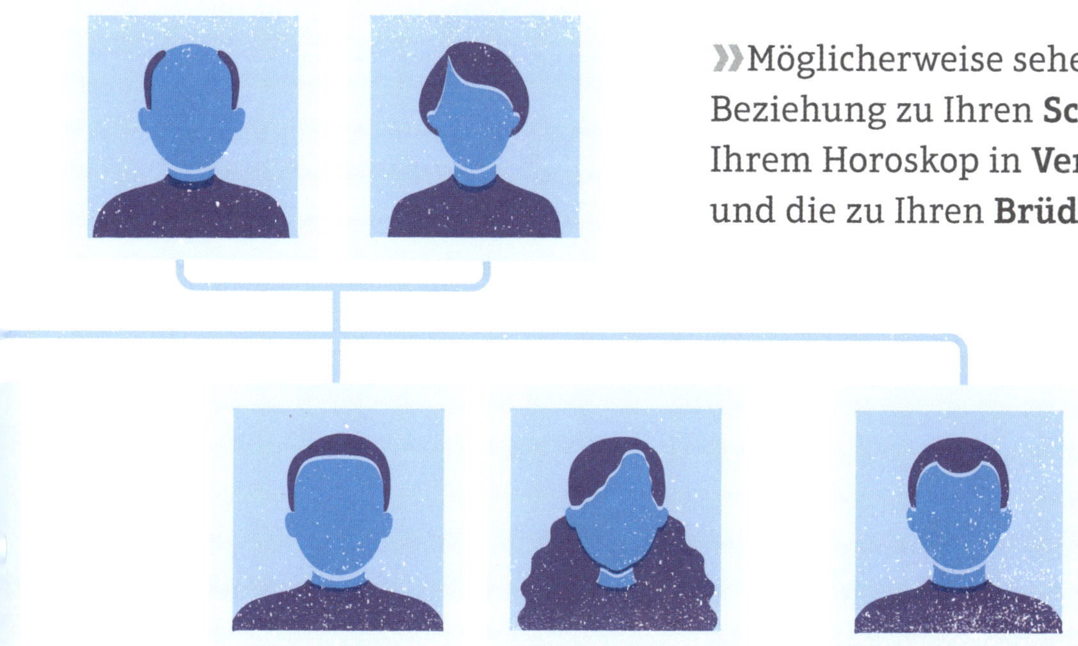

»Möglicherweise sehen Sie Ihre Beziehung zu Ihren **Schwestern** in Ihrem Horoskop in **Venus** gespiegelt und die zu Ihren **Brüdern** in **Mars**.«

IHRE **PLANETEN**

☉ **Sonne und Saturn** runden das Bild von Autorität auf unterschiedliche Weise ab; das kann sich ebenfalls auf beide Elternteile beziehen – auch, wenn die Sonne oft eine maskuline Qualität hat und die Beziehung zu unserem Vater beschreibt. Zudem sagt sie etwas über die Art von Vater aus, die ein Mann werden könnte.

☽ **Der Mond** steht traditionell für die Mutter. Genauer gesagt, beschreibt er unser Bedürfnis umsorgt und genährt zu werden und die Beziehung, die wir mit denen eingehen, die es erfüllen. Auch die Art von Mutter, Pfleger, Köchin und Ernährer, die wir werden können, zeigt er an.

Möglicherweise sehen Sie Ihre Beziehung zu Ihren Schwestern in Ihrem Horoskop in **Venus** gespiegelt und die zu Ihren Brüdern in **Mars** als symbolische Abbilder der jungen Frau bzw. des jungen Mannes. **Merkur** kann ebenfalls Hinweise auf Ihre Beziehung zu Ihren Geschwistern geben.

» **Die Planeten** siehe S. 62–85

IHRE **ZEICHEN**

Die Mischung von Zeichen in Ihrem Horoskop kann Ihnen verstehen helfen, welche Rolle Sie in Ihrer Familie spielen. Jedes Element verhält sich anders: Herrscht in Ihrem Horoskop **Wasser** vor, liegt in Ihrer Familie aber der Schwerpunkt auf **Luft,** fühlen Sie sich vielleicht, als würden Sie eine andere Sprache sprechen als Ihre Angehörigen, und so könnte es schwerfallen, sich verständlich zu machen. Für zwei Eltern mit viel **Erde** im Horoskop könnte es zum Probleme werden, ihr Feuer-Kind zu verstehen, das wie ein Kuckuckskind wirkt: wild, furchtlos und voller Leben.

Davon abgesehen, werden bestimmte Zeichen eher mit bestimmten Beziehungen assoziiert. Haben Sie etwa persönliche Planeten in **Zwillinge** (vor allem Sonne oder Mond oder Ihren Horoskopherrscher), könnten Ihre Geschwister eine prägende Rolle in Ihrem Leben gespielt haben. **Krebs** dagegen deutet auf eine Affinität zur Mutterrolle hin und im weiteren Sinn vielleicht eine besondere Nähe zur Mutter selbst – wie **Steinbock** zum Vater.

» **Tierkreiszeichen** siehe S. 32–57

FREUNDSCHAFT

FÜR DIE GEFÄHRTEN SORGEN

Freundschaften sind Entscheidungssache, sie spiegeln unsere Werte und Ideale. Neben der Familie und unseren Liebesbeziehungen sind sie ein weiterer wichtiger Lebensbereich, in dem wir uns selbst entfalten und unseren Platz in der Welt finden. Um besser zu verstehen, wie Sie an Freundschaften herangehen, betrachten Sie die hier angegebenen Aspekte Ihres Horoskops. Am besten beginnen Sie mit dem 11. Haus.

IHRE **HÄUSER**

Das 11. Haus macht das Zentrum Ihrer Erfahrungen mit Freundschaften aus, die Planeten hier bilden Ihre Rolle in einer Freundesgruppe ab. Was das bedeutet, verdeutlicht der Vergleich zwischen **Jupiter** und **Saturn.** Mit Jupiter im 11. Haus fühlt sich Freundschaft für Sie befreiend und freudig an, sie ist ein Quell von Gelegenheiten für Reisen oder Selbstverbesserung. Mit Saturn in dieser Position dagegen können Sie sich unter Freunden abgespalten und eingeschränkt fühlen, sodass jede Freundschaft eine große Investition an Zeit, Energie und Engagement bedeutet.

Probleme angehen

Ihr 11. Haus gibt auch Hinweise darauf, wie Sie Probleme in einer Freundschaft angehen, es kann einen Zusammenstoß gesellschaftlicher Werte spiegeln oder frühe Erinnerungen wecken. Mit **Uranus** hier können Meinungsverschiedenheiten den Unwillen hervorrufen, Ihre Ideale aufs Spiel zu setzen, **Chiron** verweist vielleicht darauf, dass Sie sensibel auf Zurückweisung oder das Gefühl von Andersartigkeit reagieren.

Das Zeichen an der Spitze des 11. Hauses bestimmt, wie Sie an Gruppenaktivitäten herangehen, sein Planetenherrscher verfeinert das Bild. Zum Beispiel gehen Sie mit **Zwillinge** an der Spitze Freundschaften leicht und gesellig an und brauchen vielleicht viele unterschiedliche Kontakte.

Das 3. Haus umfasst Schulfreunde, Geschwister und andere gleichaltrige Familienmitglieder. Dies ist ein guter Ansatzpunkt, wenn in Freundschaften Probleme auftauchen, da die frühen Erfahrungen im späteren Leben unbewusst wieder aufleben können.

Mit **Mars** im 3. Haus mussten Sie vielleicht mit Geschwistern und Freunden konkurrieren und diese Dynamik könnte sich darin fortsetzen, Rivalen zu vertreiben oder das Gespräch zu dominieren. Steht dagegen **Pluto** hier, könnte ein früher Verrat durch Bruder/Schwester oder ein Schultrauma Ihr Vertrauen in Freundschaften beeinträchtigen.

» **11. Haus** siehe S. 112–113
3. Haus siehe S. 94–95

IHRE **PLANETEN**

Die Sonne zeigt, was Sie in sich selbst entwickeln möchten. Das spiegelt sich oft in Ihrer Freundeswahl, da man sich meist mit Menschen wohlfühlt, die die Eigenschaften der eigenen Sonne aufweisen. Mit der Sonne in **Krebs** beispielsweise suchen Sie vielleicht emotionale Nähe, da die Reise der Krebs-Sonne darauf abzielt, die eigene Sippe zu finden und für sie zu sorgen. Mit der Sonne in **Steinbock** dagegen wählen Sie vielleicht Freunde, die Eigenständigkeit und Autorität ausstrahlen, weil Sie diese Eigenschaften bewundern und in sich selbst entwickeln.

♀ **Venus** ist eine zusammenhaltende Kraft und symbolisiert Ihre Art Bindungen einzugehen und Gemeinsamkeiten zu finden. Selbst in den engsten Freundschaften gibt es den Venus-Tanz um den gegenseitigen Respekt. Scheitert er, hat vielleicht auch die Freundschaft keine Chance. Mit Venus in **Wassermann** etwa könnte die Diversität Ihres Freundeskreises auf der Überzeugung basieren, allen den gleichen Wert zuzumessen. Freunde mit Venus in **Löwe** könnten Ihre Tendenz, alle gleich zu behandeln, nicht richtig würdigen und Ihre Loyalität anzweifeln.

» **Die Sonne** siehe S. 62–63
Venus siehe S. 68–69

»Selbst in den engsten Freundschaften gibt es den Venus-Tanz um den **gegenseitigen Respekt**.«

IHRE **ZEICHEN**

Polarität

- **Positive Zeichen** brauchen tendenziell mehr Sozialkontakte als negative.
- **Negative Zeichen** sind oft glücklicher mit sich selbst oder in kleinen Gruppen.

Die Elemente

Feuerzeichen erleben mit ihren Freunden gern Spaß und Abenteuer.

Luftzeichen bevorzugen die intellektuelle und soziale Verbindung.

Wasserzeichen suchen eine emotionale Verbindung.

Erdzeichen pflegen Freundschaften oft in einem langsameren Tempo als andere Zeichen.

» **Polarität, Elemente** siehe S. 28–31
Tierkreiszeichen siehe S. 32–57

LIEBE UND SEX

WIE WIR FREUDE AN INTIMITÄT FINDEN

Ihr Horoskop enthüllt verschiedene Ebenen von Erfahrungen mit der Liebe, von kurzen amourösen Begegnungen bis zu den tieferen Verbindungen, die aus sexueller Intimität erwachsen können. Von der erotischen Liebe bis zur hingebungsvollen Zuneigung – die Astrologie spiegelt alles wider.

IHRE **HÄUSER**

Im 5. Haus verorteten die alten Astrologen den Zeugungsakt – denn schließlich ist dies das Haus der Kinder und das eine führt ja bekanntlich zum anderen.

Dieses Haus verkörpert aber auch das Konzept unserer kreativen Saat auf allen möglichen Ebenen, daher verstärkt der Sex im 5. Haus unsere persönliche fruchtbare Kraft. Vielleicht ist das der Kern von Liebe und Paarungsspiel: dass sie letztlich ein Ausdruck unseres Wesenskerns sind, was unsere Fruchtbarkeit, unsere Potenz, unsere Anziehungskraft angeht.

Wie es damit bei Ihnen aussieht, zeigen die Planeten in diesem Haus, ihre Aspekte zu anderen Planeten und wie immer das Zeichen an der Häuserspitze und sein Planetenherrscher. Steht etwa **Mars** hier, hängt Ihr Verständnis von Stärke, Vitalität und Effektivität direkt mit Ihrer Sexualität zusammen. Mit **Merkur** im 5. Haus sind vielleicht Spiel und Ränke der Liebe oder ist der Klang einer geliebten Stimme der Funke, der Sie entfacht. Waage an der Häuserspitze zeigt, dass Sie gern fair mit dem oder der Liebsten umgehen. **Venus** regiert **Waage** und wenn Ihre Venus beispielsweise im 12. Haus steht, bringt sie Sehnsucht und Fantasie in Ihr Liebesleben.

Das 8. Haus ist das Haus tiefer intimer Verbindung und beschreibt ebenfalls Aspekte der sexuellen Erfahrung, wenn auch ganz anders als die freudigen Erlebnisse, die das 5. Haus verkörpert. Im 8. Haus klappen wir unser Visier hoch, um einen anderen ganz und gar an uns heranzulassen. Die Viktorianer nannten den Orgasmus »la petite mort«, den kleinen Tod, was genau zur Bedeutung des 8. Hauses als Ort der Transformation durch die Lossagung von persönlicher Macht und das Getrenntsein passt. **Saturn** in diesem Haus könnte auf Skepsis und Hemmungen bezüglich Intimität hindeuten, während **Neptun** Gefühle von Offenheit beim Geschlechtsakt und das Verlangen nach vollständiger Vereinigung und Verschmelzung mit dem anderen spiegeln kann.

» **Die Häuser**
siehe S. 90–115

»**Venus und Mars** beeinflussen im Horoskop auf direkte Weise unser Bild von **Sex und Liebe.**«

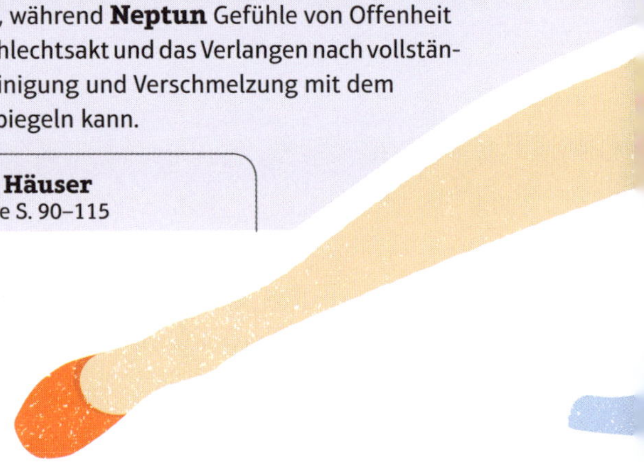

IHRE **PLANETEN**

Venus und Mars beeinflussen im Horoskop auf direkte Weise unser Bild von Sex und Liebe.

♀ **Venus** verkörpert die klassischen weiblichen Gottheiten der erotischen Liebe wie Aphrodite, Inanna und Ishtar – sie repräsentieren als Sinnbilder den romantischen Impuls.

♂ **Mars** verkörpert die klassischen männlichen Kriegsgottheiten wie Ares und Nergal, feurig und potent.

Im Horoskop gleichen Venus und Mars sich aus, ergänzen sich und zeigen zusammen die verführerischen, sinnlichen, zärtlichen (Venus) und hitzigen, leidenschaftlichen, inbrünstigen (Mars) Aspekte der sexuellen Anziehung. Jeder von uns zeigt das auf seine Weise gemäß der Stellung von Mars und Venus nach Zeichen und Haus, ihren Aspekten zu anderen Planeten und den Häusern, über die sie in unserem Horoskop herrschen.

» **Venus** siehe S. 68–69
Mars siehe S. 70–71

IHRE **ZEICHEN**

Einige Astrologen bezeichnen **Skorpion** als Sexbombe des Tierkreises, weil er leidenschaftlich ist und vom feurigen Mars beherrscht wird. Interessant scheint tatsächlich seine Affinität zum Tiefen, Dunklen und Gefährlichen. Skorpion ist aber auch sehr zurückhaltend und oft sehr verschlossen.

Jungfrau gilt oft als pingelig – das Dutzend Rosen bedeutet nichts, wenn die Bettwäsche nicht sauber ist –, als Erdzeichen braucht sie Körperlichkeit. Bei **Fische** liegt der Schwerpunkt hingegen auf romantischen Fantasien.

Erdzeichen ist wichtig, wie sich Sex körperlich anfühlt. **Feuerzeichen** sind verwegene Liebhaber, **Luftzeichen** verlieben sich in Menschen, mit denen sie reden können, und **Wasserzeichen** müssen mit dem anderen auf derselben emotionalen Wellenlänge sein.

EHE

LANGFRISTIGE PARTNERSCHAFTEN: NÄHE MIT DER ZEIT

Ehe und langfristige Partnerschaften gehören ins 7. Haus der Vertragsbeziehungen und ins 8. Haus, wenn die Beziehung immer tiefer wird. Auch Saturns Stellung im Horoskop kann auf Engagement und Dauerhaftigkeit hinweisen.

IHRE **HÄUSER**

Das 7. Haus – am Haken der Liebe

Was immer in Ihrem 7. Haus steht (auch wenn es nur das Zeichen des Deszendenten ist und im weiteren Sinne natürlich sein Planetenherrscher), dies ist ein kraftvoller »Haken« für Ihre Beziehungen. Es ist unwahrscheinlich, dass eine Ihrer langfristigen Partnerschaften sich nicht darum dreht. Hier liegt etwas im Schatten und wartet darauf, in Ihnen entfacht zu werden – eine der Hauptmöglichkeiten, wie Sie das veranlassen, liegt in Ihren Beziehungen.

Wenn es in Ihrer Beziehung also Schwierigkeiten gibt oder Ihre Versuche Partnerschaften einzugehen stets in der Katastrophe enden, sollten Sie Ihr 7. Haus einmal auf Gründe dafür untersuchen. Von diesem Standpunkt aus kennt die Astrologie keine »gescheiterte Beziehung«, sondern nur Beziehung als Vehikel der Aufgabe, Sie selbst zu werden.

Das 8. Haus – bis der Tod uns scheidet

Nach den Verträgen im 7. Haus führt uns das 8. Haus in tiefere Prozesse der Intimität und des Teilens. Hier tauchen wir ins Unbekannte ein, verflechten unsere Finanzen mit denen eines anderen und riskieren, dass wir uns für Verlust, Scheidung, Trauer oder Verrat angreifbar machen. Nach einer gewissen Zeit muss jede Beziehung hier ankommen und den emotionalen Stürmen trotzen – oder an den Felsen zerschellen. Hier zeigt sich eine noch tiefgreifendere Alchemie als im 7. Haus – zumindest eine, die eher nach innen und emotional inszeniert wird als nach außen. Alle Planeten hier und der Herrscher des Zeichens an der Häuserspitze spielen eine Rolle in diesem Prozess, bei dem ein Teil von Ihnen durch eine solche Beziehung vollständig transformiert wird.

»Das **8.** Haus führt uns in tiefere Prozesse der **Intimität** und des **Teilens.**«

7. Haus siehe S. 104–105
8. Haus siehe S. 106–107

IHRE **PLANETEN**

Saturn stößt in jedem von uns einen Entwicklungsprozess an, der unsere Hingabe verlangt. Steht Saturn in einem Ihrer Beziehungshäuser oder bildet in Ihrem Horoskop einen Aspekt zu Mond oder Venus, sind Sie vielleicht auf der Suche nach einer langfristigen Bindung.

Der Mond spielt in einer Ehe oder Liebesbeziehung immer eine Rolle – er steht für unsere Grundlage, für die Bedürfnisse, die erfüllt sein müssen, damit es uns gut geht.

Venus ist der schöne Garten von Anziehung, Respekt und sinnlicher Liebe, der aus einer Ehe mehr macht als nur eine Übung im gegenseitigen Umsorgen.

» **Die Planeten** siehe S. 62–85

IHRE **ZEICHEN**

Für einen Überblick über die Zeichen können wir uns ansehen, wie die drei Qualitäten – **kardinal, fix und veränderlich** – in Beziehungen funktionieren. Übertragen Sie dies auf Ihr Horoskop, indem Sie die Anzahl der Planeten in jeder Qualität zählen. Sie können auch die Zeichen an den Spitzen Ihrer Beziehungshäuser (7. und 8. Haus) betrachten.

Die kardinalen Zeichen (Widder, Krebs, Waage und Steinbock) halten die Dinge gern in Bewegung – eine Beziehung muss sich anfühlen, als hätte sie ein Ziel. Selbst dem sicherheitsbewussten Krebs wird eine Partnerschaft schal, wenn kein Pfad und keine Entwicklung zu erkennen ist.

Den fixen Zeichen (Stier, Löwe, Skorpion und Wassermann) geht es am besten, wenn Stabilität herrscht und sie Wurzeln schlagen können. Skorpion bringt zwar das Konzept tiefgreifender Transformation mit, aber das geschieht meist über längere Zeit. Für diese Zeichen ist es wichtig, bis zum Ende durchzuhalten.

Die veränderlichen Zeichen (Schütze, Zwillinge, Jungfrau und Fische) hüten sich manchmal vor Bindungen. Wenn diese Zeichen bei Ihnen dominieren, sind Sie nicht gleich beziehungsunfähig, aber Sie brauchen Flexibilität oder Abwechslung, um Jahr für Jahr dabeizubleiben, sonst fühlen Sie sich vielleicht gefangen oder gelangweilt. Freiheit ist ein zentrales Element.

» **Qualitäten** siehe S. 28–31

»VENUS IST DER **SCHÖNE GARTEN** VON ANZIEHUNG, RESPEKT UND SINNLICHER LIEBE, DER AUS EINER **EHE** MEHR MACHT ALS NUR EINE ÜBUNG IM **GEGENSEITIGEN UMSORGEN**.«

BERUFLICHE BEZIEHUNGEN

MIT ANDEREN MENSCHEN ARBEITEN

Berufliche Beziehungen knüpfen an bestimmte Bereiche Ihres Horoskops an. Das 6. Haus beschreibt Ihre Beziehung zu Arbeitskollegen, das 10. Haus Ihre Beziehung zum Vorgesetzten und wie Sie selbst in einer Führungsposition funktionieren könnten.

IHRE **HÄUSER**

Das 6. Haus – mit den Kollegen zurechtkommen

Das 6. Haus deckt das Konzept der Arbeitsbeziehungen ab. Es beschreibt nicht nur, wie Sie mit Ihren Kollegen Beziehungen eingehen, sondern auch, wie Sie sich als Angestellte fühlen. Das 6. Haus passt also auf verschiedene Dimensionen des Arbeitslebens: ein Rädchen im Getriebe sein, andere beschäftigen und mit Kolleginnen und Kollegen zurechtkommen.

Das 10. Haus – Hierarchien und Befehlsketten

Das 10. Haus ist mit Herrschaft und Management verknüpft. Für Arbeitsbeziehungen wichtig: Im 10. Haus ist zu sehen, wie Sie Ihre Vorgesetzten wahrnehmen. Erkennbar wird auch Ihre Einstellung dazu, die Leitung zu übernehmen. Ihre Planeten hier beeinflussen sehr stark, welche Art von Beziehung Sie mit Ihren Vorgesetzten eingehen und wie Sie sich dabei fühlen, anderen im Beruf Anweisungen zu erteilen.

Als Haus der Eltern hat das 10. Haus auch mit frühen Beziehungen zu Autoritätspersonen zu tun. Diese Erfahrungen können im späteren Leben in Form von Problemen mit dem Vorgesetzten oder Schwierigkeiten mit den eigenen Führungsqualitäten erneut auftauchen.

Wie die Planeten auf ihre Beziehungen zu Eltern, Lehrern und anderen Führungspersonen gewirkt haben, kann in den folgenden Jahren alle anderen Ausdrucksformen dieses Hauses beeinflussen. Als Kinder beobachten wir, wie unsere Eltern Dinge tun, und dies wird zu einem Teil unserer Ansichten darüber, wie man sie tun sollte. Es ist also hilfreich, darüber nachzudenken, wie Ihre Eltern es empfanden, Kontrolle zu haben, Verantwortung zu übernehmen und sich in der Welt beruflich zu profilieren. All das kann in den Planeten und Zeichen Ihres 10. Hauses auftauchen.

»Für **Arbeitsbeziehungen** wichtig: Im 10. Haus ist zu sehen, wie Sie Ihre Vorgesetzten wahrnehmen.«

» **6. Haus** siehe S. 100–101
10. Haus siehe S. 110–111

IHRE **PLANETEN**

Kein Planet ist speziell mit Arbeitsbeziehungen verknüpft, aber wir können uns hier einige Beispiele verschiedener Planeten in den »Arbeitshäusern« ansehen, und zwar im 6. und 10. Haus:

♅ **Uranus** Mit Uranus im 10. Haus arbeiten Sie vielleicht lieber freiberuflich oder brauchen einen Job mit Freiheiten, in dem Sie weder Befehle geben noch befolgen müssen.

♄ **Saturn** Mit Saturn im 10. Haus bemühen Sie sich eher darum, sich in die Bürohierarchie einzufügen und Erwartungen zu erfüllen.

☿ **Merkur** Im 6. Haus macht Merkur Dialog und Kommunikation zu Ihren potenziellen Stärken am Arbeitsplatz. Eventuell können Sie Differenzen mit Kollegen gut beilegen oder Untergebene in Ihr Team holen – oder Sie engagieren sich beim Flurfunk.

Noch genauer verstehen Sie diese Konstellation, wenn Sie die Aspekte betrachten, die Ihre Planeten im 6. Haus mit anderen Planeten im Horoskop bilden. Eine Opposition von **Pluto** im 12. Haus und **Merkur** im 6. Haus etwa verleiht der Kommunikation einen düsteren Unterton und deutet vielleicht auf Sensibilität für Intrigen oder Geheimnisse am Arbeitsplatz hin, die gute Beziehungen untergraben könnten.

IHRE **ZEICHEN**

Wie bei allen Themen drückt jedes Zeichen beruflichen Beziehungen seinen eigenen Stempel auf. Kein Zeichen ist dabei besser geeignet als andere, wir alle können unsere Stärken ausspielen. Zu erkennen, was uns motiviert, kann sehr dabei helfen, Zufriedenheit am Arbeitsplatz zu erreichen.

Ein Beispiel: Wenn Ihre **Sonne** an einer beliebigen Stelle im Horoskop in **Löwe** steht, möchten Sie wahrscheinlich eine zentrale, steuernde Position einnehmen. In einer untergeordneten Funktion tun Sie sich dagegen schwer. Berufliche Beziehungen können also darunter leiden, dass Sie sich herumkommandiert fühlen oder Ihre Ansichten von den Kollegen hinterfragt werden.

Zweites Beispiel: Ein **kardinales T-Quadrat** im Horoskop, vor allem mit beteiligten Planeten in **Widder** und **Steinbock,** deutet darauf hin, dass Sie einen inneren Energiegenerator haben – Sie sind zielorientiert und erledigen Aufgaben meist schnell.

Mit anderen am Arbeitsplatz auszukommen kann schwierig sein. Aber zu wissen, in welchem Zeichen **Sonne, Mond oder Aszendent** eines Kollegen stehen, kann dabei helfen, seine Handlungen zu verstehen. Dies wiederum kann dazu beitragen, dass sich die Arbeitsbeziehung zu ihm reibungsloser gestaltet.

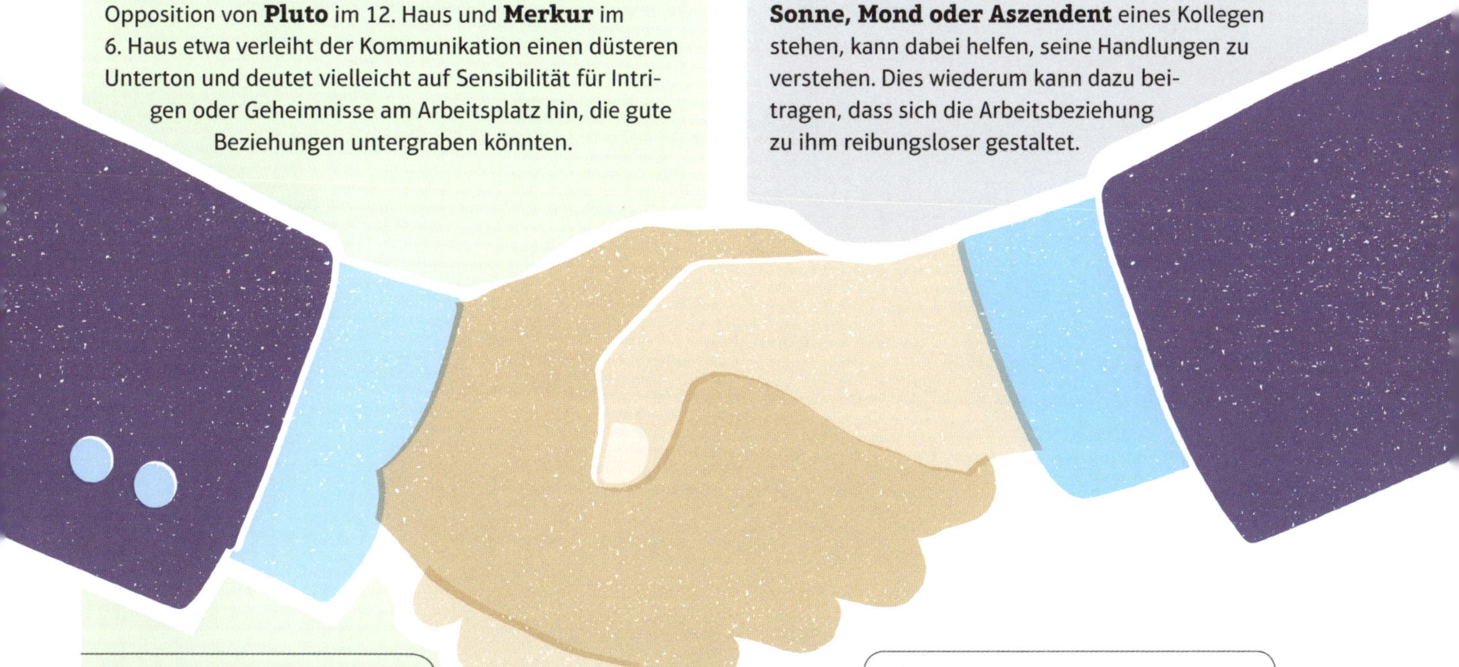

» **Die Planeten** siehe S. 62–85

» **Tierkreiszeichen** siehe S. 32–57

KARRIERE

IHRE VORHABEN UMSETZEN

Im MC und im 10. Haus zeigen sich Beruf und Ambitionen. Wir können uns aber auch die Sonne als kreatives Zentrum Ihres Horoskops ansehen und Saturn als Sinnbild Ihres Strebens nach Erfolg in der Welt.

IHRE **PLANETEN**

☉ **Die Sonne** Sie sollte im Zentrum jeder Karriere strahlen dürfen. Nutzen wir bei unserer Arbeit unsere solaren Eigenschaften und Gaben nicht, ist sie wahrscheinlich nicht befriedigend und wir kommen irgendwann von ihr ab. Oder wir geraten in eine Krise: in mittleren Jahren oder während eines wichtigen Planetentransits über die Sonne.

Den kreativen Impuls der Sonne in Richtung Individualität mit den nach außen gerichteten Ambitionen des **MC** und des 10. Hauses zu vereinen kann eine Herausforderung sein. Das gilt vor allem dann, wenn die Sonne nicht mit dem 10. Haus in Verbindung steht oder durch einen harten Aspekt mit einem Planeten dort verknüpft ist (zeigt Stress beim Vereinen der beiden an).

♄ **Saturn** In Ihrem Horoskop zeigt Saturn einen Bereich an, in dem Sie etwas Konkretes erreichen, die Früchte harter Arbeit ernten wollen. Oft hat das mit der Berufswahl zu tun, denn Saturn kann ein Gefühl enormer Zufriedenheit bringen und steht dort, wo wir Anerkennung und Respekt suchen. Wo Saturn ist, »professionalisieren« wir die Dinge typischerweise – wir stellen hohe Anforderungen und streben nach Erfolg.

☊ **Die Mondknotenachse** Auch wenn sie nicht direkt mit Ihren beruflichen Ambitionen verknüpft sind, spiegeln die Mondknoten einen Prozess, bei dem Sie sich zwischen Vergangenheit und Zukunft bewegen, natürliche Begabungen nutzen und sich bemühen, neue Fähigkeiten zu entwickeln, die Sie aus Ihrer Komfortzone bringen.

Die Mondknoten verweisen auf Ihre Selbstentfaltung: Der **Nordknoten** beschreibt daher etwas, das Sie gerade erschaffen. Eventuell kommt das nicht offensichtlich in Ihrem Broterwerb zum Vorschein, und doch kann es Sie sehr wohl bei Ihren Leistungsbestrebungen anspornen.

» **Die Planeten** siehe S. 62–85
Mondknoten siehe S. 124

IHRE **HÄUSER**

MC und das 10. Haus

Am MC erreichen die Planeten auf ihrer täglichen Reise über den Himmel ihren Höhepunkt. Auf einer bildlichen Ebene kulminiert hier auch das Leben, hier suchen wir nach Anerkennung, Erfolg und Leistung.

Im weiteren Sinn ist davon auch das 10. Haus stark betroffen (dessen Spitze oder Anfang der MC bildet). Planeten in diesem Haus bilden die Basis Ihres Berufswegs, entweder im wörtlichen Sinn (**Uranus** im 10. Haus als Elektriker, **Neptun** im 10. Haus als Podologe, der **Mond** im 10. Haus als Pfleger usw.) oder im psychologischen Sinn (Uranus als die Person, die Engstirnigkeit ablehnt und eigene Wege geht; Neptun als die Person, die sich eine Weile treiben lässt und dann ihr Schicksal durch eine spirituelle Erweckung findet; der Mond als berufliche »Mutter«, die nähren und pflegen will).

In diesem Lebensbereich treten wir vielleicht zunächst in die Fußstapfen unserer Eltern, führen das Familienunternehmen weiter oder ergreifen den Beruf, den man uns in unseren Augen anträgt. Früher oder später nehmen wir jedoch unser eigenes Schicksal an und erkämpfen uns einen Platz für uns selbst.

» **10. Haus** siehe S. 110–111

IHRE **ZEICHEN**

Jedes Zeichen verweist auf eine bestimmte Ausrichtung und einen bestimmten Erfahrungsbereich. Ihre Berufswahl spiegelt daher die Motivationen, Fertigkeiten und Energien der Zeichen, die in Ihrem Horoskop am deutlichsten hervortreten. Wie wir gesehen haben, übernehmen Ihr **Sonnen- und MC-Zeichen** die Führung, aber andere Planetenpositionen sind ebenfalls von Bedeutung, ebenso Ihr Aszendent.

Steht bei Ihnen etwa die **Sonne in Zwillinge,** wählen Sie vielleicht einen Beruf, bei dem es um Kommunikation geht und in dem Sie Ihre Begabung für das Schreiben oder für Sprachen entwickeln können. Das ist Ihr kreativer Lebenszweck. Steht gleichzeitig Ihr **Aszendent in Fische,** könnte das, was Sie schreiben, fantastische Tendenzen aufweisen und Sie drücken die Dinge vielleicht mit einem Anklang von Poesie oder Magie aus.

Mit der **Sonne in Jungfrau** könnte Ihr Lebenszweck darin bestehen, in der von Ihren gewählten Handwerkskunst ihre fachliche Kompetenz auszubilden. Haben Sie außerdem Planeten in **Waage,** profitiert der Schöpfungsprozess von Ihrem Kunstsinn und Ihrer Liebe zu Schönheit und guter Gestaltung.

» **Tierkreiszeichen** siehe S. 32–57

»**Saturn** zeigt in Ihrem Horoskop einen Bereich an, in dem Sie etwas Konkretes **erreichen**, die Früchte harter Arbeit ernten wollen.«

GELD

FINANZIELLE ANGELEGENHEITEN REGELN

Die Achse zwischen dem 2. und dem 8. Haus liefert uns einen Großteil der Informationen zum Thema Geld und Finanzen, weil sie das Wechselspiel zwischen persönlichen und geteilten materiellen Ressourcen zeigt. Venus bestimmt unsere Definition von Wert mit.

IHRE **HÄUSER**

Das 2. Haus – meins ist meins

Wenn Sie sich ein Fenster zu Ihren persönlichen Finanzen wünschen, betrachten Sie Ihr 2. Haus. Wie immer ist auch hier ein Geflecht von Faktoren am Werk: alle Planeten und die Planeten, mit denen sie Aspekte bilden, dazu das Zeichen an der Häuserspitze und sein(e) Planetenherrscher. Was Sie hier finden, beschreibt Ihre Haltung zum Geld und Ihre materiellen Verhältnisse, wobei Letzteres wohl aus Ersterem entsteht.

Das 8. Haus – »unser« ist vielleicht ein Problem

Im 8. Haus geht es um Geld und Güter, die mit einem Partner geteilt werden – von großen Dingen wie einer Hypothek oder einem gemeinsamen Bankkonto bis hin zu Alltäglichem wie dem gemeinsamen Wocheneinkauf. Es heißt, bei Geld hört die Freundschaft auf, und hier sehen wir vielleicht die Verbindung zur tieferen Bedeutung des 8. Hauses als Ort, wo eine Beziehung leicht zum Machtkampf werden kann. Zweifellos ließen sich viele Streitigkeiten verhindern, wenn wir die Gefühle besser verstünden, die gemeinsame finanzielle Entscheidungen in uns wecken.

Schulden klingen im 8. Haus ebenfalls mit an. Ihre Planeten und Zeichen dort zeigen, wie Sie sich mit diesem Thema fühlen. So bedeutet **Widder** an der Spitze des 8. Hauses, dass Sie sich, ohne viel nachzudenken, in finanzielle Vereinbarungen stürzen. Ein **Wasserzeichen** an der Spitze dagegen zeigt einen emotionalen Ansatz und verweist darauf, dass Sie sich von Ihren Instinkten leiten lassen sollten.

» **2. Haus** siehe S. 92–93
8. Haus siehe S. 106–107

»Oft messen wir dem **Wert** bei, was **Venus** in unserem Horoskop berührt.«

IHRE **PLANETEN**

♀ **Venus** Oft messen wir dem Wert bei, was Venus in unserem Horoskop berührt. Sie beschreibt daher, wofür wir am ehesten unser Geld ausgeben, weil wir etwas als wertvoll und erstrebenswert ansehen. Ihre Venus liefert Ihnen also ein Bild davon, wo Sie am ehesten Ihre Ressourcen hineingeben.

Steht Venus beispielsweise in einem Aspekt zu **Jupiter** in Ihrem Horoskop, reisen Sie vielleicht gern und geben dafür viel Geld aus. Bildet Venus einen Aspekt zu **Saturn,** mögen Sie vielleicht schön gestaltete Dinge wie maßgeschneiderte Kleidung und lassen sich etwas Klassisches durchaus etwas kosten. Venus in **Löwe** deutet den Wunsch nach guter Qualität an – Venus im 11. Haus zeigt, dass Sie Ihr Sozialleben sehr schätzen und gern etwas dafür springen lassen, sich zu amüsieren.

» **Venus** siehe S. 68–69

IHRE **ZEICHEN**

♉ **Stier** Auch das Zeichen Stier wird mit finanziellen Angelegenheiten assoziiert. Wo Stier in Ihrem Horoskop auftaucht, möchten Sie etwas festigen. Energetisch verkörpert er als fixes Erdzeichen die Idee physischer oder materieller Güter. Zwar ist das nicht direkt mit Geld gleichzusetzen, aber da viele Astrologen dieses Zeichen mit Finanzen und Banken assoziieren, könnte hier ein berufliches Interessengebiet oder eine Ihrer Begabungen zu finden sein, wenn persönliche Planeten in diesem Zeichen stehen.

Die beiden anderen Erdzeichen deuten auf eine ähnliche Begabung oder ein Geschick mit Geld und materiellen Dingen hin, falls hier persönliche Planeten stehen – **Jungfrau** wegen ihrer umsichtigen Sparsamkeit und **Steinbock** wegen seiner vernünftigen und besonnenen Herangehensweise an so ziemlich jedes Thema.

» **Tierkreiszeichen** siehe S. 32–57

MOTIVATION

BEREIT ZU HANDELN UND ZU LEISTEN

Handeln und Initiative sind die Domänen von Mars. In das Haus, in dem er steht, fließt ein großer Teil Ihrer Energie, in diesem Bereich leben Sie auf. Der dynamische Widder, das kardinale Feuerzeichen, ist in diesem Zusammenhang ebenfalls einen Blick wert.

IHRE **PLANETEN**

♂ **Mars** ist der Planet, den Sie sich anschauen sollten, wenn Sie den Unternehmungsgeist in Ihrem Horoskop suchen. Jeder hat einen eigenen Mars-Stil und Sie können die Stärken Ihres Planeten ausspielen, um auf Leistung zu gehen.

Manche Positionen passen zu dynamischem Handeln (etwa Mars in **Widder** oder **Steinbock**), andere eher zu einem langsamen Vorangehen (Mars in **Stier** oder **Skorpion**). Einige scheinen eher gar nicht zu handeln (Mars in **veränderlichen Zeichen** wie **Zwillinge** oder **Fische**), doch unter den richtigen Umständen werden auch ihr Wille geweckt und Leistungen erreicht. Mit Mars in den sogenannten Doppelzeichen **Zwillinge, Jungfrau, Schütze** und **Fische** liegt es vielleicht in Ihrer Natur, Ausflüchte zu suchen, auf Nummer sicher zu gehen oder einfach mal Ihre Meinung zu ändern, aber bei Aktivitäten, die zum Zeichen passen (Kommunikation für **Zwillinge,** Handarbeit für **Jungfrau,** Reisen für **Schütze** und Hingabe für **Fische**), können Sie Stärke und Motivation aktivieren. Selbst in der von **Venus** beherrschten **Waage** kann **Mars** die Energie bündeln – eine gute Position für Tanz oder Yoga.

Harte Aspekte

Auch die Mischung der Aspekte in Ihrem Horoskop ist einen Blick wert. Planeten, die im **Quadrat, Halbquadrat** oder **Anderthalbquadrat** zueinanderstehen, bilden oft Komplexe dynamischer Energie dort, wo Sie etwas bewegen wollen.

Als Faustregel lässt sich sagen: Je mehr solcher Aspekte Sie haben, desto geschäftiger ist Ihr Leben wahrscheinlich und desto mehr fühlen Sie sich zu dynamischem Handeln getrieben – vor allem, wenn die Planeten in kardinalen oder veränderlichen Zeichen mit natürlichem Bewegungsdrang stehen.

»Wenn Sie den **Unternehmungsgeist** in Ihrem Horoskop suchen, betrachten Sie Ihren **Mars.**«

» **Die Planeten** siehe S. 62–85
Die Aspekte siehe S. 130–131

IHRE **ZEICHEN**

♈ **Widder** Das von **Mars** beherrschte Feuerzeichen Widder ist ebenfalls wichtig, er zeigt das Haus in Ihrem Horoskop an, das Sie zum Handeln bringt. Wenn Sie keine Planeten in Widder haben und er nur an der Spitze eines Ihrer Häuser steht, ist das ein Lebensbereich, für den das Motto »Carpe diem« gilt: »Pflücke den Tag.« Mars herrscht über dieses Haus und stellt die Verbindung zwischen zwei Bereichen her.

Steht Widder beispielsweise an der Spitze Ihres 11. Hauses, fällt es Ihnen leicht, Freunde zu finden oder ein neues soziales Netzwerk zu knüpfen. Tatsächlich könnte Ihr Lebensweg vorgeben, dass Sie das mehrfach tun müssen. Steht der Herrscher Mars gleichzeitig im 9. Haus, ergreifen Sie eher gesellschaftlich die Initiative, vielleicht indem Sie auf Reisen mit aufregenden Draufgänger-Freunden kühn die Welt erkunden.

» **Widder** siehe S. 32–33

IHRE **HÄUSER**

Aszendent und MC Diese beiden Punkte in Ihrem Horoskop spielen bestimmte Rollen dabei, wie Sie ins Handeln kommen.

Ihr Aszendent und alle Planeten in seinem Zeichen (und im 1. Haus) geben vor, wie Sie neue Projekte angehen, und es ist wichtig, dies zu berücksichtigen. Für den **Stier**-Aszendenten dürfen Neuanfänge nicht überstürzt kommen, mit **Steinbock**-Aszendent beginnen Sie gern Neues, aber nur, wenn Sie die Verantwortung haben. Mit **Waage**-Aszendent möchten Sie sicherstellen, dass alle zufrieden sind, bevor es weitergeht.

An Ihrem **MC** streben Sie aktiv nach Leistung und Erfolg – sein Zeichen und die Planeten darin (und im 10. Haus) zeigen daher, ob Sie über sich eine gläserne Decke oder den freien Himmel sehen. Mit dem MC in **Krebs** zählen für Sie eher emotionale als materielle Erfolge, steht er in **Löwe,** müssen Ihre Leistungen strahlen und wahrgenommen werden.

» **MC** siehe S. 122–123

GLAUBE

ANTWORTEN AUF DIE GROSSEN FRAGEN FINDEN

Religion und Spiritualität konzentrieren sich in einem Horoskop im 9. und 12. Haus, um Jupiter und Neptun sowie um die Zeichen, die von diesen Planeten beherrscht werden. Diese Konstellationen bilden die Grundlage Ihres individuellen Glaubenssystems.

IHRE **HÄUSER**

Religion und Spiritualität werden häufig unterschiedlich definiert, viele Menschen bezeichnen sich als »spirituell«, aber nicht als »religiös«. Wir müssen also einen umfassenden Blick darauf werfen, was zum Gesamtbild des Glaubenssystems eines Menschen beitragen könnte.

Wie in den meisten Fällen hat das gesamte Horoskop Einfluss darauf, wie wir das Göttliche sehen. Der »Gott«, den wir verehren, ist wohl auch ein Spiegel unserer eigenen Lebenseinstellung.

Das 9. Haus – das »Haus Gottes«
Hier finden Sie die Grundlage für den Glauben oder die Moralphilosophie, für die Sie eintreten. **Saturn** an dieser Position könnte eine Vorliebe für ein System als Ganzes andeuten, das konkrete Antworten liefert, und für eine Gottheit, die Autorität verströmt und fordert, dass ihre Gesetze eingehalten werden. **Der Mond** verweist hier auf einen weiblichen Aspekt der Gottheit oder auf eine Vorliebe für ein spirituelles System mit Familie und Gemeinschaft im Mittelpunkt. Die Aspekte zu Planeten in diesem Haus stehen für Konflikte oder Glaubenskrisen, auf die Sie im Umgang mit dem Metaphysischen stoßen könnten (harte Aspekte) oder für etwas, das sich unterstützend und nährend für Ihre Überzeugungen anfühlt (weiche Aspekte).

Das 12. Haus – Spiritualität
Traditionell nicht mit Religion und Glaube assoziiert, betrachtet die moderne Astrologen das 12. Haus sowie **Neptun** und **Fische** als Anzeiger für Spiritualität. Vielleicht hat dies mit dem Rückgang der organisierten Religion im Westen und dem zunehmenden Interesse an weltweiten spirituellen Lebenseinstellungen zu tun, denn dies hat zu sehr individuellen Definitionen von Spiritualität geführt, die sich oft aus einer bunten Mischung von Traditionen speisen.

9. Haus siehe S. 108–109
12. Haus siehe S. 114–115

IHRE **PLANETEN**

♃ **Jupiter** verkörpert unsere Fähigkeit zu glauben. Seine Position kann Aspekte der Religion beschreiben, zu der Sie sich bekennen, oder auf Ihr bevorzugtes Denksystem verweisen. Wenn Sie persönliche Planeten in **Schütze** haben, einem der beiden Zeichen, die Jupiter regiert, ist Ihr Geist vielleicht eher philosophisch ausgerichtet. Dann kann das Haus mit diesem Zeichen an der Spitze ein Lebensbereich sein, in dem Sie tendenziell nach Antworten suchen.

Sämtliche Planeten im 12. Haus kommen gleichermaßen in Ihrer Vorstellungswelt zum Ausdruck wie in der materiellen Welt. Zusammen mit der Position Ihres **Neptuns** und der Planeten/Häuserspitzen in **Fische** können diese zeigen, wie Sie mit unsichtbaren Welten Verbindung aufnehmen.

» **Die Planeten** siehe S. 62–85

IHRE **ZEICHEN**

Die Elemente

Feuer Unter den vier Elementen ist Feuer von Natur aus am ehesten auf das Konzept des Glaubens eingestellt. Je mehr Planeten Sie in Feuerzeichen haben, desto eher akzeptieren Sie, an etwas zu glauben, das Sie nicht sehen können. Das bedeutet nicht unbedingt, dass Sie religiös sind, aber wenn Sie es sind, dann verspüren Sie weniger den Drang, die Echtheit oder Beweisbarkeit Ihres gewählten Glaubens zu hinterfragen.

Luft Luftzeichen tendieren zu Zynismus. Sie brauchen logische Argumente und versuchen Glaubensdinge rational anzugehen.

Erde Erdzeichen sind Pragmatiker und eher geneigt, das Leben im Hier und Jetzt zu leben – oder sie finden Gott eher in der Natur als auf einer Wolke.

Wasser Dieses Element gibt sich meist mit den unbeantworteten Fragen zufrieden, die es in jeder Religion zuhauf gibt. Für einen Menschen mit vielen Wasserzeichen muss das System nicht sauber ausgearbeitet sein, solange es sich richtig anfühlt.

»Wir müssen einen **umfassenden Blick** darauf werfen, was zum Gesamtbild des **Glaubenssystems** eines Menschen beitragen könnte.«

KAPITEL

7

LEBENSEREIGNISSE

LEBENSEREIGNISSE ÜBERBLICK

PROGNOSEN MIT DER ASTROLOGIE

Wichtig für das Verständnis von Lebensereignissen ist das Bewusstsein, dass Horoskope niemals still stehen – die Planeten ziehen weiter ihre Bahnen und erzeugen »Transite« über Ihren Planeten, Eckpunkten und Häusern, die die Energie in jedem Augenblick widerspiegeln.

Planetentransite

Transite sind das wichtigste Prognosewerkzeug in der Astrologie, sie zeigen die aktuelle Situation, aber auch die Vergangenheit und die mögliche Zukunft. Bei einem »Transit« zieht ein Planet über etwas in Ihrem Horoskop hinweg. Sie können verfolgen, wie die Planeten von ihrer Geburtsposition aus weiterziehen. Sie kreuzen Eckpunkte, verlassen Häuser und bilden Aspekte zu den Planeten und anderen Horoskopfaktoren. So entsteht ein bewegtes, dynamisches Gebilde.

Transite heben bestimmte Horoskopbereiche hervor. Jeder spiegelt, wie Sie sich gerade fühlen, die tiefere Bedeutung der Ereignisse und welche Reaktion angemessen und günstig wäre. Planetentransite können in Konjunktion oder in Quadrat, Opposition, Trigon oder jedem anderen Aspekt erfolgen. Sie geben dem Erleben jeweils eine bestimmte Qualität.

Eigene Transite prüfen

Die aktuellen Planetenpositionen können Sie in einer »Ephemeride« nachschlagen. Wenn zum Beispiel Ihre Sonne bei 27° in Widder steht, schauen Sie nach, welche Transit-Planeten sich in direkter Nähe (Orbis 1–2°) befinden. Ephemeriden können Sie als Papierversion kaufen oder Sie nutzen eines der vielen Online-Angebote (zum Beispiel unter www.astro.com).

Alle Planeten nach Merkur werden an einem Punkt ihres Umlaufs rückläufig. So können sie drei- oder sogar fünfmal einen Punkt in Ihrem Horoskop kreuzen.

Die Transite von **Pluto, Neptun** und **Uranus** dauern insgesamt mindestens ein Jahr. Sie bringen die tiefgreifendsten Ereignisse und Veränderungen.
Auch die Transite von **Jupiter, Saturn** und **Chiron** können starken Einfluss nehmen, sind aber kürzer – bei Chiron dauern sie bis zu einem Jahr, falls er rückläufig wird, bei Jupiter und Saturn weniger lang. Ein einmaliger Jupiter-Transit hält etwa eine Woche an, ein rückläufiger (dreimaliger) Transit neun Monate.
Mars, Venus und **Merkur** benötigen zwei bis drei Tage für den Transit, die Rückläufigkeit hat hier starke Auswirkungen.
Sonne und **Mond** werden niemals rückläufig. Die Sonne braucht etwa einen Tag für einen Transit, der Mond nur Stunden.

Planetenzyklen

Ein weiterer Faktor ist der Zyklus, dem jeder Planet entsprechend seiner Position im Geburtshoroskop folgt. Steht zum Beispiel Saturn in Opposition zu Ihrem Geburtssaturn, lässt sich dies im Zusammenhang mit seiner 30-jährigen Umlaufzeit betrachten. Die Astrologie geht immer von einer ganzheitlichen Erfahrung aus. In der Mitte des Lebens

finden mehrere Transite statt: Pluto Quadrat Pluto (Ende 30/Anfang 40), Uranus Opposition Uranus und Neptun Quadrat Neptun (41 bis 42) sowie die Chiron-Rückkehr (50). Aus dieser Lebensphase gehen wir in jedem Fall verändert hervor!

Schicksal und freier Wille

Die Astrologie lässt uns die Wahl – wie »schicksalhaft« eine Situation auch zu sein scheint. Ein Perspektivenwechsel kann helfen die Realität anders zu betrachten und die eigenen Herangehensweisen zu überdenken.

Dasselbe gilt für Prognosen. Symbole sagen uns nicht, was wir tun sollen. Vielmehr öffnen sie unser kreatives Bewusstsein und ermuntern uns, unser eigenes Schicksal fantasievoll mitzugestalten.

»Die **Astrologie** lässt uns die **Wahl** – wie **›schicksalhaft‹** eine Situation auch zu sein scheint.«

NEUE BEGEGNUNGEN

MENSCHEN TREFFEN UND NEUE KONTAKTE KNÜPFEN

Begegnungen mit anderen Menschen können tiefgreifende Veränderungen mit sich bringen – selbst eine flüchtige Bekanntschaft kann wichtig sein, weil sie etwas in uns auslöst. Ihr Horoskop zeigt, wie Sie neue Begegnungen angehen, und die Transite darin enthüllen, was solche Kontakte im Fluss Ihres Lebens zu bedeuten haben.

IHRE **HÄUSER**

Der Aszendent und das 1. Haus zeigen, wie wir auf Unbekannte zugehen – etwa unsere ersten Schritte oder unsere Art des Gesprächseinstiegs. Der gesprächige **Zwillinge-Aszendent** zum Beispiel lädt zur Interaktion ein und möchte alles über den anderen wissen. Der **Skorpion-Aszendent** bleibt rätselhaft und zwingt sein Gegenüber dazu, den ersten Zug zu machen.

Dieser Teil Ihres Horoskops bezieht sich auf Kleidung und Präsentation, die Schlüsselelemente der Außenwirkung. Menschen mit **Saturn-Aszendent** haben häufig viel Schwarz und Grau im Kleiderschrank. Kleidung kann anderen Menschen vermitteln, was Sie von sich zeigen und wie Sie wirken wollen.

» **Der Aszendent** siehe S. 120–121
1. Haus siehe S. 90–91

IHRE **PLANETEN**

☿ **Merkur** spielt in Ihrem Horoskop die Schlüsselrolle, wenn es um das Knüpfen und Pflegen von Kontakten geht. Er tut für die Sonne, was ein Botschafter für das Staatsoberhaupt erledigt. Er übernimmt die Funktion des offiziellen Abgesandten, der Nachrichten übermittelt und die Lage prüft. Mit einem prominenten Merkur (etwa in Konjunktion zur Sonne oder zum Aszendenten) ist Ihr Kommunikationsbedürfnis stark ausgeprägt – eine Position im 8. oder 12. Haus dagegen könnte auf einen zurückhaltenderen Konversationsstil hinweisen. In Aspekten zu **Pluto** oder **Saturn** kann Merkur richtiggehend schüchtern sein und lieber beobachten als zu reden.

» **Merkur** siehe S. 66–67

IHRE **ZEICHEN**

Die Elemente

Während die **Luftzeichen** durch soziale Kontakte aufblühen, bevorzugen Menschen mit Planeten in **Wasserzeichen** eher die Einsamkeit oder wenige vertraute Gesichter. Die **Feuerzeichen** gehen meist mit Selbstvertrauen und Mut in neue Situationen, während die **Erdzeichen** eher gemächlich vorgehen.

Vor allem Ihr **Sonnenzeichen** zeigt, wie Sie sich beim ersten Treffen präsentieren. Während das **Mondzeichen** ein Barometer für die innere Gefühlslage ist, projizieren wir unsere Sonne eher nach außen, um mit ihren Qualitäten in gesellschaftlichen Situationen zu glänzen.

» **Elemente** siehe S. 28–31

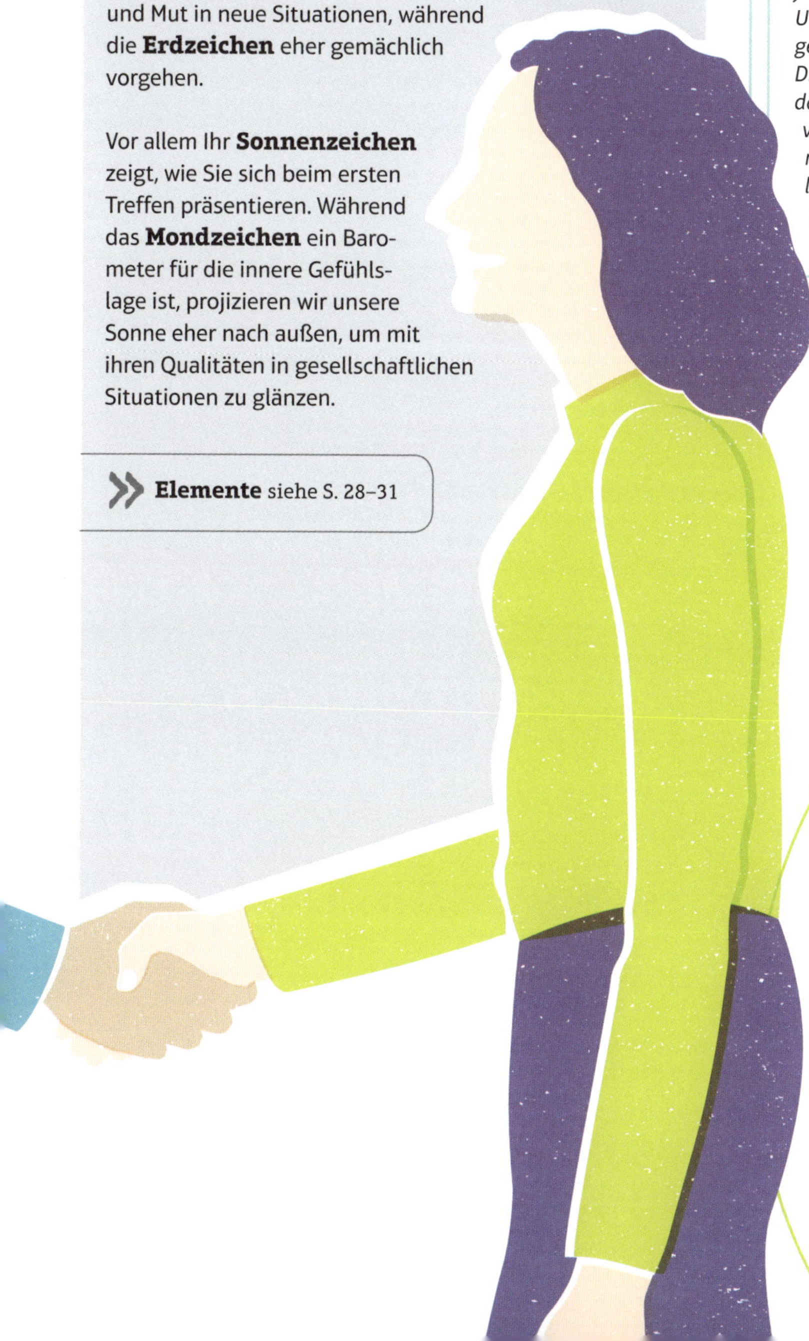

Beispiel

Tatjana fiel es schwer, nach der Elternzeit in der neuen Arbeit erste Kontakte zu knüpfen.

Tatjanas Löwe-Mond und -Venus stehen im 11. Haus. Das macht sie zu einer lebenslustigen Frau, die beliebt sein will und gern unter Menschen ist. Das Löwe-Paar verweist auf Selbstdarstellung und Glamour – und dank ihres Waage-Aszendenten ist Tatjana sehr charmant. Ihre Venus bildet den Apex eines Jupiter-Uranus-T-Quadrats in Opposition zu Chiron, daher möchte sie gern anders und individuell sein – nicht eine von vielen. Die Saturn-Pluto-Konjunktion in ihrem 1. Haus bewirkt aber, dass Tatjana bei ersten Kontakten oft zurückhaltend ist und versucht sich anzupassen. Ihre neue Arbeitsstelle trat sie während eines Saturn-Transits über dieses Duo an, der sie zweifeln ließ, ob die Kollegen sie ernst nehmen würden. Zum Glück befand sich auch die Sonne auf einem kurzen Transit durch ihr 1. Haus und sorgte für Impulse zur Kontaktaufnahme.

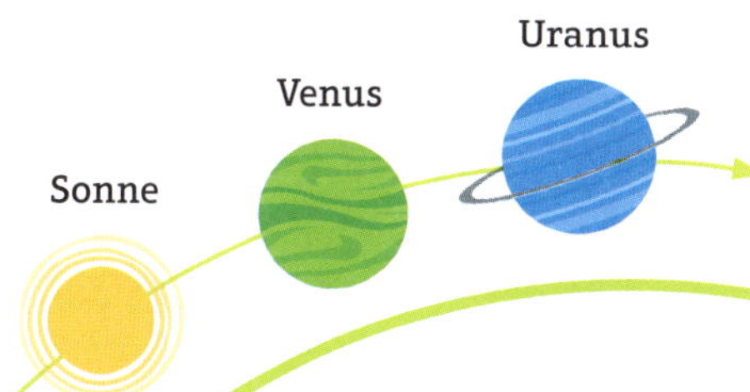

WICHTIGE TRANSITE

Neue Kontakte fungieren oft als Katalysatoren für unsere nächste Entwicklungsphase. Es kann also nützlich sein, vor Begegnungen mit wichtigen Menschen die Transite in Ihrem Horoskop zu überprüfen – ob im gesellschaftlichen, beruflichen oder privaten Kontext, ob flüchtig oder langfristig.

Der Transit-Planet verrät etwas über die Art des Kontakts, ein **Uranus**-Transit zum Beispiel bringt eine unerwartete Begegnung. Der transitierte Planet zeigt die Bedeutung der Beziehung an – ein Transit über **Venus** weckt Ihr Verlangen, ein Transit über **die Sonne** Ihr Identitätsgefühl.

FESTE PLANEN

IN FEIERLAUNE KOMMEN

Mit einem Fest würdigen wir die Lebensfreude als festen Teil der menschlichen Empfindungen, wir wollen die Sonne leuchten lassen und ausgelassen feiern. Unser Jahr ist durchsetzt von Festlichkeiten und Feiertagen, bei denen wir Energie tanken, die Familie treffen und Gemeinschaft erleben können oder das Leben und die Erfolge eines Menschen hervorheben.

IHRE **HÄUSER**

Das 5. Haus ist das Haus der Feste – Ihre Planeten hier und das Zeichen an der Hausspitze (sowie sein Planetenherrscher) zeigen, was Sie zur Party mitbringen und wie Sie an die Planung solcher Events herangehen.

Nun könnten Sie natürlich **Saturn** im 5. Haus haben oder **Pluto** oder **Chiron** – nicht gerade Sinnbilder für Genuss und Spontaneität. Wir können uns Saturn jedoch als organisierten Partyplaner vorstellen, Pluto geht lieber zu einer Überraschungsparty in den Nachtclub und Chiron könnte eine sprudelnde Quelle unkonventioneller Ideen für einen Ausflug sein.

» **5. Haus** siehe S. 98–99

Beispiel

Miriam plant eine große Überraschungsparty zum Hochzeitstag ihrer Eltern. Ihrem Bruder wäre eine kleine Familienfeier lieber.

Das Horoskop von Miriam wird von einem Stier-Stellium im 11. Haus dominiert. Trotz ihrer Bescheidenheit neigt sie wegen des betonten 11. Hauses zu Gruppenaktivitäten und will daher zahlreiche Freunde und Bekannte einladen. Mit Neptun im 5. Haus liebt sie Feiern ohne Grenzen beim Budget, praktische Überlegungen fallen schwer – und Löwe an der Spitze ihres 2. Hauses will von allem nur das Feinste. Venus ist Herrscherin über ihr 5. Haus und steht an ihrem Krebs-Aszendenten – kein Wunder also, dass sie diese Feier als Chance begreift, ihre Liebe zur Familie zu zeigen. Am Tag der Party stand Venus in Konjunktion mit ihrem MC, ein passendes Symbol für Miriam als Zeremonienmeisterin und die Feier als Geschenk an ihre Eltern.

IHRE PLANETEN

Sonne und Jupiter haben einen feierlichen Aspekt – zumindest sagen beide Zeichen und die entsprechenden Häuser etwas darüber aus, was oder wer bei Ihnen Wohlwollen, Großzügigkeit und Verspieltheit hervorruft.

Mit der Sonne im **7. Haus** etwa vermitteln Sie anderen das Gefühl, etwas Besonderes, Strahlendes zu sein, mit der Sonne im **6. Haus** können Arbeitskollegen Ihre sonnige Seite hervorzaubern.

Jupiter in **Schütze** oder **Löwe** tendiert von Natur aus zu Fröhlichkeit – Jupiter in **Steinbock** oder **Jungfrau** könnte zurückhaltender sein, behält dafür aber das Partybudget besser im Blick.

» **Die Sonne** siehe S. 62–63
Jupiter siehe S. 74–75

IHRE ZEICHEN

Einige Zeichen neigen von Natur aus mehr zum Feiern als andere, generell sind es die Menschen mit vielen **Feuer**- und **Luftzeichen** im Horoskop, die gegen eine Party nie etwas einzuwenden haben. **Wasser**- und **Erdzeichen** sind eher introvertiert und wenn Ihre persönlichen Planeten überwiegend in diesen Zeichen stehen, gefallen Ihnen vielleicht maßvolle Feierlichkeiten besser.

Jedes Zeichen hat einen eigenen Feierstil – als **Löwe** stehen Sie gern im Mittelpunkt und bereichern die Feier mit Ihrer sonnigen Wärme, als **Krebs** feiern Sie lieber im Kreis der Familie oder mit guten Freunden.

» **Löwe** siehe S. 40–41
Krebs siehe S. 38–39

WICHTIGE TRANSITE

Jupiter-Transite können für Optimismus und Partystimmung sorgen und Sie in Feierlaune versetzen oder sie deuten auf eine Zeit hin, in der Sie lieber feiern als arbeiten würden.

Sie können auch beobachten, wie sich die **Sonne** im Jahreslauf einmal durch Ihre Häuser bewegt. Die Wochen, in denen sie Ihr 5. Haus durchquert, fühlen sich anders an, als wenn sie sich im 12. befindet: Erstere ist eine Zeit für Kreativität und Festlichkeiten, Letztere für Rückzug und Einsamkeit. An Ihrem Geburtstag ist die Sonne wieder an ihrem angestammten Platz – ein Grund zum Feiern.

RISIKEN EINGEHEN

MUTIG IN UNBEKANNTES TERRAIN VORDRINGEN

Ob Sie umziehen, ein Unternehmen gründen oder ein Auslandsjahr einlegen, Ihr Horoskop zeigt Ihnen, wie Sie in solchen Situationen reagieren und auf welche inneren Ressourcen Sie dabei zurückgreifen können. Auch wenn die anstehenden Veränderungen nicht auf Ihrer Entscheidung beruhen und Sie sie nicht ausgewählt haben, gibt es einen Teil in Ihnen, der bereit für den Wandel ist.

IHRE **ZEICHEN**

Die Elemente

Feuer ist das kühne Element und konzentriert sich auf die Vision, ohne sich um Details zu sorgen. Für Sie ist das Leben immer ein Abenteuer.

Erde scheut das Risiko und bewältigt es durch sorfältige Planung und Vorausschau.

Mit Planeten in **Luft**zeichen können Sie ein Risiko eingehen – wenn Ihr Interesse ausreicht oder Sie jemanden an Ihrer Seite haben.

Wasser fühlt sich oft erschüttert von Veränderungen. Sie errichten daher eine Schutzmauer, hinter der Sie Ihren Gefühlen freien Lauf lassen können.

Ihr Aszendent bestimmt das Muster für Neuanfänge, ob Sie an einer neuen Arbeitsstelle anfangen oder Ihre erste Hypothek aufnehmen. Jeder ist anders – an entgegengesetzten Enden des Spektrums stürmt **Widder** auf Neues zu, während **Zwillinge** noch zögert, sich darauf einzulassen.

» **Elemente** siehe S. 28–31
Tierkreiszeichen siehe S. 32–57

IHRE **HÄUSER**

Das 5. Haus hat traditionell eine Verbindung zum Glücksspiel, sowohl im wörtlichen als auch im übertragenen Sinn. Ihre Planeten im 5. Haus können Ihnen beim Ausarbeiten einer Risikostrategie helfen. Mit **Jupiter** in diesem Haus gehen Sie zum Beispiel frontal drauflos und sehen in der Veränderung eine Gelegenheit zum Wachsen. Der **Mond** im 5. Haus sorgt dafür, dass Sie die neue Situation vielleicht lieber intuitiv angehen und sich das Recht vorbehalten, sich bei ungünstiger Strömung zurückzuziehen.

Risiko spricht das **9. Haus** an, hier liegt unser Gefühl für das, was in der Ferne wartet. Es geht auch darum, wie es uns zu Beginn einer Reise geht. So könnte **Saturn,** der Planet der Grenzen und Regeln, im 9. Haus Flugunwilligkeit oder Flugangst anzeigen.

» **5. Haus** siehe S. 98–99
9. Haus siehe S. 108–109

Beispiel

Emma liebt das Segeln. Während eines Jupiter-Transits durch ihr 9. Haus bot man ihr eine Weltumsegelung an.

Emma hat mehrere Planeten und den Aszendenten in Feuerzeichen, was für begeisterte Spontaneität sorgt. Ihr Löwe-Aszendent verleiht ihr den Glauben an den Erfolg neuer Unternehmungen und dank ihrer Horoskopherrscherin Sonne in Widder im 9. Haus kann sie in die Rolle der Abenteurerin schlüpfen. Mit Jupiter in Widder geht sie Hindernisse gern frontal an. Mit Sonne, Jupiter und Nordknoten in Konjunktion in Widder im 9. Haus war Emma überzeugt davon, es sei ihr Schicksal, furchtlos ins Unbekannte zu ziehen, als der Jupiter-Transit die aufregende Gelegenheit brachte.

Dank Mars in Stier konnte sie mit beständigem Mut zu ihrer Entscheidung stehen. Uranus und Neptun im 5. Haus ermöglichten es ihr, ihren kreativen Erfindergeist voll auszuleben und sich in der neuen Rolle zu sehen, alles unter der umsichtig-pragmatischen Leitung von Saturn im gleichen 5. Haus.

IHRE **PLANETEN**

♂ **Mars** zeigt an, wie Sie Gelegenheiten ergreifen oder Entscheidungen treffen. Wenn Sie Risiken eingehen, dann am besten auf Ihre persönliche Art. Mars in **Waage** zum Beispiel muss die Chancen abwägen, während Mars in **Fische** sich auf den herrschenden Wind einstellen und entsprechend reagieren kann. Mars in **Widder** ist zielgerichtet, schnell und entscheidungsfreudig, Mars in **Krebs** schlägt eher einen indirekteren Weg ein.

♃ **Jupiter** drückt Ihren Antrieb aus, Gelegenheiten zu nutzen. Mit Jupiter in **Zwillinge** wiegt der Vorteil, neue Fertigkeiten zu erwerben, das Risiko auf. Jupiter in **Waage** dagegen sieht Wachstum als zweigleisigen Austausch und eine Übung im Teilen.

WICHTIGE TRANSITE

Jupiter- und Uranus-Transite bringen häufig unerwartete Gelegenheiten.

Uranus bringt Wandel, der von spannenden Ideen oder Visionen angeregt wird. Die Zielstrebigkeit, die dieser Planet hervorbringt, ermöglicht es Ihnen oft, das Unmögliche zu schaffen.

Jupiter erweitert Ihre Sichtweise und eröffnet neue Möglichkeiten in dem Bereich Ihres Horoskops, durch den er sich gerade bewegt. Außerdem gibt Jupiter Ihnen Selbstvertrauen und einen unerschütterlichen Glauben an das Ergebnis mit.

» **Mars** siehe S. 70–71
Jupiter siehe S. 74–75

»IHR **ASZENDENT** BESTIMMT DAS MUSTER FÜR **NEUANFÄNGE**, OB SIE AN EINER NEUEN ARBEITSSTELLE ANFANGEN ODER IHRE ERSTE HYPOTHEK AUFNEHMEN. JEDER IST **ANDERS** …«

SCHLÜSSELMOMENTE IN BEZIEHUNGEN

EINE BEZIEHUNG BEGINNEN UND SICH FESTLEGEN

Beziehungen sorgen für die freudigsten Augenblicke unseres Lebens, aber auch für die schmerzhaftesten und schwierigsten. Jedes Horoskop ist einzigartig und zeigt den ganz persönlichen Stil, Bindungen einzugehen.

IHRE **HÄUSER**

7. und 8. Haus gelten als die »Beziehungshäuser«. Sie zeigen, was Sie von emotionalem Engagement halten. Das 7. Haus symbolisiert den Vertrag und einen Teil von Ihnen, dem Sie durch Ihre Partnerwahl begegnen. Das 8. Haus nimmt Sie auf der Seelenebene mit in die emotionalen Verstrickungen.

Steht **Saturn** hier, kommt wahrscheinlich irgendwann das Thema einer langfristigen Verbindung auf. Mit **Jupiter** oder **Uranus** steht für Sie Freiheit an oberster Stelle.

Haben Sie hier keine Planeten, heißt das nicht, dass Sie nie eine Beziehung eingehen – dies spielt in Ihrem Leben nur keine Hauptrolle.

» **7. Haus** siehe S. 104–105
8. Haus siehe S. 106–107

IHRE **PLANETEN**

☽ **Der Mond** zeigt Ihren emotionalen Stil und wie Sie auf dieser Ebene mit anderen umgehen.

Steht Ihr Mond beispielsweise in **Skorpion,** fallen Ihnen tiefe emotionale Bindungen leichter als mit dem Mond in **Zwillinge.** Genauer gesagt: Bei Menschen mit Zwillinge-Mond entstehen Bindungen über scheinbar leichte Dinge wie Gespräche oder gemeinsame Ideen.

♀ **Venus** ist der zweite Beziehungsplanet, er zeigt Zärtlichkeit und Werte an. Venus in **Schütze** möchte einen Partner mit Sinn fürs Abenteuer, Venus in **Steinbock** legt Wert auf Verbindlichkeit.

» **Der Mond** siehe S. 64–65
Venus siehe S. 68–69

IHRE **ZEICHEN**

Die Qualitäten
Bestimmte Zeichen scheinen eher zu Verbindlichkeit zu neigen als andere – doch der Schein kann trügen.

Die **veränderlichen Zeichen** wirken oft bindungsscheu. Doch Menschen, die unter diesen Zeichen geboren wurden, brauchen einfach Raum zum Atmen und wollen sich frei fühlen – Verbindlichkeit funktioniert für sie, wenn dies dazugehört.

Die **fixen Zeichen** suchen am ehesten die Stabilität und Dauerhaftigkeit einer Langzeitbeziehung und halten durch dick und dünn daran fest – selbst wenn das Feuer längst erloschen ist.

Die **kardinalen Zeichen** verlieben sich häufig schnell, machen aber mit ihrem Leben bald weiter wie zuvor, sobald die Beziehung vorbei ist.

» **Qualitäten** siehe S. 28–31

Beispiel

Darren hat jung geheiratet. Die Beziehung war stürmisch und ging in die Brüche, als er herausfand, dass seine Frau eine Affäre hatte.

Darren hat eine Sonne-Mars-Konjunktion in Krebs im 7. Haus in Konjunktion mit seinem Krebs-Deszendenten. Für ihn sind Beziehungen zentral, sie basieren auf gegenseitigem Schutz und stiften Sinn.

Sein Widder-Mond steht im Quadrat zum Krebs-Mars, was auf eine defensive und streitlustige Seite an ihm hindeutet. Weil sein Mond zusätzlich in Opposition zu Pluto steht, fühlt er sich leicht hintergangen. Loyalität ist ihm äußerst wichtig.

Er heiratete während seiner Saturn-Wiederkehr – das ist ein höchst bedeutsamer Zeitpunkt: Saturn ist sein Horoskopherrscher und steht in Konjunktion zur Himmelsmitte. Die Affäre seiner Frau entdeckte er, als Uranus über seinen Widder-Mond transitierte, was die Mond-Pluto-Opposition aktivierte und emotionale Geheimnisse ans Licht brachte. Er erkannte, dass er so abhängig von seiner Partnerin geworden war, dass sein eigensinniger Widder-Mond und seine lebhafte Venus in Zwillinge gar nicht mehr zum Zug kamen.

WICHTIGE TRANSITE

Jeder langsame Planet kann einen wichtigen Punkt in einer Beziehung anzeigen, meist durch einen Transit über Venus, den Mond, den Deszendenten oder Planeten im 7. und 8. Haus.

Saturn ist oft beteiligt, wenn es ernst wird oder eine Hochzeit ansteht. Viele Menschen entscheiden sich unter solchen Transiten, zu heiraten oder eine Familie zu gründen. Unter einem **Neptun**-Transit könnten Sie sich verlieben, weil er die Sehnsucht nach Romantik weckt.

Auch während eines **Uranus**-Transits kann man sich verlieben, denn er katapultiert uns aus der Komfortzone heraus und verändert alles.

EINE FAMILIE GRÜNDEN

KINDER BEKOMMEN UND ELTERN SEIN

Kinder kommen ja angeblich nie zum richtigen Zeitpunkt, aber die Astrologie zeigt, dass dies geschieht, wenn ein Schlüsselaspekt eines Horoskops in den Vordergrund tritt – klassischerweise das 5. Haus der Kinder. Tatsächlich spiegelt das Horoskop Ihres Kindes Ihre Transite zu dieser Zeit und damit auch, was die Geburtserfahrung für Sie bedeutet hat.

IHRE **HÄUSER**

Das 5. Haus spiegelt die Erfahrung von Schwangerschaft und Geburt, ebenso den kraftvollen kreativen Akt, ein Kind zur Welt zu bringen.

Mit **Jupiter** in diesem Haus wünschen Sie sich vielleicht eine große Familie, Ihre Kinder empfinden Sie als Gottesgeschenke. **Saturn** hat eine verlangsamende Wirkung. Vielleicht kommen Kinder erst später im Leben vor oder der Schwerpunkt liegt darauf, Kinder allein großzuziehen oder Selbstvertrauen als Elternteil zu entwickeln. **Chiron** im 5. Haus könnte sich als Adoption oder Pflegschaft manifestieren.

Das 4. Haus ist das Haus des Heims, der Schmelztiegel der Familie. Es bildet unser Fundament und verweist auch in die Vergangenheit – hier entsteht unser Gefühl im Zusammenhang mit den Begriffen »Familienerbe« und »Dynastie«.

Das 10. Haus spiegelt Ihre Elternrolle als verantwortungsvoller Beschützer. Alle Planeten hier und das Zeichen an der Häuserspitze drücken dieser Rolle ihren Stempel auf.

» **5. Haus** siehe S. 98–99
4. Haus siehe S. 96–97
10. Haus siehe S. 110–111

IHRE **PLANETEN**

Der Mond spielt eine Schlüsselrolle, wenn es um Kinder und Familie geht. Ihre Art der Fürsorge wird durch Ihre Mondposition nach Zeichen, Haus und Aspekt angezeigt. Hier finden Sie Hinweise darauf, was Ihre Stärken und Schwierigkeiten sein könnten.

Mit dem Mond in **Löwe** beispielsweise identifizieren Sie sich ganz mühelos mit der spielerischen Welt der Kinder und erlangen im Handumdrehen Meisterschaft beim Vorlesen oder haben Ideen, wie man einen verregneten Nachmittag auf spannende Art verbringt.

Mit dem Mond in **Jungfrau** liegt Ihr Schwerpunkt vielleicht eher auf dem körperlichen Wohlbefinden und darauf, regelmäßige Abläufe zu etablieren.

» **Der Mond** siehe S. 64–65

Beispiel

Andrea wollte nie Kinder, doch bringt ihr Partner zwei aus erster Ehe mit. Sie findet sich nun in der Rolle der Stiefmutter wieder.

Andrea hat vier Planeten im 1. Haus, auch die Sonne: Ihr Schwerpunkt liegt auf der Selbstentfaltung. Auch das 10. Haus mit Mars und dem Horoskopherrscher Saturn ist zentral. Sie steckt ihre Zeit und Energie in einen anspruchsvollen, intensiven Beruf.

Chiron in Zwillinge im 5. Haus zeigt ihre Ambivalenz gegenüber Kindern, vielleicht aus dem Gefühl heraus, dafür nicht qualifiziert zu sein. Gemäß Chirons mythologischer Geschichte manifestiert er sich im 4., 5. oder 10. Haus oder in einem Aspekt zur Sonne als Pflege-, Adoptions- oder Stiefverhältnis.

Eine Chiron-Saturn-Opposition weckte in Andrea die Angst vor ihrer Aufgabe und die Sorge, von den Stiefkindern nicht akzeptiert zu werden. Sie lernte ihren Partner kennen, als Chiron im Transit im Quadrat zur Saturn-Chiron-Opposition ihres Geburtshoroskops stand. Einige Jahre später fühlte sie sich dank ihrer Saturn-Wiederkehr wohler in der Rolle.

IHRE **ZEICHEN**

Kein Zeichen neigt stärker zum Kinderkriegen als ein anderes. **Krebs** wird zwar mit Kindern, Familie sowie dem Beschützer- und Versorgerinstinkt assoziiert; mit persönlichen Planeten in Krebs kann die Familie ein Schwerpunkt in Ihrem Leben sein. Doch jedes Zeichen bringt bestimmte Fähigkeiten mit und steht vor seinen eigenen Herausforderungen bei der Kindererziehung. Die Zeichen von **Sonne**, **Saturn** und **MC** (Bilder der elterlichen Autorität) sowie Ihr **Mond** und **IC** (Fürsorgestil und Familiennest) prägen Ihre Bedürfnisse und Erfahrungen in diesem Lebensbereich mit.

» **Krebs** siehe S. 38–39

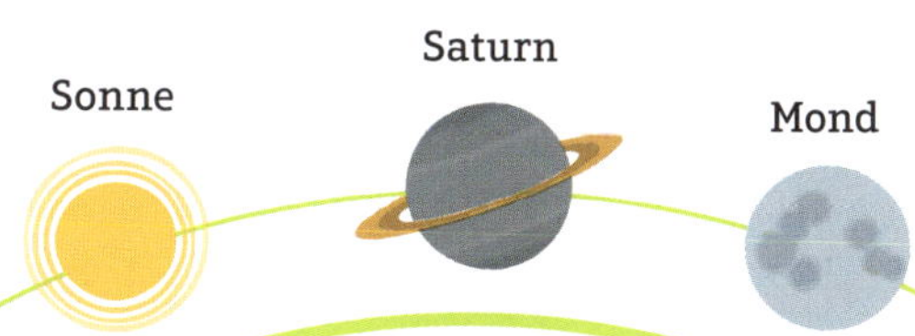

WICHTIGE TRANSITE

Transite über jeden dieser Punkte können mit der Ankunft eines Kindes zusammenfallen. Transite durch das 4. Haus etwa können Verschiebungen in der Familienstruktur und ein neues Mitglied signalisieren (oder auch einen Tod in der Familie, der die Generationenhierarchie verändert).

Für einen Mann könnten Transite über **Sonne** oder **Saturn** mit dem Vaterwerden zusammenfallen, für eine Frau könnten sich ein Transit über den **Mond** (oder den Planetenherrscher des 5. Hauses) und der Beginn einer Schwangerschaft überschneiden.

ERZIEHUNGSFRAGEN

WACHSTUM UND GLÜCK DER KINDER FÖRDERN

Eltern zu sein ist wohl eine der schwierigsten Aufgaben überhaupt. Ständig geht es darum, aufmerksam zu sein und Entscheidungen zu treffen, die das Kind dabei unterstützen, zu wachsen, sich zu entfalten und sein Potenzial zu verwirklichen. Das eigene Horoskop und das des Kindes zu kennen kann dabei eine große Hilfe sein.

IHRE **HÄUSER**

Im 10. Haus stehen wir auf eigenen Füßen. Wir entwickeln allmählich ein Gefühl für unsere innere Autorität und für unsere Fähigkeit zu leiten und zu führen. Das 10. Haus gehört auch zu den Elternhäusern, traditionell wird es der Mutter zugeschrieben. Genauer gesagt: Es steht für den Elternteil, der das Kind sozialisiert und mit der Welt bekannt macht.

Die Planeten in diesem Haus, ihre Aspekte zu anderen Planeten und das Zeichen an der Häuserspitze sagen etwas darüber aus, wie Sie sich in dieser Rolle fühlen. Dies kann wiederum die Entscheidungen beeinflussen, die Sie als Elternteil treffen.

» **10. Haus** siehe S. 110–111

IHRE **PLANETEN**

☽ **Der Mond** spielt eine zentrale Rolle bei elterlichen Entscheidungen, weil er grundlegend unseren Fürsorgestil bestimmt. Mit einem **Widder**- oder **Schütze**-Mond etwa lassen Sie Ihren Kindern vielleicht mehr Freiraum als üblich. Durch Ermutigung wollen Sie deren Unabhängigkeit fördern. Steht Ihr Mond dagegen in **Krebs,** ist für Sie wahrscheinlich Sicherheit sehr wichtig und Ihnen gefallen eher die gegenseitigen Abhängigkeiten und das Familiennest.

♃ ♄ **Jupiter und Saturn** bilden einen interessanten Kontrast im Stil von »guter Cop, böser Cop«, womit sie das innere Wechselspiel zwischen Freude und Pflicht widerspiegeln. Sie sind klassische Indikatoren für diesen Balanceakt: **Jupiter** als Symbol für Freiheit und Abenteuer, **Saturn** als Ihre Ansichten darüber, wie die Regeln aussehen sollten.

» **Der Mond** siehe S. 64–65
Jupiter siehe S. 74–75
Saturn siehe S. 76–77

Beispiel

Patrick hat zwei Söhne. Der ältere ist noch keine 16, möchte aber ohne Familie mit einem Freund verreisen.

Patricks Horoskop wird von Krebs dominiert: Aszendent, Merkur, Saturn, Sonne und Horoskopherrscher Mond stehen alle im 1. und 2. Haus in diesem Zeichen. Krebs ist fürsorglich, konservativ und stark familienorientiert – hier ist der Beschützerinstinkt ebenso auf sich selbst ausgerichtet wie auf andere. Das sollte Patrick bedenken, wenn er beurteilt, ob sein Sohn auf sich selbst aufpassen kann. Patrick hätte sicher nicht im Traum daran gedacht, mit 15 die Sicherheit seiner Familie zu verlassen. Pluto befand sich gerade im Transit in Opposition zu seinem Saturn. Wir können das als Herausforderung des beschützenden Krebs-Saturns verstehen, die Angst davor erzeugt, was alles schiefgehen könnte, aber auch die Chance eröffnet, tief sitzende Ängste aus der eigenen Kindheit zu überprüfen.

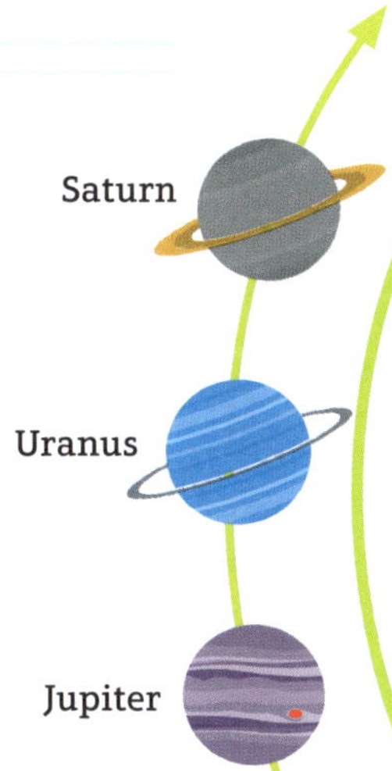

WICHTIGE **TRANSITE**

Wenn es um Entscheidungen geht, kann das Horoskop aufzeigen, welche Probleme bestehen: Befinden Sie sich zum Beispiel im **Saturn**-Transit und Ihr Kind steht unter dem Einfluss von **Uranus,** weisen Sie nachdrücklich auf die Fallstricke hin, während Ihr Kind eine Gelegenheit ergreifen will. Es versteht nicht, dass Sie seine Begeisterung nicht teilen. Ein Kompromiss könnte nötig sein.

Die Planetenzyklen zeigen, auf welcher Stufe jedes Familienmitglied steht. Bei der ersten **Jupiter**-Wiederkehr mit elf bis zwölf Jahren wechseln viele Kinder die Schule und lernen ernsthafter. Die **Saturn**-Opposition mit 14 oder 15 verweist auf die schwierige Teenagerzeit als Phase des Erwachsenwerdens.

IHRE **ZEICHEN**

Elemente
Jede Eltern-Kind-Beziehung ist anders. Wenn Sie zum Beispiel als hitziger, aktiver und kontaktfreudiger Mensch wissen, dass bei Ihrem Kind die meisten Planeten in Wasserzeichen stehen, können Sie eher verstehen, dass seine Empfindsamkeit und Innerlichkeit es auf einen anderen Weg führt als Sie.

Qualitäten
Mit Planeten in **kardinalen Zeichen** fallen Ihnen Entscheidungen meist nicht schwer. Kardinalität steht für Klarheit über den Weg, der vor uns liegt.

Die **fixen Zeichen** grübeln erst einmal und brauchen Zeit zum Entscheiden – für ein kardinales Kind kann das frustrierend sein.

Die **veränderlichen Zeichen** treffen am liebsten gar keine Entscheidungen, daher können wichtige Themen Ängste und Selbstzweifel verursachen – Sie müssen sich Zeit geben, alle Optionen zu durchdenken.

» **Elemente, Qualitäten** siehe S. 28–31

IM WETTBEWERB

DIE EIGENEN TALENTE NACH VORN BRINGEN

Einige Menschen empfinden sich von Natur aus als wettbewerbsorientiert, andere reagieren zurückhaltender auf die Vorstellung, in den Vordergrund zu treten. Wir messen uns jedoch alle auf unsere eigene Art mit anderen. Ihr Antrieb ist vielleicht ein ganz anderer als der Ihres Konkurrenten, kann Sie aber genauso motivieren.

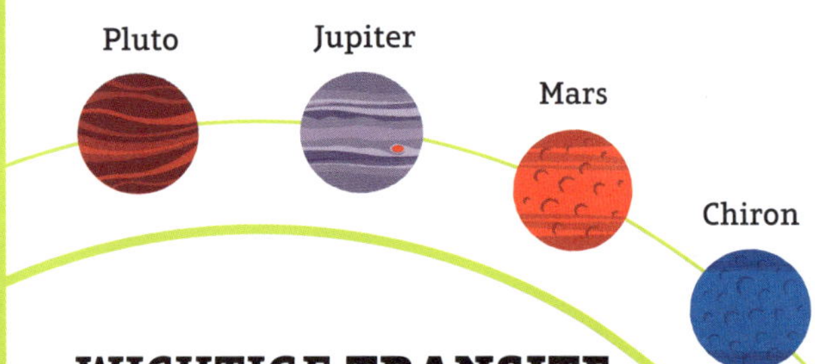

WICHTIGE TRANSITE

Ein Transit durch Ihr 7. Haus kann eine neue Beziehung ankündigen, aber auch auf einen Widersacher hindeuten. Manchmal handelt es sich dabei um ein und dieselbe Person. Bei einem **Pluto**-Transit hier könnte zum Beispiel eine Wettbewerbssituation entstehen, die sich wie ein Kampf auf Leben und Tod anfühlt oder mit Eifersucht oder Verrat zu tun hat. Transitiert **Jupiter** hier, entsteht vielleicht Rivalität darum, wer wohlhabender oder einflussreicher ist.

Ein Transit über Mars zeigt das jüngste Kapitel Ihrer Beziehung zu diesem Planeten. Auch hier ist das Wesen des Transitplaneten entscheidend – **Chiron** etwa könnte Ihnen zeigen, dass Mitgefühl und Vergebung genauso machtvoll sein können wie Siegen.

IHRE **HÄUSER**

Das 7. Haus gilt in der traditionellen Astrologie als das Haus der »offenen Feinde«. Wenn Sie Rivalen haben, zeigen diese vielleicht Charakterzüge, die die Planeten und Zeichen Ihres 7. Hauses heraufbeschwören. Planeten, die in diesem Haus stehen, können zum Mittelpunkt eines Wettstreits werden oder wecken vielleicht den Wunsch, die eigene Überlegenheit zu beweisen, da diese Energien meist innerhalb einer Beziehung entstehen.

Steht bei Ihnen zum Beispiel Merkur in **Widder** im 7. Haus, testen und entwickeln Sie Ihre Kommunikationsfähigkeiten vielleicht in hitzigen Debatten und Streitgesprächen.

» **7. Haus** siehe S. 104–105

Beispiel

Rachel ist Autorin. Sie sah sich nie als wettbewerbsorientiert, bis sie an einem Schreibwettbewerb für Hörspiele teilnahm.

Rachels Mars steht in Steinbock im 5. Haus. Der Steinbock-Mars ist konzentriert und produktiv und im 5. Haus steckt Rachel ihre Energie in ihre kreative Arbeit. Für ihre Kreativität Anerkennung zu ernten spornt sie an.

Mars regiert ihr 9. Haus – sie möchte Neuland im höheren Denken betreten (Widder an der Spitze des 9. Hauses) und ihre neuartigen Ideen in ihre Kreativität integrieren (Herrscher Mars im 5. Haus).

Neptun regiert ihr 7. Haus und steht im 2. Haus im Quadrat zu Mars. Sie war nie reich und spürte oft, dass ihre Arbeit finanziell nicht wertgeschätzt wurde. Pluto in Steinbock transitierte während des Wettbewerbs über das Mars-Neptun-Quadrat. Der Ansporn durch die angemessene Bezahlung für ihre Arbeit reichte, um den Wettbewerb zu gewinnen.

IHRE **PLANETEN**

♂ **Mars** spielt eine zentrale Rolle, wenn es um Ihren Wettbewerbsgeist geht. Steht er in einem **Feuerzeichen,** zeigt dies an, dass Sie offen rivalisieren und die Konkurrenz mit außerordentlicher Begabung schlagen. Mit Mars in einem **Erdzeichen** möchten Sie vielleicht unbedingt Ihre Effizienz und Ihren Pragmatismus unter Beweis stellen. Mars in **Luftzeichen** weist auf intellektuellen Wettbewerb hin und mit Mars in einem **Wasserzeichen** nutzen Sie Ihre Chancen vielleicht mit Raffinesse und List.

Das Haus, in dem er steht, zeigt an, wo Sie die Nase vorn haben möchten. Mit Mars im **2. Haus** etwa kämpfen Sie für Ihren Anteil am Geld, steht er im **10. Haus,** streben Sie vielleicht danach, die Karriereleiter zu erklimmen.

» **Mars** siehe S. 70–71

IHRE **ZEICHEN**

Widder und **Skorpion** sind einen Blick wert, da beide von **Mars** regiert werden. Wenn Sie mehr als einen Planeten in diesen Zeichen haben (den Aszendenten können Sie dabei mitzählen), ist Mars ein wichtiger Planet für Sie. Die Position Ihres Mars verweist auf Ihren Wettbewerbsstil, doch sein insgesamt starker Einfluss kann noch mehr zeigen: Sie suchen vielleicht unbewusst Situationen, in denen Sie Ihren Kampfgeist auf die Probe stellen und entfalten können.

Wenn Sie hier keine Planeten haben, können Sie sich die Häuser mit **Widder** und **Skorpion** an der Spitze ansehen: Diese Lebensbereiche bringen Sie zum Handeln, hier sind Sie konfliktbereit.

» **Widder** siehe S. 32–33
Skorpion siehe S. 48–49

»**TRANSITE** SIND DAS WICHTIGSTE **PROGNOSEWERKZEUG** IN DER ASTROLOGIE, SIE ZEIGEN DIE **AKTUELLE SITUATION**, ABER AUCH DIE **VERGANGENHEIT** UND DIE **MÖGLICHE ZUKUNFT.**«

UMGANG MIT DIFFERENZEN

MIT ANDEREN FRIEDEN SCHLIESSEN UND GUT AUSKOMMEN

Wir alle geraten gelegentlich in Streit. Manchmal geht es um Belangloses oder wir möchten nur unser Gesicht wahren, manchmal können kritische Themen Dreh- und Angelpunkt einer Beziehung sein oder gar zum Trennungsgrund werden. In jedem Fall hilft uns die Astrologie zu erkennen, was einer Auseinandersetzung zugrunde liegt.

IHRE **HÄUSER**

Manche Unstimmigkeiten stehen mit dem **7.** und dem **8. Haus** in Verbindung, denn hier geht es um das Unbewusste und Emotionale und Partnerschaften wecken diese Seiten in uns.

Streit mit Nachbarn entsteht oft im **3. Haus**. Wenn Sie Streit mit einer Freundin haben, finden Sie vielleicht im **11. Haus** Hinweise darauf, was ihm zugrunde liegt. Der Grund für Knatsch mit dem Arbeitskollegen ist eher im **6.** oder im **10. Haus** zu suchen.

Sie können sich auch ansehen, welcher Art Ihre Streitigkeiten sind, und versuchen, dies in Ihrem Horoskop zu finden. Wenn Sie eine feste Meinung zu etwas haben, wird es meist als Thema in Ihren Planetenpositionen und -konfigurationen ersichtlich.

» **Die Häuser** siehe S. 90–115

IHRE **PLANETEN**

Venus und **Mars** Bei den alten Griechen und Römern spiegelten Mythen und Geschichten über Aphrodite und Ares bzw. Venus und Mars die antike Philosophie bezüglich Liebe und Streit als machtvolle kosmische Kräfte von Liebe/Anziehung und Konflikt/Trennung.

Dies gilt auch für Venus und Mars in Ihrem Horoskop. Sie streiten wie Ihr Mars – in disziplinierten Militärmanövern (Mars in **Steinbock**) oder in emotionalen Schlachten (Mars in **Krebs**). Und Sie versöhnen sich wie Ihre Venus – mit einer wortreichen Entschuldigung (Venus in **Zwillinge**) oder durch die klassische Friedensgabe: Essen (Venus in **Stier**).

» **Venus** siehe S. 68–69
Mars siehe S. 70–71

WICHTIGE **TRANSITE**

Unstimmigkeiten deuten auf die reizbareren unter den Planeten hin. In einem langfristigen Disput könnte ein **Uranus**- oder **Pluto**-Transit den Hintergrund bilden – vor allem in Quadrat oder Opposition zu einem Ihrer Geburtsplaneten, denn das löst Spannung oder Provokation aus.

Ein aufflackernder Streit ist eher auf einen kurzzeitigen **Mars**-Transit zurückzuführen. Wenn Mars durch ihr 7. oder 8. Haus zieht oder in Quadrat oder Opposition zu einem persönlichen Planeten kommt, birgt das Konfliktpotenzial. Mit diesem Wissen lässt sich ein unangemessener Gegenschlag oder eine Vergeltung zur falschen Zeit abwenden. Oder Sie lassen den reinigenden Ausbruch zu.

IHRE **ZEICHEN**

Einige Zeichen sind streitlustiger als andere, ohne dass sie unbedingt Konflikte erzeugen wollen. **Widder** ist als von Mars beherrschtes Zeichen eher unverblümt und direkt. **Skorpion** wird ebenfalls von Mars regiert, bevorzugt aber heimliche Aktionen und Zermürbungstaktiken. Ein Vergleich der Zeichen, in denen ein bestimmter Planet im Horoskop von Rivalen steht, kann komplett unterschiedliche Perspektiven aufzeigen. Jemand mit Jupiter in **Schütze** ist zum Beispiel eher idealistisch und von der eigenen Wahrheit überzeugt. Jemand mit Merkur in **Zwillinge** debattiert mit Humor, während Merkur in **Löwe** häufig gebieterisch klingt.

» **Tierkreiszeichen** siehe S. 32–57

Beispiel

Christine und Robin sind Kolleginnen. Sie können sich nicht einigen, wie sie ihr gemeinsames Projekt angehen sollen, was Fortschritte verhindert.

Christines Horoskop enthält mehr Feuer als Robins. Ihr Schütze-Aszendent wird vom Widder-Jupiter im 3. Haus regiert. Begeisterung schlägt hier oft in verbale oder intellektuelle Dominanz um.

Der rebellische Uranus steht an ihrem Aszendenten, seine Opposition zu Mars in Zwillinge kann Wortgefechte auslösen. Wegen ihrer Stier-Sonne (fix) und ihres Skorpion-Mondes (fix) geht sie nur zögerlich Kompromisse ein – anders Robin mit Fische-Mond (veränderlich) und Jungfrau-Sonne (veränderlich).

Bei Robin sind Jungfrau und Waage betont – sie hilft gern und arbeitet bevorzugt im Team. Der Konflikt mit Christines kraftvolleren Horoskopmustern wird sofort ersichtlich.

Die beiden können jedoch ein gutes Team sein, wenn sie jeweils die Stärken der anderen wertschätzen: Christines Händchen für neue Ideen und starke Führung einerseits und Robins Jungfrau-Detailtreue und Waage-Sozialkompetenz andererseits.

STREIT UND SPANNUNG

WEGE AUS DER SACKGASSE FINDEN

Die meisten von uns meiden Konflikte. Wenn ein Streit eskaliert, ist er nur schwer zu steuern. Und vielleicht sagen wir Dinge, die wir später bereuen. Doch selbst in der Hitze des Gefechts kann die Astrologie helfen, Spannungen zu lösen.

Beispiel

Mark liebt Autos und verbringt viel Zeit bei entsprechenden Events. Seine Frau Connie ist wütend und fühlt sich einsam.

Mit Waage-Aszendent und Horoskopherrscherin Venus in Steinbock im 3. Haus tritt Connie eigentlich ruhig und kühl auf. Dank Steinbock-Sonne im 3. Haus verkörpert sie überwiegend Reife, Vernunft und Besonnenheit.

Ihr Widder-Mars in Konjunktion mit dem Aszendenten beschreibt etwas an Mark, was sie attraktiv findet – etwas Feuriges, Rasantes. Es fällt ihr schwer, diesen Anteil selbst auszuleben, während Mark ihrem Gefühl nach die Kraft dazu hat: Die »Mars-Autos« wurden so unbewusst zum Streitgegenstand.

Die Situation eskaliert, als Uranus in Widder über diesen Mars und in Connies 7. Haus zieht. Nun steht er im Quadrat zur Steinbock-Sonne und Connie kämpft darum, die Kontrolle zu behalten. Der Transit gibt ihr aber die Chance, die Mars-Kraft anzunehmen und ihre Gefühle offen auszudrücken.

IHRE **HÄUSER**

Kein Haus ist hier eher betroffen als ein anderes – wir bekommen meistens Streit, wenn wir herausgefordert oder unterschätzt werden, unsere Sicherheit bedroht wird oder unsere Art mit der eines anderen kollidiert. Jeder Bereich des Horoskops kann unter Spannung geraten oder Gegenstand einer Auseinandersetzung sein.

Das 7. Haus können wir uns jedoch genauer ansehen. Dort sind wir uns unserer Gefühle oder Verhaltensweisen manchmal nicht bewusst, weil wir sie so oft auf andere projizieren und in Beziehungen wiederfinden. Mit **Chiron** in diesem Haus glauben Sie vielleicht, den Erwartungen Ihres Partners nicht gerecht zu werden. Steht **Pluto** hier, schreiben Sie eventuell dem anderen mehr Macht zu, was zu Spannungen führt.

» **7. Haus** siehe S. 104–105

IHRE **ZEICHEN**

Die Elemente

Die Feuerzeichen neigen am ehesten zu Großbränden. Mit persönlichen Planeten in Feuerzeichen stecken Sie manchmal in Ihren Überzeugungen fest und sind blind für andere Sichtweisen.

Die Erdzeichen reagieren ruhig und gelassen. Mit Planeten in diesen Zeichen sind Sie wahrscheinlich nicht leicht zu verärgern.

Die Luftzeichen sind die friedlichsten der zwölf, zivilisierte Wechselbeziehungen sind ihnen wichtig. Wenn Sie streiten, dann mit Logik und Vernunft.

Die Wasserzeichen arbeiten mit verborgenen emotionalen Unterströmungen. Mit persönlichen Planeten in Wasserzeichen sprechen Sie Ihre Gefühle vielleicht nicht aus, aber Ihre Stimmung kann die Atmosphäre dominieren.

» **Elemente** siehe S. 28–31

IHRE **PLANETEN**

♂ **Mars** ist oft ein schwieriger Planet, zu dem viele keine gute Beziehung haben – nicht umsonst wurde er in der traditionellen Astrologie der »kleine Übeltäter« genannt. Er galt als Symbol für die natürlichen kriegerischen und destruktiven Tendenzen der Menschen. Zum eigenen Mars zu stehen ist ein großer Schritt, um mit Konflikten erfolgreich umgehen zu können.

Die Mars-Aspekte beeinflussen, wie Sie ihn zum Ausdruck bringen. Ein **Saturn**-Quadrat deutet auf große Anstrengung hin, die hitzigen Tendenzen im Zaum zu halten, und sorgt dafür, dass die betreffende Person gemäßigt und schwer zu verärgern ist. Ein **Uranus**-Quadrat dagegen löst Eile und Ungeduld aus.

» **Mars** siehe S. 70–71

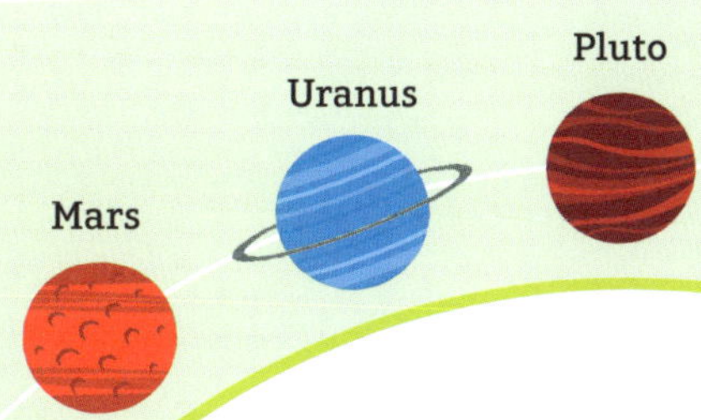

WICHTIGE **TRANSITE**

Transite über **Mars** aktivieren unseren Kampfgeist, wir schlagen in diesen Zeiten zurück. Transite von **Mars** selbst haben Einfluss auf längere Transite gesellschaftlicher oder äußerer Planeten. Dort lässt der Schnellläufer manchmal Konflikte aufflackern, die schon lange unter der Oberfläche schwelen.

Transite von **Uranus** oder **Pluto** zeigen Spannung an, oft ausgelöst von den tiefgreifenden Veränderungen, die diese Planeten bringen. Insbesondere bei einem Transit in Opposition zu einem Ihrer Horoskopplaneten könnten Sie bei anderen Widerstand oder Gegenwehr spüren.

TRENNUNG – BLEIBEN ODER GEHEN?

DER UMGANG MIT BEZIEHUNGSKRISEN

Beziehungen verursachen die schwierigsten Momente unseres Lebens. Manchmal scheint es unvermeidbar, getrennte Wege zu gehen. Die Astrologie kann uns bei der Entscheidung helfen, ob das wirklich die beste Vorgehensweise ist oder nicht.

IHRE **HÄUSER**

7. Haus Wenn Sie hier Planeten haben, können diese erklären, was an Ihrem Partner Sie anziehend fanden – und was Sie auseinanderbringen kann, wenn die Beziehung dies nicht mehr nährt. Allzu oft hassen wir den anderen für all das, wofür wir ihn einmal geliebt haben. Wenigstens zum Teil hat das mit dem rätselhaften 7. Haus zu tun, wo wir dazu neigen, auf andere zu projizieren.

8. Haus Man könnte sagen, dass die Ehe im 7. Haus geschlossen wird, oft aber im 8. Haus zerbricht. Geld ist ein klassischer Krisenherd, genau wie Untreue. Beides kann Gefühle von Verrat hervorrufen – typisch für das 8. Haus.

» **7. Haus** siehe S. 104–105
8. Haus siehe S. 106–107

IHRE **PLANETEN**

Der Mond steht oft im Zentrum einer Beziehung. Zwar ist **Venus** der naheliegendere Planet, wenn es um Anziehung geht, aber früher oder später wird der Mond wichtig, der die Verbindung zusammenhält.

Dieser Planet zeigt Ihre grundlegenden Bedürfnisse an. Werden die in einer Beziehung nicht erfüllt, fühlen Sie sich unbehaglich und nicht unterstützt. Ihr Mond-Zeichen muss nicht dasselbe sein, dasselbe Element oder dieselbe Qualität haben wie das Ihres Partners – viele Beziehungen funktionieren gerade wegen lunarer Unterschiede –, aber Verständnis für die inneren Bedürfnisse des Partners macht einen großen Unterschied.

» **Der Mond** siehe S. 64–65

WICHTIGE TRANSITE

Oft trennen sich Menschen unter Transiten über ihren Deszendenten oder seinen Herrscher, Planeten im 7. oder 8. Haus oder über Venus oder den Mond. **Uranus-**, **Neptun-** oder **Pluto-**Transite spielen in kritischen Zeiten einer Beziehung häufig eine Rolle.

Uranus-Transite sind mit plötzlichen Ereignissen und Erkenntnissen verbunden – sie können Trennung bringen oder zu unvorsichtigem Handeln verleiten. **Neptun**-Transite geben uns oft das Gefühl, durch Nebel zu irren. Eine Strategie wäre, nicht zu entscheiden, bis er sich lichtet. **Pluto** kann sich unerbittlich anfühlen und uns die Kontrolle rauben – vielleicht können wir hier nur nachgeben und darauf vertrauen, dass wir irgendwann aus der Dunkelheit wieder ins Licht treten.

IHRE **ZEICHEN**

Ihr Deszendent
Das Zeichen Ihres Deszendenten wird in Beziehungen stark angesprochen. Das ist einen Blick wert, weil sich darin Erfahrungen widerspiegeln, die für eine Partnerschaft entscheidend sein können.

Mit einem **Stier**-Deszendenten suchen Sie zum Beispiel bei Ihrem Partner nach materieller Sicherheit und fühlen sich im Stich gelassen, wenn dieses Bedürfnis nicht erfüllt wird. Bei einem **Skorpion**-Deszendenten geht es vielleicht um einen Austausch auf der Grundlage tiefer Leidenschaft. Das unbewusste Prüfen der Loyalität Ihres Partners kann dann zum Scheitern der Beziehung führen, wenn es Hinweise auf Verrat gibt, den Skorpion am meisten fürchtet.

» **Deszendent siehe** S. 120–121

Beispiel

Melanie ist seit 15 Jahren mit Paul verheiratet, sie haben zwei Kinder. Sie liebt ihn nicht mehr und fühlt sich ruhelos.

Die Schlüsselhäuser in Melanies Horoskop sind das 4. und das 5. Haus. Im 4. stehen ihr Horoskopherrscher Mond in Jungfrau und eine enge Venus-Pluto-Konjunktion in Waage: Ihr Schwerpunkt ist das Familienleben und die Beziehung als Grundlage dafür. Vielleicht erlebte sie die eigenen Eltern als eng verbundenes »Powerpaar« (Venus-Pluto in Waage im 4. Haus).

Fünf Planeten im 5. Haus, darunter die Sonne, verleihen auch ihm große Bedeutung. Es ist das Haus der Kinder, aber auch der Romantik und Kreativität. Die Mars-Uranus-Konjunktion zeigt Melanies Bedürfnis nach romantischer Spannung – ganz anders als der stabile, reife Partner ihres Steinbock-Deszendenten. Pluto zog gerade über ihren Deszendenten auf ein Quadrat mit Mars-Uranus zu. Die Beziehung könnte halten, wenn sie diese Energie in sich freisetzen kann, indem sie ihre kreative Unabhängigkeit fördert.

ENTSCHULDIGUNG!

FÜR FRIEDEN UND HARMONIE SORGEN

Die Worte »Verzeih mir« kommen uns oft nur schwer über die Lippen. Sich zu entschuldigen bedeutet zuzugeben, dass man unrecht hatte, und das betrachten manche Menschen als Schwäche. Wie können wir in einer Situation die Venus-Harmonie wiederherstellen und dabei unsere Würde und Stärke behalten?

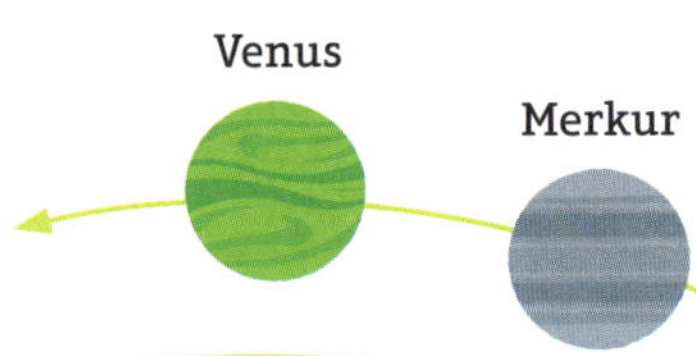

WICHTIGE **TRANSITE**

Bei Schwierigkeiten in einer Beziehung oder Freundschaft zeigt eine Entschuldigung den Willen an, die Dinge vom Standpunkt des anderen aus zu betrachten. Der Geist der Versöhnung braucht einen Zeitpunkt, zu dem **Venus** Vorrang vor Mars gegeben wird. Manchmal kann auch **Merkur** als Mediator und Botschafter die richtigen Worte überbringen, um die Wogen zu glätten.

Solche Transite sind kurzlebig. Aber während eines längeren Transits etwa von **Uranus** oder **Pluto,** der einen festgefahrenen Streit erst begründet hat, könnte sich das Blatt wenden, sodass Frieden einkehren kann.

IHRE **HÄUSER**

Das 3. Haus tritt bei Kommunikation jeder Art auf den Plan. Ihre Planeten verraten viel darüber, wie Sie mit anderen um- und auf sie zugehen. Je nach Zeichen kann **Venus** eher diplomatisch wirken, **Mars** dagegen direkt und kompromissunwillig. **Jupiter** kann überschwänglich daherkommen, **Saturn** eher wortkarg. Ihre Planeten im 3. Haus zeigen jedenfalls, wie Sie Botschaften überbringen.

Das 7. Haus ist ebenfalls interessant, wenn eine Beziehung mit jemand anderem in der Sackgasse steckt. Es zeigt einige der unbewussten Unterströmungen an, die Ihre Beziehungen zu anderen durchdringen. Je lebhafter die Planeten hier sind (wie **Mars** oder **Uranus**), desto weniger wollen Sie nachgeben – was zum Beispiel **Venus** oder **Neptun** begünstigen würden.

» **3. Haus** siehe S. 94–95
7. Haus siehe S. 104–105

Beispiel

Bei einem Streit wegen Geld sagte Nick Dinge, die die Freundschaft mit seinem besten Freund gefährdeten und die er im Nachhinein bedauerte.

Nicks Aszendent ist Löwe, Horoskopherrscherin Sonne steht in Konjunktion mit Merkur und Uranus in Löwe im 1. Haus. Mit so viel Löwe im Horoskop ist Einlenken nicht gerade Nicks Stil – ein Löwe verliert nicht gern das Gesicht und es kann schwierig sein, dieses Gefühl zu überwinden.

Mit vier Planeten im 2. Haus überrascht es nicht besonders, dass es bei dem Streit ums Geld ging. Es steht in Jungfrau, das kann sowohl hilfreich als auch hinderlich sein. Zwar bringt Jungfrau mehr Zurückhaltung ins Spiel, aber seine Mars-Pluto-Konjunktion fühlt sich nicht besonders versöhnlich an.

Nicks 11. Haus wird von Venus regiert. Trotz der unangenehmen Situation legt er wohl Wert auf die Freundschaft und das könnte den Weg ebnen. Als Venus in Opposition zu seinen Löwe-Planeten durch sein 7. Haus zog, nutzte er die Gelegenheit, um sich zu entschuldigen.

IHRE **PLANETEN**

♀ **Venus** hilft uns, den Weg hin zu einer Entschuldigung zu finden – als Hauptplanet der gesellschaftlichen Feinheiten zeigt sie in Ihrem Horoskop, wie Sie den Olivenzweig überbringen. Venus in **Widder** ist dabei vielleicht weniger gefügig als Venus in einem der Luftzeichen oder in **Fische.** Aber mit Venus in Widder gestaltet sich die Entschuldigung wahrscheinlich schnell, sauber und fair – wenn sie denn kommt –, in Fische hingegen könnte sie mit einer Prise Selbstmitleid gewürzt sein.

☿ **Merkur** zeigt neben dem 3. Haus Ihren Kommunikationsstil. Merkurs Aspekte zu anderen Planeten geben dem eine entsprechende Färbung.

» **Venus** siehe S. 68–69
Merkur siehe S. 66–67

IHRE **ZEICHEN**

Skorpion und **Krebs** sind oft nachtragender als andere Zeichen. Vor allem das fixe Wasserzeichen Skorpion weckt tiefe Gefühle, die wir nicht leicht loslassen. Und: Er gibt nicht gern eine Niederlage zu.

Menschen mit den stets hilfreichen Zeichen **Waage** und **Jungfrau** im Horoskop liegt das Entschuldigen im Blut – sogar dann, wenn sie gar keine Schuld tragen. Die veränderlichen Zeichen neigen allgemein dazu, Konflikte zu meiden. »Verzeihung« kann für sie eine Art Notausgang sein, um die Spannung eines Streits zu brechen, um sich herauszuwinden und wieder frei sein zu können.

» **Tierkreiszeichen** siehe S. 32–57

BERUFSWECHSEL

IM RICHTIGEN MOMENT ENTSCHEIDEN

Karriereschritte zum passenden Zeitpunkt zu gehen erfordert gründliche Überlegung und sorgfältige Planung. Das Timing ist wichtig – die Planetenzyklen in Ihrem Horoskop zeigen Ihnen, für welche Veränderung der Augenblick gerade günstig wäre.

IHRE **HÄUSER**

MC und 10. Haus Planeten im 10. Haus sowie das Zeichen am MC und sein Herrscher zeigen, was Sie beruflich erreichen möchten, was Sie zu einem Richtungswechsel veranlassen könnte und wie Sie solche Veränderungen durchstehen. Mit **Saturn** in diesem Haus konzentrieren Sie sich ganz darauf, die Oberhand zu behalten, sie gehen lieber keine Risiken ein. **Uranus** sucht die Aufregung und beschleunigt Veränderung.

Das 6. Haus Beschreibt das 6. Haus Ihre Arbeit besser als das 10. Haus, ist sie vielleicht eher Broterwerb als Berufung. Mit Planeten im 6. Haus könnte Ihre Berufung natürlich auch in einem der dazugehörigen Bereiche liegen, zum Beispiel Verwaltung, Kunsthandwerk oder Gesundheitswesen.

10. Haus siehe S. 110–111
6. Haus siehe S. 100–101

IHRE **PLANETEN**

Die Sonne Wie wir schon gesehen haben, steht die Sonne im Mittelpunkt Ihres Berufs, weil sie das Zentrum Ihrer Motivationen darstellt und das Wesen Ihres Lebenswegs beschreibt.

Wenn die Eigenschaften und Talente, die Ihre Sonne beschreibt, also nicht durch Ihre Arbeit nach außen gebracht und weiterentwickelt werden, ist diese langfristig wahrscheinlich nicht erfüllend. Das könnte bei Ihnen der Grund für größere berufliche Veränderungen sein.

Auch wenn es sogar in den glamourösesten Berufen Routine gibt, ist es für Sie wichtig, Ihre Sonnengaben als Teil Ihrer Berufung zu entfalten und zu zeigen.

Die Sonne siehe S. 62–63

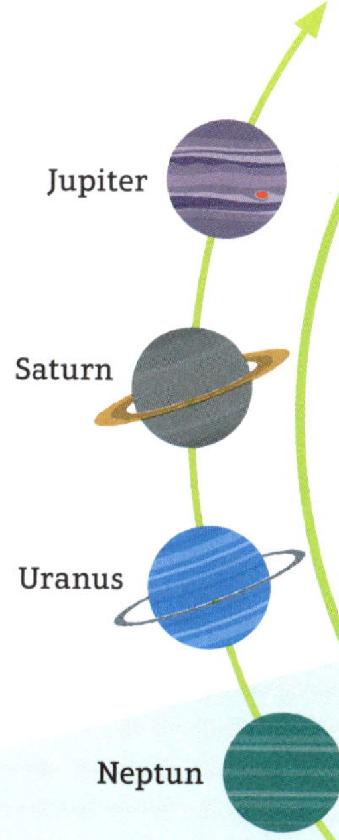

WICHTIGE **TRANSITE**

Achten Sie auf Transite durch Ihr **6.** und Ihr **10. Haus,** über Ihren **MC-Herrscher** und Ihre **Sonne.** Berücksichtigen Sie auch die Konfigurationen, die Ihre Arbeit beschreiben. Wenn Sie beispielsweise Planeten im 3. Haus haben und Grundschullehrerin sind, wirkt sich ein Transit über diese Planeten auf Ihr Berufsleben aus.

Große Veränderungen können unter jedem transitierenden Planeten erfolgen. **Jupiter** deutet hier Beförderungen oder Weiterbildungen an, während **Saturn** auf mehr Verantwortung oder Spezialisierung verweist. **Uranus** kann einen Kurswechsel bringen und **Neptun** Zweifel an der gewählten Richtung wecken.

Beispiel

Judith ist Ende 30, sie wurde kürzlich entlassen. Jetzt muss sie ihre Zukunft planen und entscheiden, was sie als Nächstes tun will.

Oft kommt es während der Transite in der Lebensmitte zu beruflichen Veränderungen. Dazu gehört auch das Pluto-Quadrat zu dessen Geburtsposition. Als Judith entlassen wurde, näherte sich Pluto diesem Quadrat auf seinem Transit durch Steinbock. In ihrem Horoskop steht er in Konjunktion mit dem Aszendenten und im Quadrat zur MC-IC-Achse. Das Pluto-Pluto-Quadrat ist also Teil des größeren Bildes.

Nach einer Entlassung fühlt man sich häufig nicht mehr nützlich. Aber Pluto entfernt alles, was uns nicht mehr nützt – wir mögen uns eine Weile machtlos fühlen, aber wir gehen daraus hoffentlich stärker und zielgerichteter hervor. Judith sollte sich erlauben, über einen radikalen Kurswechsel nachzudenken – persönlich (Pluto im 1. Haus), zu Hause (IC) und beruflich (MC) – und herausfinden, ob für sie nicht tatsächlich alle drei Bereiche miteinander verknüpft sind.

IHRE **ZEICHEN**

Das Gleichgewicht der Qualitäten in Ihrem Horoskop verrät Ihnen, wie Sie auf berufliche Veränderungen reagieren.

Kardinal Ihr Beruf soll Ihnen Gelegenheiten zum schnellen Aufstieg bieten – Sie brauchen eine dynamische Umgebung mit einem gewissen Maß an Weisungsbefugnis.

Fix Sie entwickeln Ihre Fähigkeiten lieber auf langsamere und gemäßigtere Weise – Sie bleiben eher für einige Zeit bei einem Arbeitgeber oder einem Tätigkeitsgebiet.

Veränderlich Vielfalt ist die Würze des Lebens – eine Vorherrschaft dieser Qualität deutet auf einen gewundenen Berufsweg mit vielen Veränderungen hin, die ab und zu Ihr Interesse neu entfachen.

» **Qualitäten** siehe S. 28–31

»DIE ASTROLOGIE LÄSST UNS DIE WAHL – WIE **›SCHICKSALHAFT‹** EINE SITUATION AUCH ZU SEIN SCHEINT. EIN PERSPEKTIVENWECHSEL KANN HELFEN, DIE **REALITÄT** ANDERS ZU BETRACHTEN UND DIE EIGENEN HERANGEHENSWEISEN ZU **ÜBERDENKEN**.«

UMZÜGE

MIT EINEM WOHNORTWECHSEL KLARKOMMEN

Umzüge gehören zu den stressigeren Lebensereignissen. Das überrascht nicht, bedenkt man, dass die Bereiche des Horoskops, die für das Zuhause stehen, aus astrologischer Sicht auch Orte tiefer emotionaler Verbundenheit sind.

IHRE **HÄUSER**

Das IC und das 4. Haus beschreiben unser Zuhause, und zwar sowohl den physischen Ort als auch das Gefühl von Verwurzelung, Sicherheit und Fundament.

Mit **Jupiter** im 4. Haus kommt Ihnen das Herumreisen ganz natürlich vor oder Sie ziehen vielleicht sogar ins Ausland – mit Uranus an dieser Position könnten viele Umzüge anstehen. Steht **Sonne** oder **Mond** im 4. Haus, haben Sie möglicherweise eine so starke Verbindung zu Heim und Heimatland, dass es Ihnen nicht leichtfällt, Ihre Wurzeln zu kappen – Ihre **Sonne** hier zeigt, dass Ihr Leben sich auf irgendeine Weise um Ihr Heim dreht, der **Mond** besagt, dass Ihr emotionales Wohlbefinden eng damit verknüpft ist.

Das IC siehe S. 122–123
4. Haus siehe S. 96–97

IHRE **PLANETEN**

Der Mond steht für unser inneres Sicherheitsgefühl. Dabei geht es nicht nur um unsere eigenen Verhaltensmuster, die dieses Gefühl hervorrufen, sondern auch um die Menschen, Erfahrungen, Orte und Atmosphären, die uns aufblühen lassen. Ihr Mondzeichen zeigt darüber hinaus, wie Sie zu Umzügen stehen: Der Mond in **Widder** etwa zeigt die Bereitschaft, ins Unbekannte zu springen, während es dem **Krebs**-Mond schwerfällt, Brücken abzubrechen. Eine Strategie für den **Fische**-Mond wäre, sich eine friedliche Umgebung zu suchen und sich ganz in Ruhe an die Energie am neuen Ort zu gewöhnen.

Der Mond siehe S. 64–65

IHRE **ZEICHEN**

Ihr IC-Zeichen

Das IC ist der Anfang des 4. Hauses, sein Zeichen spiegelt sowohl Ihre frühe Erfahrung mit dem Leben zu Hause als auch das Heim, das Sie für sich selbst schaffen wollen.

Ihr IC-Zeichen kann Ihnen zudem bei einem Wohnortwechsel helfen. Mit **Stier** am IC zum Beispiel fühlt sich ein Umzug an wie ein großer Aufruhr. Diese Situation lässt sich besser bewältigen, indem Sie so weit wie möglich vorausplanen. Mit **Widder** an dieser Position wiederum ist Ihr Handeln wie ein abgeschossener Pfeil – Sie wollen es hinter sich bringen und nicht zurückschauen.

» **Das IC** siehe S. 122–123

Beispiel

Millie wohnte mit zwei Freunden in einer WG. Als sie genug Geld angespart hatte, beschloss sie, für sich eine eigene Wohnung zu kaufen.

Millies 4. Haus enthält eine Mond-Saturn-Konjunktion in Jungfrau. Durch die Herrschaft des Mondes über ihr 2. Haus und Saturns Mitherrscherschaft über ihr 8. Haus entsteht eine interessante Verbindung zu beiden Geldhäusern – der Kauf stellt eine solide Finanzinvestition dar (und das muss er auch). Kurz gesagt: Millies emotionales Wohlbefinden (Mond) ist damit verknüpft, dass sie ihre Hypothek abzahlen kann. Zum Glück zeigt die Mond-Saturn-Konjunktion in Jungfrau einen besonders vorsichtigen Umgang mit Geld.

Der Kauf ging flott vor sich, als Uranus über ihren Merkur im 11. Haus zog, den Herrscher über das Jungfrau-IC, und im Quinkunx zur Mond-Saturn-Konjunktion stand. Das war anstrengend für Millie (mit Krebs-Aszendent, drei Planeten in Jungfrau und Sonne in Stier handelt sie lieber vorsichtig). Das konnte sie aber abmildern, indem sie das Kleingedruckte sehr sorgfältig las.

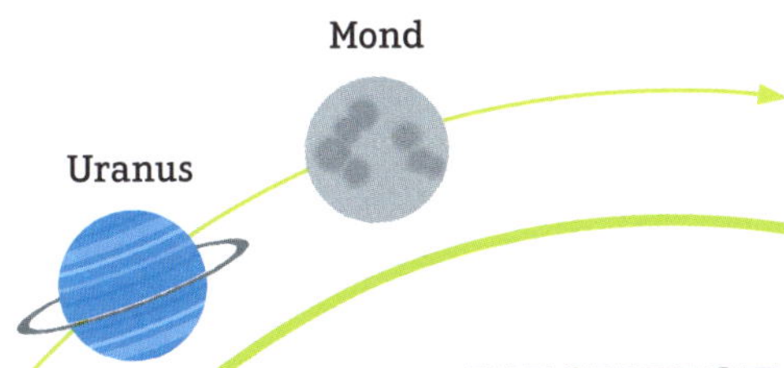

WICHTIGE TRANSITE

Umzüge passieren oft während eines Transits gesellschaftlicher oder äußerer Planeten über den **IC**, den **IC-Herrscher** oder Planeten im **4. Haus.** Sie erneuern unsere Grundlagen. Die innere Umorientierung spiegelt sich dabei in der äußeren Erfahrung des eigentlichen Umzugs.

Transite über den **Mond** zeigen die emotionale Wirkung. Ein Quadrat des transitierenden **Uranus** zum Krebs-Mond etwa kann eine Phase emotionaler Orientierungslosigkeit bedeuten, was zu Unsicherheit führt. Findet dann ein Umzug statt, sehen wir den Einsiedlerkrebs, der sehr bemüht ist, das Gefühl von Sicherheit wieder herzustellen.

AUSZEITEN

URLAUB, AUSLANDSJAHR UND ARBEITSPAUSEN

Wir alle brauchen immer mal wieder eine richtige Pause. Ob eine Woche am Meer, ein Sabbatjahr im Beruf oder eine Auszeit für eine Weltreise: Mit solchen Aktionen laden wir nicht nur unsere Batterien wieder auf, sondern sammeln auch Kraft für die nächste Stufe des Lebens.

IHRE **HÄUSER**

5. Haus Zwar können alle wichtigen Bereiche in Ihrem Horoskop beeinflussen, welche Art von Urlaub Sie mögen, doch die Freizeit ist rund um das 5. Haus zu finden. Dieses Haus beeinflusst unsere Lebenskraft und unsere Lebensgeister. Das macht vielleicht keinen Eindruck beim Chef, aber das 5. Haus des Urlaubs besetzt nun mal ein Zwölftel des Lebensrads und regelmäßige Pausen sind für unser Wohlbefinden enorm wichtig.

Machen Sie das Beste aus Ihrer freien Zeit, indem Sie etwas wählen, das zu Ihrem Bild hier passt: Mit **Merkur** im 5. Haus könnte Ihnen zum Beispiel das Wandern gefallen, **Jupiter** könnte Sie eher zu kulturellen Erlebnissen führen.

» **5. Haus** siehe S. 98–99

IHRE **PLANETEN**

Die Sonne Sie symbolisiert die Flamme im Mittelpunkt unserer Lebenskraft. Ihrem Sonnenzeichen gemäß zu handeln und sich Aktivitäten zu widmen, die ihr Haus beschreibt, ist wichtig für Sie, um Energie und Lebenskraft zu tanken.

Mit der Sonne im **1. Haus** beispielsweise müssen Sie vielleicht allein sein, um neue Energie zu schöpfen – die Gegenwart anderer kann Sie erschöpfen. Mit der Sonne im **6. Haus** verbringen Sie Ihre Freizeit eventuell mit Gartenarbeit oder Heimwerken. Die Sonne in **Schütze** könnte bedeuten, dass Sie es mögen, ferne Orte zu erkunden. Steht sie in **Wassermann,** fahren Sie möglicherweise gern mit Freunden in den Urlaub.

» **Die Sonne** siehe S. 62–63

IHRE **ZEICHEN**

Einige Zeichen sind von Natur aus arbeitsorientierter, für andere eignet sich ein langsameres Tempo besser. **Steinbock** (oder sein Herrscher, der kosmische Aufseher **Saturn**) ist bei Menschen mit hoher Arbeitsmoral oft betont, während **Löwe, Waage** oder **Fische** ein größeres Bedürfnis nach Auszeiten zum Spaßhaben, Entspannen oder Träumen auslösen.

Für jedes Tierkreiszeichen gibt es das Ideal eines Sabbatjahres oder Urlaubs. **Feuerzeichen** bevorzugen Abenteuerurlaube, **Luftzeichen** lernen gern neue Menschen kennen, zu den **Erdzeichen** passt eine Öko-Reise und **Wasserzeichen** lieben Ferien am Meer oder an ruhigen, erholsamen Orten.

» **Tierkreiszeichen** siehe S. 32–57
Elemente siehe S. 28–31

WICHTIGE TRANSITE

Jupiter braucht etwa ein Jahr für den Transit durch ein durchschnittlich großes Haus, **Saturn** zwei bis drei Jahre. Zieht Jupiter beispielsweise gerade durch Ihr **9. Haus,** überlegen Sie vielleicht, eine größere Reise zu unternehmen. Ein Saturn-Transit durchs **12. Haus** kann in Ihnen den Wunsch nach Rückzug wecken.

Die Sonne braucht ein Jahr, um einmal durch Ihr Horoskop zu ziehen. Unter dem Sonnen-Transit durchs **5. Haus** nehmen Sie sich im Urlaub eher Zeit für sich selbst, zieht sie durchs **4. Haus,** besuchen Sie vielleicht Verwandte. Schon ein verlängertes Wochenende mit dem Mond in diesen Häusern harmoniert mit Ihrem Horoskop.

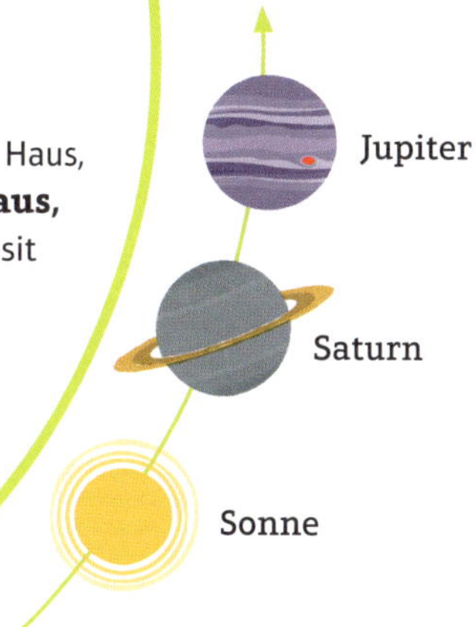

Beispiel

Ray arbeitete, seitdem er mit 18 Jahren die Schule verlassen hatte. Mit 41 wollte er ein Jahr lang nur reisen.

Mit der Schütze-Sonne im 9. Haus in Konjunktion mit dem Horoskopherrscher Neptun hörte er den Sirenenruf der Ferne. Urlaub im Ausland besänftigte dieses Verlangen kurzzeitig, aber die Sonne hier deutet an, dass er etwas Größeres brauchte.

Neptun zog gerade ins Quadrat zu seiner Sonne-Neptun-Konjunktion. So konnte die Reise dazu dienen, Rays künstlerische Seite zu öffnen. Schließlich weist die Konjunktion zusammen mit dem Fische-Aszendenten auf einen Träumer, Dichter oder romantischen Reisenden hin. Das Auslandsjahr könnte also ein wichtiger Übergang zum nächsten Kapitel in Rays Leben sein.

FINANZEN

DER UMGANG MIT FINANZIELLEN SCHWIERIGKEITEN

Mit einem niedrigen Einkommen klarzukommen oder Schulden zu verwalten bedeutet eine große Herausforderung. Die Astrologie sorgt zwar nicht sofort für mehr Geld, aber wenn das Leben Sie vor finanzielle Schwierigkeiten stellt, gibt Ihr Horoskop Ihnen Hinweise darauf, wie Sie am besten hindurchkommen.

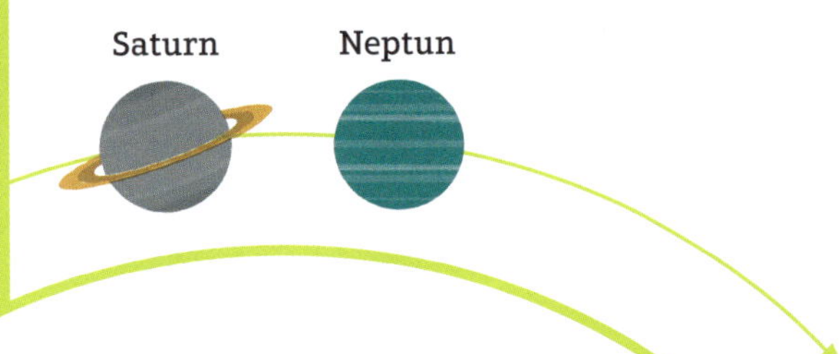

WICHTIGE TRANSITE

Suchen Sie nach Transiten durch Ihr 2. und 8. Haus und arbeiten Sie mit der Transitenergie statt dagegen. Betrachten Sie als Ausgangspunkt zuerst Ihr Geburtshoroskop.

Ein **Saturn**-Transit durch Ihr 2. Haus etwa zeigt das Bedürfnis an, den Gürtel enger zu schnallen, einen Finanzberater aufzusuchen oder endlich Ihre Finanzen zu ordnen. Letztendlich geht es darum, dem Gefühl nach mehr Kontrolle zu haben.

Transite durchs 8. Haus bringen oft finanzielles Durcheinander. Ein **Neptun**-Transit kann Sie hier dazu bringen, unbewusst eine unkluge Investition zu tätigen oder jemandem Geld zu leihen, der sich damit aus dem Staub macht.

IHRE **HÄUSER**

Das 2. Haus symbolisiert Ihre Grundeinstellung zum Geld – bestimmte Muster im Zusammenhang mit diesem Thema sind oft tief verwurzelt. Mit dem **Mond** in diesem Haus oder mit **Krebs** an der Spitze steht und fällt Ihr emotionales Wohlbefinden mit dem Stand Ihres Bankkontos – so kann beides dem Wandel unterliegen. Selbst wenn Sie es vom Tellerwäscher zum Millionär geschafft haben, werden Sie sich mit **Saturn** im 2. Haus immer arm fühlen und der Millionär sein, der weiterhin zu den Billigmarken im Supermarkt greift.

Das 8. Haus hat mit Schulden und unserer Beziehung zu Institutionen zu tun, die Darlehen, Hypotheken und Dispokredite vergeben. Mit **Steinbock** an der Spitze des 8. Hauses zahlen Sie Ihre Raten und bestehen auf einem richtigen Vertrag, während **Schütze** nach einem flüchtigen Blick auf die Zahlen sofort unterschreibt.

» **2. Haus** siehe S. 92–93
8. Haus siehe S. 106–107

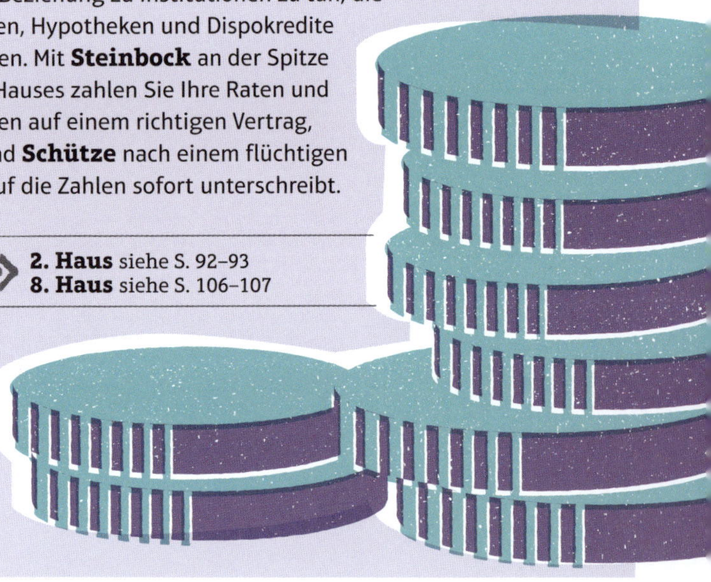

Beispiel

Nach dem Tod von Colettes Ehemann kam ans Licht, dass er Schulden hatte. Sie verlor ihre Altersvorsorge und musste das Haus verkaufen.

Colette hat ein Großes Kreuz mit Mond-Mars-Konjunktion in Stier im 2. Haus in Opposition zu Jupiter in Skorpion im 8. Haus und Uranus in Löwe im 5. Haus in Opposition zu Chiron in Wassermann im 11. Haus.

Ihr Bedürfnis nach finanzieller Stabilität (Mond-Mars in Stier im 2. Haus) ist verbunden mit ihrer Fähigkeit zu klugen Investitionen (Jupiter in Skorpion im 8.), Uranus und Chiron sorgen aber auch für Unberechenbarkeit.

Jupiter plus Sonne-Venus in Schütze im 8. Haus zeigt die Erwartung, dass Geld fließt. Colette hatte das ihrem Mann überlassen und die gemeinsamen Finanzen nicht überprüft.

Damals zog Pluto, Mitherrscher über ihr 8. Haus, über ihr MC. Sie spürt die Notwendigkeit, sich der Krise zu stellen, Geheimnisse zu lüften und die Kontrolle zu übernehmen.

IHRE **PLANETEN**

♀ **Venus** ist in der traditionellen Astrologie zwar kein Signifikator für Geld, aber wo sie im Horoskop steht, möchten Sie Dinge erwerben, die Ihnen Freude machen. Sie ist außerdem mit dem Selbstwert verbunden und das wird oft in monetärer Hinsicht deutlich.

Steht Ihre Venus zum Beispiel in **Zwillinge,** möchten Sie vielleicht für Ihr Schreibtalent geschätzt werden, und es ist Ihnen wichtig, dass diese Wertschätzung in Form von Bezahlung erfolgt. Oder Sie sehnen sich mit Venus im **1. Haus** nach Geld für teure Kleidung, weil dies Ihre Identität unterstreicht und Ihr Selbstvertrauen hebt.

» **Venus** siehe S. 68–69

IHRE **ZEICHEN**

Elemente

Erde ist am stärksten mit der materiellen Welt verbunden. So hat jeder mit persönlichen Planeten in Erdzeichen in der Regel ein Händchen für das Verdienen, Sparen und Investieren von Geld.

Stehen dagegen mehrere Planeten in **Feuerzeichen,** funktionieren Sie eher auf Vertrauensbasis. Während Erde geduldig spart, spekuliert Feuer oder lebt auf Kredit.

Zeichen

Stier und **Löwe** werden traditionell mit Geld, Finanzen und Banken in Verbindung gebracht. Menschen mit persönlichen Planeten in diesen Zeichen können oft Stroh zu Gold spinnen. **Fische** ist von allen Zeichen am wenigsten weltlich orientiert und kümmert sich weniger um Geld als die meisten anderen.

» **Elemente** siehe S. 28–31
Tierkreiszeichen siehe S. 32–57

GESUNDHEIT

DAS WOHLBEFINDEN UNTERSTÜTZEN

Wenn Sie die Bedürfnisse und Rhythmen Ihres Horoskops berücksichtigen, kann dies Ihre Gesundheit und Ihr Wohlbefinden unterstützen. Das 6. und das 12. Haus stehen traditionell für Gesundheit und Krankheit, auch wenn letztendlich Ihr gesamtes Horoskop daran beteiligt ist.

IHRE **HÄUSER**

Das 6. Haus zeigt, wie Sie Ihre körperliche (und damit auch emotionale) Gesundheit fördern können. Probleme in diesem Bereich müssen nicht unter Transiten durch das 6. Haus entstehen, aber falls doch, sollten Sie Ihre Geburtsplaneten dort stärken und die tiefere Bedeutung des Transits anerkennen.

Das 12. Haus ist traditionell das Haus der Krankheit. Das heißt nicht, dass Sie eher krank werden, wenn dort Planeten stehen – vielmehr geht es darum, dass diese ungelöste Emotionen symbolisieren können. Steht etwa Ihr **Mond** hier, sagen Sie vielleicht nicht, wie Sie sich fühlen – ein Transit über diesen Mond kann die Gefühle freisetzen, was der Beginn einer Phase mit emotionalem und körperlichem Stress sein kann.

» **6. Haus** siehe S. 100–101
12. Haus siehe S. 114–115

IHRE **PLANETEN**

Jeder Planet kann als Prozess begriffen werden – zum Beispiel bewegt **Merkur** Dinge von A nach B, **Jupiter** erweitert, **Saturn** zieht zusammen usw. Wie die Zeichen und Häuser sind diese Prozesse sowohl körperlicher als auch psychologischer Natur. Das Verständnis dafür, unter welchem psychologischen Stress Sie stehen, kann Ihnen helfen, körperliche Symptome in einen größeren Kontext zu stellen und zu begreifen – und umgekehrt. In dem einen hallt oft das andere nach.

Ihr ganzes Horoskop ist also wichtig für Ihre Gesundheit, ein Problem hier kann bei einem Transit über jeden Planeten auftreten. Vielleicht spricht die Seele durch Symptome und bringt einige der tieferen Probleme zum Ausdruck, die mit jedem Planeten verbunden sind.

» **Die Planeten** siehe S. 62–85

Beispiel

Joshua stand kurz vor dem Abschluss seines Studiums, als er eine Panikattacke erlebte, die seine Prüfungen zu vereiteln drohte.

In Joshuas Horoskop finden sich viele veränderliche Zeichen – Aszendent und drei Planeten in Zwillinge, darunter eine Merkur-Venus-Konjunktion in einem veränderlichen T-Quadrat mit Jupiter und Mars. Sein Widder-Mond steht in engem Quinkunx zu Mars in Jungfrau.

Das bringt viel aktive, nervöse Energie, die sich durch regelmäßige Bewegung abbauen lässt – mit seinem beweglichen Zwillinge-Geist kann Joshua nur schwer abschalten. Als Saturn in Schütze über das T-Quadrat zog, besprach Joshua sein Problem mit einem Berater. Das war hilfreich, oft bleibt Zwillinge ohne Auflösung im inneren Dialog stecken. Der Saturn-Transit durch das 7. Haus ist ein deutliches Symbol dafür, einen externen Ratgeber hinzuzuziehen.

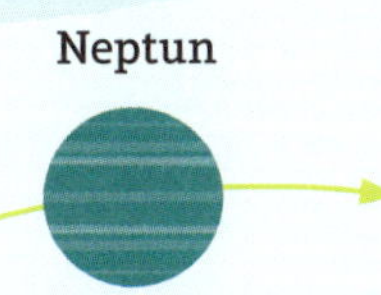

IHRE **ZEICHEN**

Die Zeichen und der Körper

Jedes Zeichen herrscht über einen Körperbereich, der **Widder** über den Kopf bis hin zu **Fische** über die Füße. **Stier** regiert den Hals, **Zwillinge** die Arme und Hände, **Krebs** die Lunge, **Löwe** Herz und Wirbelsäule, **Jungfrau** den Darm, **Waage** die Nieren, **Skorpion** die Geschlechtsorgane und das Ausscheidungssystem, **Schütze** die Oberschenkel, **Steinbock** die Knie und **Wassermann** die Knöchel.

Alles in einem Horoskop hat körperliche und emotionale Dimensionen. Astrologie ist daher ganzheitlich und verbindet Seele und Körper. **Mars in Jungfrau** zum Beispiel zeigt im Darm entstehende Hitze an, ein Transit kann sich dann im entsprechenden Symbolismus nach außen etwa als Reizdarm zeigen. Es kann daher nützlich sein, anhaltende Gesundheitsprobleme auf psychosomatischer Ebene zu betrachten.

» **Tierkreiszeichen** siehe S. 32–57

WICHTIGE TRANSITE

Um sich zu jedem Zeitpunkt selbst zu stärken, ist es hilfreich, die eigenen Transite zu verfolgen und entsprechend zu handeln.

Neptun-Transite sind zum Beispiel nicht die richtigen Phasen, um Überstunden zu machen oder zusätzliche Verantwortung zu übernehmen. Wahrscheinlich sind sie eher zum Träumen, Fantasieren und Loslösen vom Alltag geeignet. Wenn Sie das nicht können oder dieses Bedürfnis vernachlässigen, kann es nicht überraschen, wenn sich in Ihnen Spannung aufbaut und sich ein Gefühl der Erschöpfung breitmacht, wie es für Neptun typisch ist.

RUHESTAND

DAS BESTE AUS DEN GOLDENEN JAHREN MACHEN

Für viele Menschen hat der Ruhestand nicht viel mit Ruhe zu tun – tatsächlich sind viele in späteren Jahren aktiver als je zuvor in ihrem Leben. Traditionell sahen Astrologen den Ruhestand im 4. Haus – heute denken wir dabei oft an alles andere als zu Hause zu bleiben.

IHRE **HÄUSER**

Der IC und das 4. Haus werden traditionell mit dem Ruhestand assoziiert. Das ist logisch, wenn man bedenkt, dass es in diesem Haus buchstäblich um den Rückzug aus der Welt geht – und dass es dem MC und dem 10. Haus des Berufs genau gegenüber liegt.

Der Ruhestand kann Verlustgefühle mit sich bringen, die sich auf den beruflichen Status oder eigene Ziele in der Welt beziehen. In einer bestimmten Lebensphase beginnen viele Menschen jedoch, sich vom Druck zu befreien »jemand zu sein« und richten sich neu aus. Wir mögen uns nicht mehr so sehr zurückziehen, aber das Zuhause wird in unseren späten Jahren mehr zum Ankerpunkt, während die Leistung in der Welt »draußen« an Bedeutung verliert.

» **Das IC** siehe S. 122–123
4. Haus siehe S. 96–97

IHRE **PLANETEN**

Die Sonne repräsentiert Ihren zentralen Identitätssinn und Ihren Lebenszweck. In unseren Ruhestandsjahren haben wir hoffentlich die Gelegenheit, neue Ebenen unserer solaren Entwicklung zu erkunden. Zweifellos haben wir alle lange Listen mit Dingen, die wir gern tun würden, die aber aus Zeitmangel hintenüber fallen.

Der Ruhestand könnte uns die Chance eröffnen, unsere Sonne in etwas anderes zu verwandeln und endlich Dinge zu tun, mit denen wir ungeniert unser Selbstgefühl zelebrieren und stärken. Und wir können vielleicht erkennen, dass das, was wir in diesen letzten Jahrzehnten erreichen, mindestens so wichtig ist wie das, was wir in unseren Arbeitsjahren geschafft haben – wenn nicht sogar wichtiger.

» **Die Sonne** siehe S. 62–63

Beispiel

Louise ist in ihren 50ern. Sie würde gern in den Ruhestand gehen, um mehr Zeit für ihre Enkel und ihre kreativen Projekte zu haben.

Venus ist ihre Horoskopherrscherin (Stier-Aszendent) und steht im 4. Haus in Konjunktion mit dem Nordknoten und dem IC in Krebs. Auch die Sonne steht im 4. Haus. Mondknoten und Venus verweisen auf das IC als Schlüsselposition. Ihre Lebensaufgabe bestand darin, ein sicheres Nest zu bauen – mit ihr im Zentrum.

Die Löwe-Sonne regiert bei Louise das 5. Haus mit Merkur in Löwe und den Mond in Jungfrau. Kinder spielten eine zentrale Rolle in ihrem Leben, Kreativität (5. Haus) ist auch sehr wichtig.

Als Uranus in Widder ins Quadrat zu ihrer MC-IC-Achse und der Mondknotenachse ging, verspürte sie das Bedürfnis, etwas zu verändern. Uranus-Transite wecken oft den Wunsch nach mehr Freiheit und das war eine Chance für sie, einen radikalen Schritt zu unternehmen.

IHRE **ZEICHEN**

Wenn wir uns vorstellen, dass wir im Ruhestand Zeit haben, unerfüllte Sonnenziele zu verfolgen, können Sie anhand Ihres **Sonnenzeichens** vielleicht abschätzen, was Sie in Ihren goldenen Jahren erreichen könnten.

Mit der **Sonne in Wassermann** etwa möchten Sie jetzt vielleicht Ihr gesellschaftliches Leben ausbauen. Mit der **Sonne in Fische** könnten Sie mit dem Tauchen beginnen. Wie meistens kommt hier natürlich das ganze Horoskop zum Tragen. Sie können daher auch Ihre übrigen persönlichen Planeten in ihren Zeichen betrachten und noch unausgelebtes Potenzial für sich entdecken.

» **Tierkreiszeichen** siehe S. 32–57

WICHTIGE TRANSITE

Die zweite **Saturnwiederkehr** im Alter von 58 bis 59 Jahren ist der klassische Transit in den Ruhestand. Natürlich ist es oft nicht möglich, dann schon mit dem Arbeiten aufzuhören, viele wollen das auch noch nicht. Aber die Saturnwiederkehr bleibt ein wichtiger Wendepunkt, eine Initiation in das Alter und in ein neues Lebenskapitel.

Es ist nicht ungewöhnlich, in dieser Phase das Leben neu zu ordnen, um all das einzubauen, wozu wir im zweiten Saturnzyklus nie kamen, weil wir damit beschäftigt waren, die Kinder zu erziehen und die Hypothek abzuzahlen. Saturn erinnert uns daran, dass Zeit ein wertvolles Gut ist.

TRAUERFÄLLE

UMGANG MIT VERLUST UND KUMMER

Der Tod gehört zum Zyklus des Lebens. Da sich in der Astrologie viel um Zyklen dreht, kann sie uns helfen, Verlust und Trauer in den Strom des Lebens zu integrieren. Das 8. Haus spricht diese Erfahrung direkt an, ebenso Transite von Saturn, Neptun und Pluto.

IHRE **HÄUSER**

Das 8. Haus ist das Haus der Trauer. Wenn Sie hier Planeten haben, heißt das nicht, dass Verluste Ihr Schicksal sind, aber vielleicht spüren Sie eine Verbundenheit mit dieser Seite des Lebens.

So können Menschen mit Planeten im 8. Haus zum Beispiel oft gut diejenigen begleiten, die gerade einen Trauerfall erleben. Einige arbeiten als Trauerberater oder organisieren Trauerfeiern, anderen fällt einfach der Umgang mit Menschen leicht, die schwere Zeiten durchleben, weil sie keine Angst vor den daraus entstehenden komplexen Emotionen haben. Das gilt vielleicht besonders für **Sonne, Mond** oder **Merkur. Mars** im 8. Haus deutet auf Tapferkeit in Krisenzeiten hin, **Saturn** auf stoischen Gleichmut. Ihre Planeten an dieser Stelle geben Hinweise darauf, wie Sie reagieren könnten.

» **8. Haus** siehe S. 106–107

IHRE **PLANETEN**

♆ ♇ **Neptun** und **Pluto** können mit Verlusterfahrungen verbunden sein. An Neptuns Position im Horoskop erschaffen wir eine Beziehung auf Grundlage des Spirituellen anstelle des Körperlichen – er erinnert uns daran, dass die materielle Welt vergänglich ist und nach dem Tod nur Immaterielles wie Liebe, Erinnerungen und eine gefühlvolle Verbindung bleibt.

An Plutos Position dagegen unternehmen wir eine »Reise in die Unterwelt«. Hier wird uns alles genommen, bis nur noch unser Kern übrig ist, aus dem wir diesen Teil unseres Lebens dann neu aufbauen und erschaffen. Pluto gehört auch zu den Signifikatoren, die auf »Tod« in irgendeiner Form hinweisen. Der andere ist **Saturn.** Pluto symbolisiert dabei eine Erfahrung mit dem Tod als Transformation, durch Saturn erfahren wir den Tod als letzte Grenzlinie des Lebens.

» **Neptun** siehe S. 80–81
Pluto siehe S. 82–83

WICHTIGE TRANSITE

In Zeiten von Trauer und Verlust finden typischerweise Transite von **Saturn, Neptun** oder **Pluto** statt – sie beschreiben die schwierigen Umstände, die solche Erfahrungen meist mit sich bringen. Das bedeutet aber nicht, dass bei einem Saturn-Transit über Ihren Mond Ihre Mutter stirbt oder Ihr Vater, wenn Pluto über einen Planeten in Ihrem 4. Haus zieht. Die Astrologie kann nicht vorhersagen, wann jemand stirbt. Das Horoskop ist eine Karte aus Symbolen, die zeigt, wie sich die Dinge für uns anfühlen und wie wir reagieren könnten.

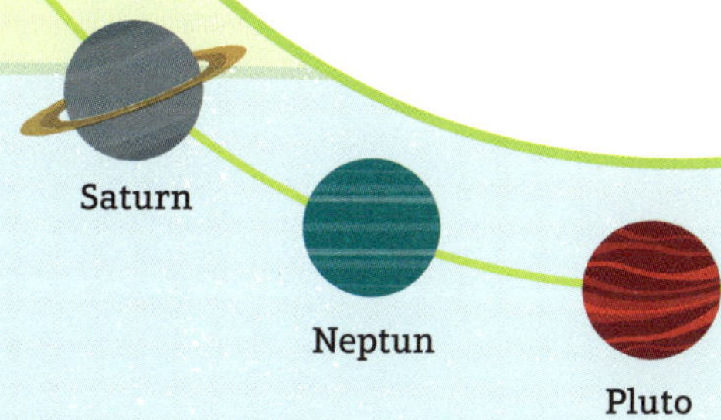

IHRE **ZEICHEN**

Die Elemente

Erdzeichen sind meist stoisch und realistisch. Mit Planeten in Erdzeichen stürzen Sie sich vielleicht auf die praktischen Dinge, die zu regeln sind, und betrachten Rituale wie Bestattung und Testamentsverlesung als Möglichkeit, die Toten zu ehren.

Feuer, ein Symbol der Unsterblichkeit, wütet gegen das »Verlöschen des Lichts« und muss vielleicht erst anerkennen, dass es einen Geist gibt, der den sterblichen Körper überlebt.

Menschen mit vielen **Luftzeichen** in ihrem Horoskop reagieren oft auf Verlust, indem sie sich von den komplexen Emotionen abschotten, die die Trauer hervorruft. Gelegenheiten zum Reden können hier sehr hilfreich sein, um die Gefühle zuzulassen.

Für einen Menschen mit vielen **Wasserzeichen** fließen die Gefühle leichter. Hier müssen daher vielleicht im Gegenteil Wege gefunden werden, sie aufzufangen oder zu kanalisieren.

» **Elemente** siehe S. 28–31

Beispiel

Mit dem Tod seiner Frau 2007 brach für Clive eine Welt zusammen. Inzwischen hat er sein Leben neu eingerichtet und ist Trauerberater geworden.

Als seine Frau starb, zog Pluto gerade über Clives Schütze-Mond. Dieser beschreibt im 7. Haus eine starke emotionale Verbindung in der Ehe. Da Pluto sein einziger persönlicher Planet in einem Feuerzeichen ist, mag es ihm so vorgekommen sein, als seien alle Feuer erloschen. Sie wieder zu entfachen, muss schwer gewesen sein, und er brauchte vielleicht die Energie anderer (7. Haus), um seine Stimmung zu heben. 2012 zog Pluto in sein 8. Haus und über Merkur hinweg, dann über Chiron und auf die Sonne zu, alles im 8. Haus. Diese lange Folge von Pluto-Transiten hatte eine tiefe umgestaltende Wirkung, nun kann Clive seine persönlichen Erfahrungen mit Trauer und Verlust sehr zielgerichtet in die Trauerarbeit mit anderen einbringen.

»ZEIGE DICH, **WIE DU BIST,** ODER SEI, **WIE DU DICH ZEIGST.**«

Dschalāl ad-Dīn Muhammad ar-Rūmī

WEITERFÜHRENDE INFORMATIONEN

LITERATUR

Es gibt eine sehr breite Palette an Materialien zum Thema. Es folgt eine kleine Auswahl von Büchern über zeitgenössische psychologische Astrologie.

HOROSKOPDEUTUNG

Das Buch der Horoskop-Symbole
Robert Hand, Kailash 2007

Die astrologischen Häuser: Tempel der Planeten
Deborah Houlding, Chiron-Verlag 2012

Partnerschaft und Selbstfindung im Spiegel der Sterne
Richard Idemon, Hugendubel 1996

Mapping the Psyche Volume 1: The Planets and the Zodiac Signs und **Volume 2: Planetary Aspects and the Houses of the Horoscope**
Clare Martin, The Wessex Astrologer 2016

Incarnation: The Four Angles and the Moon's Nodes
Melanie Reinhart, Starwalker Press 2014

Chiron and the Healing Journey
Melanie Reinhart, Starwalker Press 2010

Astrologische Häuser und Aszendenten
Howard Sasportas, Droemer Knaur 1995

Aspects in Astrology
Sue Tompkins, Rider 2001

The Contemporary Astrologer's Handbook
Sue Tompkins, Flare Publications 2009

Bücher von Liz Greene gibt es zu viele, um alle hier aufzuführen, aber sie sind alle hervorragend. Zusammen mit Howard Sasportas veröffentlichte sie mehrere Titel zum Thema »psychologische Astrologie«.

TRANSITE UND PLANETENZYKLEN

Das Buch der Transite: Lebenszyklen erkennen und nutzen
Robert Hand, Hugendubel 2007

Mapping the Psyche, Volume III: Kairos – the Astrology of Time
Clare Martin, The Wessex Astrologer 2015

Götter des Wandels
Howard Sasportas, Droemer Knaur 1991

Die Deutsche Ephemeride Band 8, 2001–2020
Friedrich Jacob (Hg.), Barth 1982

GESCHICHTE UND PHILOSOPHIE DER ASTROLOGIE

The History of Western Astrology, Volumes I and II
Nick Campion, Continuum 2009

Das kosmische Netzwerk: Astrologie – eine neue Wissenschaft
Dennis Elwell, Ed. Astrodata 1988

Schicksal und Astrologie
Liz Greene, Chiron-Verlag 2007

Journey Through Astrology: Charting the Astrological Voyage of Discovery
The Faculty of Astrological Studies, Faculty of Astrological Studies Press 2015

ANBIETER ASTROLOGISCHER BÜCHER (AUSWAHL)

astronova Versand (Deutschland)
www.astronova.de

Astrodata AG (Schweiz)
www.astrodata.com

AUSBILDUNG

The Faculty of Astrological Studies gilt als eine der besten Astrologenschulen weltweit. Sie wurde 1948 in London gegründet und bietet unterschiedliche Studienmöglichkeiten von Webinaren und Einzelkursen bis hin zur umfassenden astrologischen Ausbildung online oder in Kursform vor Ort (London). Außerdem veranstaltet sie Sommerkurse in Oxford. www.astrology.org.uk

WEBSEITEN

Astrodienst
www.astro.com
Artikel und Informationen zu vielen verschiedenen Themen und Zweigen der Astrologie. Bietet außerdem kostenlose Horoskopberechnung und Online-Ephemeride.

Skyscript
www.skyscript.co.uk
Artikel und Informationen zu vielen verschiedenen Themen und Zweigen der Astrologie (Inhalte auf Englisch).

AstroDatabank
www.astrodatabank.com
Umfassende Onlinesammlung von Geburtshoroskopen, unter anderem von Schauspielern, Musikern, Schriftstellern, Politikern und anderen zeitgenössischen und historischen Personen des öffentlichen Lebens.

Astroconnect
www.astroconnect.de
Informationen zu den Grundlagen der Astrologie, kostenlose Berechnung des Geburtshoroskops, Beratung.

BERUFSVERBÄNDE

DAV Deutscher Astrologen-Verband e. V., www.astrologenverband.de

oeav Österreichischer Astrologenverband, www.astrologenverband.at

SAB Schweizer Astrologenbund, www.astrologenbund.ch

Professionelle Astrologen
Die Seite des DAV bietet ein Verzeichnis von Astrologinnen und Astrologen mit und ohne DAV-Prüfung, www.astrologenverband.de/astrologische-beratung/dav-beratende-astrologen

GLOSSAR

Aspekt Die Winkelbeziehung zwischen zwei Planeten oder Faktoren in einem Horoskop. In der Astrologie werden Aspekte verwendet, die durch Division des Winkelkreises durch bestimmte Zahlen berechnet werden. Weitere Nebenaspekte, in diesem Buch nicht enthalten und seltener benutzt, sind Quintil (Division des Kreises durch fünf), Septil (Division durch sieben) und Nonil (Division durch neun).

Aspektfigur Ein festes Muster von Planeten, verbunden durch Aspekte. Diese Figuren stehen für eine bestimmte Energie, die wiederum auf den Energien der jeweils beteiligten Planeten und Aspekte beruht. Die Aspektfiguren in diesem Buch sind eine Standardauswahl anerkannter und häufig auftretender Formen, es gibt jedoch noch weitere.

Dissoziiert Ein Aspekt oder eine Aspektfigur ist dann dissoziiert, wenn einer der Planeten nicht im erwarteten, also im »falschen Zeichen« steht. Wenn zum Beispiel ein Planet in Widder in Konjunktion mit einem Planeten in Stier steht, ist das eine »dissoziierte Konjunktion«.

Eckpunkte Die vier Eckpunkte sind Aszendent, Deszendent, MC (Himmelsmitte) und IC (Himmelstiefe). Sie stehen für die vier Himmelsrichtungen: den Ost-West-Horizont (Aszendent-Deszendent) und den Nord-Süd-Meridian (IC-MC).

Elemente Die vier Elemente sind Feuer, Erde, Luft und Wasser. Jedes Tierkreiszeichen ist mit einem dieser Elemente verknüpft. Jedem Element werden drei Tierkreiszeichen zugeordnet (Triplizität).

Ephemeride Auflistung von täglichen Planetenpositionen am Mittag oder um Mitternacht. Enthält auch Informationen über Mondphasen und Mondfinsternisse.

Erdzeichen Stier, Jungfrau und Steinbock.

Feuerzeichen Widder, Löwe und Schütze.

Fixe Zeichen Stier, Löwe, Skorpion und Wassermann.

Geozentrisch Erdzentriert. Die Astrologie ist ein geozentrisches System. Der Horoskopeigner steht im Mittelpunkt und blickt auf Tierkreis und Planeten außen.

Große Lichter Sonne und Mond; auch nur »Lichter« genannt.

Hälfte Eine Hälfte des Horoskops. Die Unterteilung läuft entlang der Aszendent-Deszendent- oder der MC-IC-Achse.

Haus Ein Zwölftel des Diagramms. Ein Haus symbolisiert ein (Lebens-)Gebiet – auf physischer wie psychologischer Ebene.

Häuserspitze Die Grenze zwischen zwei Häusern. Die Spitze des 1. Hauses ist der Aszendent, die Spitze des 7. Hauses der Deszendent.

Häusersystem Die Methode, nach der ein Horoskop in zwölf Häuser geteilt wird. Dafür gibt es verschiedene Systeme, die beiden beliebtesten sind Placidus (in diesem Buch verwendet) und das äquale System (teilt den Kreis in zwölf gleich große Teile, beginnend beim Aszendenten).

Häusertabelle Ein Nachschlagewerk, das Astrologen verwenden, wenn sie ein Geburtsdiagramm von Hand berechnen. Es führt die Position von Aszendent, MC und den Häuserspitzen dazwischen zu verschiedenen Tageszeiten in unterschiedlichen Breitengraden auf.

Herrscherschaft Jeder Planet »herrscht« über ein oder zwei Tierkreiszeichen. Als Herrscher eines Eckpunkts oder Hauses gilt der Planet, der das Zeichen regiert, das heißt, in dem der Eckpunkt oder die Häuserspitze steht. Der Herrscherplanet beeinflusst die Themen, für die der jeweilige Eckpunkt oder die Häuserspitze steht.

Horizont Waagerechte Linie vom Aszendenten (im Osten) zum Deszendenten (im Westen).

Horoskop Ein Geburtsdiagramm. Das Wort »Horoskop« bezeichnete ursprünglich lediglich den Aszendenten, wird inzwischen aber für das gesamte Diagramm verwendet.

Kardinale Zeichen Widder, Krebs, Waage und Steinbock.

Länge Entfernung über den Tierkreis. In einem Geburtsdiagramm werden die Planetenpositionen mit einer Gradzahl von 0° bis 30° in dem Tierkreiszeichen angegeben, in dem sie stehen.

Lichter Sonne und Mond; auch »große Lichter« genannt.

Luftzeichen Zwillinge, Waage und Wassermann.

Meridian Der Kreis, der durch den Nord- und den Südpunkt des Horizonts und direkt oberhalb und unterhalb des Beobachters führt. In einem Horoskop schneidet der Tierkreis den Meridian am MC und am IC, der Nord-Süd-Achse.

Mondknoten/Mondknotenachse Die Schnittpunkte der Sonnen- und der Mondbahn von der Erde aus.

Negative Tierkreiszeichen Die Erd- und die Wasserzeichen.

Orbis Der Abstand (in Tierkreisgraden) zu beiden Seiten eines exakten Aspekts zwischen zwei Planeten, in dem der Aspekt als noch wirksam gilt.

Placidus Ein Häusersystem, nach dem ein Horoskop auf zwölf Häusern beruht. Das Placidus-System teilt den Kreis auf Grundlage der vergangenen Zeit bei der Erddrehung ein statt relativ zum Raum. Im Placidus-System bilden MC und IC die Spitzen des 10. bzw. des 4. Hauses.

Polarität Die zwei Polaritäten sind positiv und negativ. Jedes Tierkreiszeichen ist mit einer der beiden verknüpft.

Positive Tierkreiszeichen Feuer- und Luftzeichen.

Quadruplizität Einteilung des Tierkreises in drei Gruppen à vier Zeichen anhand der drei Qualitäten kardinal, fix und veränderlich.

Qualitäten Die drei Qualitäten sind kardinal, fix und veränderlich. Den Tierkreiszeichen wird jeweils eine davon zugeordnet.

Rückläufig Optische Täuschung, durch die Planeten (außer Sonne und Mond) sich scheinbar »rückwärts« über den Himmel bewegen, also gegenläufig zu ihrer üblichen »direkten« Bewegungsrichtung. Dieses Phänomen tritt auf, wenn die Erde einen langsameren Planeten überholt oder von einem schnelleren Planeten überholt wird. Rückläufigkeit ist notwendig bei der Arbeit mit Transiten. Viele Astrologen sind der Meinung, dass ein Planet auf eine nach innen gewandte oder philosophischere Weise zum Ausdruck kommt, wenn er in einem Geburtshoroskop rückläufig ist. Das Konzept der Rückwärtsbewegung deutet zudem an, dass die Person in dem betreffenden Lebensbereich mit weniger Selbstsicherheit ausgestattet ist und vielleicht meint, sie müsse hier ständig an etwas arbeiten und sich überprüfen, oder dass sie hier unkonventionell handelt.

Signifikator Dieser Begriff bezeichnet einen Horoskopfaktor, der für ein Verlangen, eine Energie, ein Objekt, ein Gefühl oder eine bestimmte Art von Erfahrung steht. Merkur ist beispielsweise ein Signifikator der Kommunikation, der Deszendent ist ein Signifikator der Beziehungen.

Singleton Ein Planet, der als einziger eine bestimmte Polarität, Qualität oder ein Element aufweist. Er bildet den Hauptkanal für die Eigenschaften dieser Polarität, dieser Qualität oder dieses Elements.

Tierkreis Basiert auf den zwölf Hauptsternbildern an der Ekliptik (der scheinbaren Bahn der Sonne im Jahreslauf).

Transit Bewegung eines Planeten um das Horoskop. Jeder Planet zieht durch Häuser, kreuzt dabei Eckpunkte, Planeten und andere Horoskoppunkte und bringt dynamische Lebensereignisse hervor.

Triplizität Einteilung des Tierkreises in vier Gruppen à drei Zeichen nach den vier Elementen.

Veränderliche Zeichen Zwillinge, Jungfrau, Schütze und Fische.

Wasserzeichen Krebs, Skorpion und Fische.

Zyklus Ein voller Umlauf eines Planeten um das Horoskop oder in Bezug auf andere Planeten (zum Beispiel Lunationszyklus).

REGISTER

G

H

S

Y

Z